T0364251

L'Europe par l'économie ?

Des projets initiaux aux débats actuels

P.I.E. Peter Lang

Bruxelles · Bern · Berlin · Frankfurt am Main · New York · Oxford · Wien

Sylvain Schirmann (dir.)

L'Europe par l'économie ?

Des projets initiaux aux débats actuels

Actes des troisièmes journées d'étude
de la Maison de Robert Schuman
Scy-Chazelles, 15 & 16 novembre 2012

Publications de la Maison de Robert Schuman
Études et Travaux
n° 3

Photographie de couverture : Portrait de Robert Schuman © Fonds de la Maison de Robert Schuman (Scy-Chazelles).

Illustration de couverture : © Le symbole de l'euro devant l'Eurotower, à Francfort © European Central Bank, Frankfurt am Main, Germany.

Toute représentation ou reproduction intégrale ou partielle faite par quelque procédé que ce soit, sans le consentement de l'éditeur ou de ses ayants droit, est illicite. Tous droits réservés.

© P.I.E. PETER LANG S.A.
Éditions scientifiques internationales
Bruxelles, 2013
1 avenue Maurice, B-1050 Bruxelles, Belgique
www.peterlang.com ; info@peterlang.com

Imprimé en Allemagne

ISSN 2030-5982
ISBN 978-2-87574-052-6
D/2013/5678/21

Information bibliographique publiée par « Die Deutsche Nationalbibliothek »
« Die Deutsche Nationalbibliothek » répertorie cette publication dans la « Deutsche Nationalbibliografie » ; les données bibliographiques détaillées sont disponibles sur le site http://dnb.ddb.de.

Table des matières

Sigles et abréviations 9

Préface 13
Patrick Weiten

Introduction 15
Sylvain Schirmann

PREMIÈRE PARTIE
LES HÉRITAGES

Le régionalisme économique européen 21
Éric Bussière

Le régionalisme monétaire européen au XXe siècle 31
Sylvain Schirmann

La Haute Autorité de la CECA et les cartels sidérurgiques. Une relation ambivalente (1950-1967) 39
Charles Barthel

À la naissance de l'Europe monétaire. Le mark, le franc et la crise de novembre 1968 59
Andreas Wilkens

Les acteurs économiques et leurs réseaux face au Grand Marché européen. Espaces de dialogue et de conflit 77
Pierre Tilly

Alexandre Lamfallussy et la création de l'Euro 93
Ivo Maes

Deuxième partie
Les politiques européennes et les problématiques du marché intérieur

L'Euro est-il un échec ? 113
Michel Dévoluy

L'accord sur le budget européen 2014/2020. La fin d'un (petit) suspense budgétaire ? 117
Nicolas-Jean Bréhon

La conciliation entre intérêts économiques et non économiques sur le marché intérieur 129
Laurence Potvin-Solis

La politique agricole commune 2014-2020 face aux enjeux économiques du XXIe siècle 151
Yves Petit

Quel modèle de développement pour l'Europe centrale ? 171
Gilles Lepesant

Le respect de l'identité nationale des États membres de l'Union, révélateur de la difficulté de construire une Europe politique par l'économie 189
Jean-Denis Mouton

Conclusion 201
Christian Lequesne

Index 205

Les auteurs 209

Remerciements 211

La Maison de Robert Schuman, un lieu pour comprendre l'Europe 213

Sigles et abréviations

BCE	Banque centrale européenne
BDA	Bundesvereinigung der Deutschen Arbeitgeberverbände/ Fédération des employeurs allemands
BIT	Bureau international du Travail
BRI	Banque des règlements internationaux
CDU	Christlich Demokratische Union Deutschlands/ Union chrétienne-démocrate d'Allemagne
CE	Crédits d'engagement
CECA	Communauté européenne du charbon et de l'acier
CEE	Communauté économique européenne
CES	Confédération européenne des syndicats
CFDT	Confédération française démocratique du travail
CFP	Cadre financier pluriannuel
CNPF	Conseil national du patronat français
COGECA	Confédération générale des coopératives agricoles de l'Union
COPA	Comité des organisations professionnelles agricoles de l'Union
CSC	Cadre stratégique commun
CSSF	Chambre syndicale de la sidérurgie française
CSU	Christich-Soziale Union/Union chrétienne-sociale
DGB	Deutscher Gewerkschaftsbund/Confédération syndicale allemande
ECU	European Currency Unit/Unité de comte européenne
EIA	Entente internationale de l'acier
ERT	European round table of industrialists/table ronde des industriels européens
FAO	Food and Agriculture Organisation/Organisation des Nations unies pour l'alimentation et l'agriculture
FEADER	Fonds européen agricole pour le développement rural
FEAGA	Fonds européen agricole de garantie
FECOM	Fonds européen de coopération monétaire

FEDER	Fonds européen de développement régional
FEM	Fédération européenne des métallurgistes
FMI	Fonds monétaire international
FSE	Fonds social européen
GATT	General Agreement on Tariffs and Trade/Accord général sur les tarifs douaniers et le commerce
GES	Gaz à effet de serre
GHFAB	Groupement des hauts-fourneaux et aciéries belges
GIG	Union des industriels grecs
GISL	Groupement des industries sidérurgiques luxembourgeoises
GMES	Global Monitoring for Environnement and Security/ Programme européen de surveillance de la Terre
GOPE	Grandes orientations de politique économique
IDE	Investissements directs étrangers
ILUC	Indirect land use change/Changement indirect de l'utilisation des terres
IME	Institut monétaire européen
ITER	International Thermonuclear Experimental Reactor/ réacteur thermonucléaire expérimental international
NEM	Nouveaux États membres
OCDE	Organisation de coopération et de développement
OECE	Organisation européenne de coopération économique
OIT	Organisation internationale du Travail
OMC	Organisation mondiale du commerce
OTAN	Organisation du traité de l'Atlantique nord
PAC	Politique agricole commune
PEI	Partenariats européens d'innovation
PIB	Produit intérieur brut
PME	Petites et moyennes entreprises
PNB	Produit national brut
RFA	République fédérale d'Allemagne
RNB	Revenu national brut
SDN	Société des Nations
SME	Système monétaire européen
SPD	Sozialdemokratische Partei Deutschlands/ Parti social-démocrate d'Allemagne

TFUE	Traité sur le fonctionnement de l'Union européenne
TUE	Traité sur l'Union européenne
UE	Union européenne
UEM	Union économique et monétaire
UNICE	Union des industries de la Communauté européenne
USA	United States of America/États-Unis d'Amérique
UTCATF	Utilisation des terres, changement d'affectation des terres et foresterie
WVESI	Wirtschaftsvereinigung Eisen-und Stahlindustrie/ Entente des industries du fer et de l'acier
ZES	Zone économique spéciale

Préface

Le Département de la Moselle a souhaité faire de la demeure du « Père de l'Europe » un lieu dédié à la personnalité et à l'œuvre de l'homme d'État mosellan, mais aussi un espace de recherche et de médiation autour des questions européennes.

C'est dans cette perspective que, du 15 au 16 novembre 2012, ont été accueillies à la Maison de Robert Schuman, site « Moselle Passion » du Conseil Général, des journées d'études conviant universitaires, étudiants et public intéressé autour du thème la dimension économique de la construction européenne, abordé de façon pluridisciplinaire par des historiens, politistes, juristes et économistes.

Il a fallu deux guerres mondiales pour qu'enfin l'Europe s'engage dans une démarche tangible et pérenne d'unification. Et au sortir de ces terribles conflits, il est apparu que l'économie devait, tant par nécessité que par réalisme, être la première pierre de la construction européenne. Si d'aucuns ont regretté que l'Europe communautaire soit d'abord un marché avant d'être un espace politiquement intégré, et Robert Schuman écrivait lui-même que « l'Europe ne saurait se limiter à la longue à une structure purement économique », l'histoire nous montre qu'il ne saurait être question d'avancée politique totalement déconnectée de l'environnement économique.

Il faut en effet avoir à l'esprit – et l'actualité est là pour nous le rappeler avec force dans une économie globalisée – que l'économie, sans être une fin en soi, est un levier, un moyen non négligeable. Car si le chantier de l'Union économique et monétaire, engagé depuis plus de quarante ans, du plan Werner (1970), en passant par le traité de Maastricht (1992) jusqu'au Mécanisme européen de stabilité (2012), a apporté une contribution majeure au projet européen, la récente crise de l'euro et de la dette ont menacé ses fondements mêmes.

Sans vouloir trancher sur les causes – qui sont multiples – de cette situation, il faut constater que, face à la crise, l'Europe communautaire vit des moments décisifs suscitant l'émergence de voies nouvelles – qu'il s'agisse du projet d'union bancaire, de l'instauration d'un authentique fédéralisme budgétaire voire d'un gouvernement économique européen – qui seront mises à l'épreuve de la volonté des pays membres de l'Union de sortir par le haut des impasses de la conjoncture actuelle.

C'est dire que le présent ouvrage, qui rassemble les communications délivrées lors de ces journées d'études, arrive à point nommé pour faire un état de la situation, en interrogeant les héritages et en sondant les évolutions en cours, pour une Europe à venir qu'il faut souhaiter toujours plus forte et unie.

Car seule une Europe davantage intégrée, tant sur le plan politique qu'économique et monétaire, pourra exister à sa juste place dans la recomposition de la scène internationale qui se dessine sous nos yeux. C'est pourquoi je voulais saluer ici l'intérêt et la qualité de ces travaux qui contribuent, à leur mesure, à la nécessaire réflexion sur les conditions d'une sortie de crise pour une Europe à nouveau solidaire et rassemblée.

Patrick Weiten
Président du Conseil Général de la Moselle

Introduction

Sylvain SCHIRMANN

Ce volume rassemble les travaux des troisèmes journées d'études de la Maison de Robert Schuman. Les premières en 2008 avaient été consacrées aux cultures politiques des Pères de l'Europe. Elles avaient alors abordé les années de formation et les premiers engagements de ceux qui, à partir des années 1950, jouèrent un rôle central dans la mise en route de l'Europe communautaire. Chemin faisant, à côté des « pères classiques », nous avons élargi le cercle et nous nous sommes intéressés également à certains responsables de premier plan et acteurs de cette aventure européenne, de l'Est comme de l'Ouest, et des personnalités comme Hallstein, Luns, Beyen, Pal Auer firent alors l'objet d'analyses. Les deuxièmes journées d'études s'intéressèrent aux visions et architectures européennes, aux projets d'hommes politiques. Elles mirent en évidence l'importance du contexte pour comprendre les différents schémas proposés.

Il y a quelques mois quand, au sein du comité scientifique, nous nous sommes penchés sur le projet des troisèmes journées d'études, l'actualité imposa bien rapidement un thème. L'enjeu économique nous semblait central et c'est ainsi que nous avons choisi ce titre : *L'Europe par l'économie ?* Le lien avec Robert Schuman est évident.

En proposant le 9 mai 1950 la création d'une Haute Autorité du charbon et de l'acier, Schuman, inspiré par Monnet, choisit un chemin fonctionnaliste pour parvenir à une Europe unie. L'économie permettait non seulement de lier des secteurs – en l'occurrence celui du charbon et de l'acier –, mais également des États. Ceux-ci abandonnaient une parcelle de souveraineté à une entité supranationale. Sur ce modèle pouvait commencer la construction d'une Europe communautaire, dont le caractère fédéral était ainsi d'emblée marqué. Ce processus obéissait à une logique de petits pas, jusqu'à ce que l'économique permette de passer à l'entité politique. Deux mots peut-être : ce choix est également un choix éminemment politique, car cette voie ne manque pas de projets concurrents, en témoignent les perspectives unionistes à la même époque. Ensuite ce choix n'est pas une nouveauté, mais s'inspire des réflexions antérieures, comme par exemple celle de l'Association pour l'Union douanière européenne, dont la création remonte à 1925. Le plan

Briand lui-même – qui n'a pas de perspective fédérale – explique que le chemin de la « Fédération européenne » passe prioritairement par l'économie. Les travaux de la Commission d'études pour l'Union européenne prouvent d'ailleurs amplement l'importance accordée aux questions économiques. Simplement la proposition Schuman répondait à un contexte, à une attente : elle permettait d'aborder la question allemande sans fragiliser – dans une période de guerre froide – le bloc occidental auquel elle offrait la perspective d'une intégration européenne. C'est en ce sens qu'elle est révolutionnaire, pour reprendre le titre du quotidien *Le Monde* du 10 mai 1950. Les aspects économiques sont certes importants : problèmes de la reconstruction, règlement des approvisionnements énergétiques et de certaines matières premières, tout cela n'est pas à négliger, bien au contraire, car le développement économique conditionne la paix et écarte le danger communiste. Mais l'élément politique, à travers le virage complet de la France en matière de politique allemande dans le cadre d'une Europe à construire, reste de loin dominant.

L'Europe communautaire a par la suite vécu avec ce schéma. Que ce soit le projet de marché commun qui conduit aux traités de Rome, que ce soit la mise en place du système monétaire européen, la logique est la même : les solidarités économiques devraient déboucher sur un surcroît d'intégration politique. Le projet de marché unique cher à Jacques Delors s'inscrit lui-même dans cette dynamique – et d'un certain point de vue nous nous trouvons en face d'un projet communautaire européen qui se construit à travers des outillages économiques : marché commun, union douanière, Serpent monétaire, FEDER, SME, ECU, FECOM, etc. Leur fonctionnement, et notamment le contrôle démocratique qu'il faut exercer sur ces structures, renforce l'Europe politique. Ces avancées n'ont bien évidemment pas été linéaires et elles ont été émaillées de crises et de blocages.

Le traité de Maastricht et la naissance de l'UE confirment également le propos. Le premier pilier, celui du marché, est intégré, les autres devraient suivre. L'UEM, que l'on met progressivement en place jusqu'au lancement de l'euro, s'inscrit dans la même veine. Au cours des années 1990, les instances fédérales accroissent encore leur place dans la construction européenne : accroissement du rôle du Parlement européen, extension du vote à la majorité qualifiée, et surtout création de la Banque centrale européenne. La mise en route de la monnaie unique permet aux europtimistes de penser le moment venu pour la concrétisation du schéma institutionnel européen. Grâce à l'intégration économique, il devenait possible d'entrevoir les contours de l'État fédéral européen.

C'était peut-être aller un peu rapidement. Dès l'amorce de la construction européenne, on s'aperçut également de la difficulté à passer avec l'économie à une plus grande unité politique. Le passage à la majorité qualifiée prévue pour le milieu des années 1960 n'empêcha pas, malgré les succès de la marche vers l'union douanière ou ceux de la PAC, la crise de la chaise vide. D'une façon générale, dès la fin des années 1960, la naissance d'une l'Europe politique fut problématique : la mise en place d'un SME n'évita pas le blocage de l'Europe au tournant des années 1980. Le rapport Tindemans, par exemple, resta lettre morte, et une personnalité comme Thatcher, pourtant sensible à la question d'un marché européen ouvert, freina autant que faire se pouvait le passage à une Europe politique. Depuis la naissance de l'UE et la mise en place de l'UEM et de l'euro, on peut avoir l'impression que « l'Europe par l'économie » n'est pas peut-être pas le meilleur chemin qui soit pour avancer en matière d'unification du continent. Certains sommets politiques furent difficiles : malgré les succès économiques, que penser du sommet de Nice en 2000 ? Plus inquiétant encore : alors que les citoyens européens bénéficient des avantages du marché unique (des inconvénients également) et de la liberté de circulation, puis de la fin de nombreuses opérations de change, ils sont enclins à se réfugier dans le giron de la nation et à se montrer réticents à un passage à l'Europe politique. Chaque référendum organisé depuis 1992 sur une avancée politique de l'Europe s'est traduit par au moins un refus dans l'un des États appelé à se prononcer par cette voie. On sait d'autre part par des enquêtes d'opinions que dans d'autres États, un référendum aurait connu également une issue négative.

La crise économique renforce la méfiance envers l'UE. Peut-elle malgré tout devenir une chance pour l'UE ? Ou au contraire sonnera-t-elle le glas du rêve européen ? Dans la première hypothèse, les nécessaires remèdes à apporter à la crise passent par davantage d'intégration et de fédéralisme. Dans la seconde hypothèse, les États seront tentés par un repli sur eux-mêmes. Une Europe à la carte se profile, et les liens entre États, voire zones, au sein de l'Europe renforceront encore sa complexité. En bref, la crise actuelle nous amène à interroger le dessein : l'Europe par l'économie ?

Nous allons aborder cette thématique autour de deux moments :

– Il s'agit dans un premier temps d'interroger les legs, les héritages historiques. Éric Bussière et Sylvain Schirmann tentent d'abord de faire une synthèse sur le régionalisme économique et monétaire européen. Il s'agit de voir dans la longue durée comment le débat économique et le débat monétaire ont été posés en Europe. Par qui. Et avec quels résultats. Mais il faut ensuite interroger également quelques acteurs : Charles Barthel présente le lien complexe au sein de la CECA entre les cartels sidérurgiques et la Haute Autorité. Un sujet sensible également en Moselle. Nous abordons également les questions monétaires. Andreas Wilkens réfléchit aux raisons qui ont poussé à mettre en route l'Europe monétaire. Pierre Tilly nous entretient des rapports entre les réseaux économiques et la construction européenne. Enfin, Ivo Maes s'intéresse aux conditions de la création de l'euro, à partir du rôle d'Alexandre Lamfalussy.

– Le second moment est consacré aux débats actuels. Michel Dévoluy s'interroge sur le succès ou non de l'euro. Il nous fait ainsi réfléchir aux conditions qu'il faudrait réunir pour qu'il soit un succès. Avec Jean Nicolas Bréhon, nous abordons la question de la politique budgétaire européenne. Est alors évoquée en filigrane la problématique de l'Union budgétaire. Les rapports économie et politique sont analysés par Laurence Potvin-Solis, qui aborde la problématique de la confrontation entre les intérêts non économiques et économiques sur le marché intérieur. Yves Petit, quant à lui, nous présente les défis de la PAC pour la décennie à venir. Gilles Lepesant tente ensuite de déplacer un débat général vers l'Europe du Centre et de l'Est, en s'interrogeant sur son modèle de développement. Jean Denis Mouton livre enfin les raisons pour lesquelles il est difficile de construire une Europe politique par l'économie. Il revient à Christian Lequesne de tirer les conclusions de ces trois demi-journées, en relevant ce qui lui paraît pertinent pour démêler ces rapports complexes entre l'économique et le politique.

Ce colloque nous l'avons également voulu en dialogue entre disciplines. Historiens, juristes, économistes, politistes et géographes traitent dès lors du thème à travers la richesse méthodologique et les objets propres de leur discipline. Là est également un enjeu essentiel : seule une approche pluridisciplinaire fournira des réponses appropriées – du moins faut-il l'espérer – aux enjeux européens actuels. Nous essayons ainsi de nous inscrire dans la philosophie et les objectifs de la Maison de Robert Schuman. C'est aussi modestement et de notre place rendre hommage à l'homme du 9 mai 1950.

Première partie

Les héritages

Le régionalisme économique européen

Éric Bussière

La question de la construction de l'Europe par l'économie a longtemps été appréhendée d'un point de vue principalement internaliste. On a considéré l'unification économique de l'Europe comme partie d'un projet global dont les considérants étaient surtout internes, l'un d'entre eux étant la construction irréversible de la paix, la paix politique étant elle-même composante d'un tout aux cotés du social et de l'économique. L'une des questions posées par les analystes a donc longtemps été celle de la contribution de l'unification économique à l'unification politique et des éventuels effets d'enchaînement que comportait la méthode fonctionnelle mise en œuvre en 1950. Mais la question ainsi posée rend-elle compte de l'ensemble du processus d'unification européenne si l'on cherche à le resituer dans le temps long d'un grand XXe siècle, et non dans le moment que représentent les années 1950 ? Les motivations et dynamiques de ce projet ne sont-elles pas également pas liées à un environnement international marqué par la compétition entre acteurs économiques majeurs à l'échelle du monde ? Auquel cas il convient aussi de prendre en compte le jeu des forces externes sur la construction économique de l'Europe : dans quelle mesure la pression exercée par le système international est-elle aussi un facteur explicatif du projet européen et de sa mise en œuvre ? Celui-ci devrait donc être décrit comme la résultante de forces à la fois externes et internes agissant de façon convergente mais selon des modalités différenciées selon les champs et les époques.

Nous proposons dans les pages qui suivent deux lignes d'analyse. La première met en avant l'environnement externe comme facteur moteur, le projet européen étant fils des mondialisations du XXe siècle. La seconde porte sur la place de l'identité européenne au sein de cette problématique d'ensemble : en quoi se pose-t-elle comme une synthèse à la fois subie et volontaire, résultante des forces s'exerçant sur les réalités du continent ?

Projet européen et mondialisation

Le débat portant la mondialisation, un temps centré sur celle de la fin du XXe siècle, a conduit les historiens à investir à leur tour ce champ et à lui donner plus de profondeur, notamment dans le domaine de l'économie en mettant en évidence la réalité de deux mondialisations, celle du début et celle de la fin du XXe siècle. Du même coup se trouvait posée la question des relations entretenues par ces deux mondialisations avec le projet européen, ce dernier se trouvant lui-même relancé au cours des années 1980-1990 (grand marché, UEM, etc.), moment où la deuxième mondialisation s'épanouissait, et émergeant, dans ses premiers linéaments, quand se mettait en place la mondialisation économique de la « belle époque ».

Cette première convergence est en effet concomitante du constat fait par les observateurs de la fin du XIXe siècle de l'avènement de grands concurrents pour l'Europe, au premier rang desquels les États-Unis, tandis que s'affirme la croyance en une plus grande efficacité d'espaces économiques de dimension continentale. De manière quasi permanente à partir de la fin du XIXe siècle, le fractionnement de l'économie européenne en économies nationales de relativement petite taille apparaît comme un handicap pour affronter les nouvelles concurrences extra-européennes. Le projet européen est donc conçu dès l'origine comme une réponse à ce défi externe et l'est resté de manière durable. Les liens avec le champ du politique sont également très tôt explicites, la puissance économique apparaissant dès avant la Première Guerre mondiale comme l'une des composantes de la puissance globale[1]. Le projet européen est ainsi associé dans ses premiers linéaments à un contexte international avec lequel il inter-réagit.

Du point de vue de la méthode, même si elle n'est pas toujours exprimée de façon explicite, l'unification économique du continent est en discussion, à partir des années 1890, à travers la remise en cause du libre-échange universel et la promotion d'accords commerciaux de type conventionnel. Ces accords remettent en question la conception universelle d'un marché international ouvert qui tend à s'étendre de proche en proche à travers les effets de la clause de la nation la plus favorisée une fois celle-ci insérée dans les accords commerciaux signés sur le plan bilatéral. À cette vision les promoteurs de la méthode conventionnelle opposent un modèle en réseau, de fait centré sur l'Europe, dessinant un espace au sein duquel les avantages consentis dans les traités de commerce sont réservés à leurs signataires. Il faut cependant attendre les années 1920 pour que les projets d'accords de type conventionnel soient mis explicitement au service d'un régionalisme européen affirmé[2].

---

1 Georges-Henri Soutou, *L'or et le sang. Les buts de guerre économiques de la Première Guerre mondiale*, Paris, Fayard, 1989.

2 Éric Bussière, Michel Dumoulin, Sylvain Schirmann, « Le développement de l'intégration économique », in G. Bossuat, É. Bussière, R. Frank, W. Loth et

Les débats sur le régionalisme économique européen opposent alors les tenants d'une vision universaliste et libérale des relations économiques internationales, conduits notamment par l'Angleterre, aux partisans du modèle régional à base conventionnelle, conduits par la France. Lors de la conférence économique internationale de Genève de 1927, les libéraux contestent le modèle des conventions plurilatérales au nom de la clause de la nation la plus favorisée. L'une des raisons de cette opposition est la crainte d'une dynamique de repli sur soi des économies pouvant même aboutir à la création de blocs économiques antagonistes. Tel n'est cependant pas l'objectif des tenants du régionalisme économique européen tel qu'il se dégage des discussions des années 1920 à la SDN ou à la Chambre de commerce internationale. Il s'agit pour ces derniers d'articuler une Europe peu à peu transformée en un vaste espace économique unifié à un marché mondial que l'on souhaite ouvert. La question de la légitimité de ce projet, stigmatisé par les libéraux comme recouvrant des options fondamentalement protectionnistes, va se trouver pour partie résolue au début des années 1930 du fait de l'échec du libre échange universel révélé par la crise économique mondiale.

Cette légitimation se fait en deux temps. Au début des années 1930, le régionalisme apparaît comme n'étant plus incompatible avec une mondialisation que la crise des années 1930 remet en cause. À l'issue de la guerre, le régionalisme trouve explicitement sa place dans le cadre institutionnel à vocation universelle que représente le GATT.

La montée de la crise économique a pour effet de rallier certains pays libre-échangistes au schéma régionaliste qui fournit, au moins à titre provisoire, une solution de repli aux petites économies ouvertes d'Europe menacées par la fermeture des marchés. La convention d'Ouchy, signée entre les Pays-Bas, la Belgique et le Luxembourg en juin 1932 témoigne de la conversion des petites économies de tradition libre-échangiste au régionalisme économique. L'historien-économiste Henri Hauser en analyse bien la portée quand il note dans son ouvrage *La paix économique* que cette convention aurait contribué à un désarmement douanier d'abord entre ses participants puis en s'élargissant de proche en proche, cette convention étant ouverte à de nouvelles adhésions et ayant pour vocation, de l'aveu même de ses promoteurs, à s'élargir aux grands pays voisins, France, Angleterre ou Allemagne[3]. L'opposition de la Grande-Bretagne condamna Ouchy à l'échec. Ce dernier ne devait pourtant être que provisoire car le ralliement d'une

A. Varsori (dir.), *L'expérience européenne, 50 ans de construction de l'Europe, 1957-2007*, Bruxelles, Bruylant, 2010, pp. 56-137.

[3] Henri Hauser, *La paix économique*, Paris, 1935, p. 168.

partie des libéraux du continent facilita la synthèse avec les projets défendus depuis 1925 par la France[4].

Les schémas issus de la guerre et du second après-guerre valident cette synthèse, le régionalisme économique s'insérant dans un cadre institutionnel mondial renouvelé par la création du GATT, plus tard de l'OMC. Le régionalisme d'inspiration libérale est porté par les pays constituant le Benelux, sur la base d'un projet d'union douanière signé en 1944 et conçu, comme l'accord d'Ouchy douze ans plus tôt, pour impulser une dynamique d'élargissement progressif du marché. Ce cadre est relayé en 1948 par celui de l'OECE destiné à la mise en œuvre du plan Marshall et à favoriser la reconstitution d'un marché européen lui-même inséré dans le nouvel ordre institutionnalisé par le GATT. De la même façon, le marché commun européen fut conçu par ses promoteurs dès le début des années 1950 et durant toutes les années 1960 comme devant être porté par une dynamique d'ouverture débouchant sur l'immersion des économies européennes dans l'économie mondiale.

À la différence de celle des années 1930, la crise des années 1970 se traduit, après quelques années d'incertitude, par une relance de la mondialisation associant une nouvelle phase d'ouverture des marchés à un ensemble de dérégulations. Ouverture des marchés à travers l'Uruguay round (1986-1994) et la création de l'OMC à laquelle adhèrent par la suite les pays ayant abandonné le modèle économique socialiste. Dérégulations qui aboutissent à la mise en concurrence de domaines qui y ont échappé jusqu'alors, notamment dans le domaine des services. Mais la légitimité acquise par le projet régionaliste européen n'est pas pour autant remise en cause. Car même si l'Europe communautaire fait parfois figure d'accusée – la forteresse Europe –, ce sont les étapes de ses élargissements successifs qui fixent l'agenda des travaux du GATT/OMC[5]. La relance européenne des années 1980-1990 dans ses composantes économique et monétaire doit donc être analysée comme une réponse européenne à la dynamique de mondialisation engagée à partir des années 1980[6]. Elle l'est en réaction aux effets déstabilisants de l'instabilité monétaire sur le fonctionnement interne de la Communauté écono-

---

4 Robert W.D. Boyce, *British capitalism and the crossroads, 1919-1932. A study in Politics, Economics and International relations*, Cambridge, Cambridge University Press, 1987.

5 Katrin Rücker, « Les élargissements des Communuatés européennes et les questions commerciales mondiales », in B. Arcidiacono, K. Milkow, A. Marion et P.-E. Bourneuf, *Europe twenty years after the end of the cold war*, Bruxelles, PIE Peter Lang, 2012, pp. 131-148.

6 Éric Bussière, « D'une Europe inachevée à l'affirmation du régionalisme européen dans la mondialisation », in Antonio Varsori et Guia Migani (eds.), *Europe in the international arena during the 1970s*, Bruxelles, PIE Peter Lang, 2011.

mique. Elle l'est en réaction aux tendances au néo-protectionnisme manifestées par les États européens eux-mêmes aux premiers temps de la crise à travers la prolifération d'interventions et d'aides sectorielles nationales destinées à préserver l'emploi mais contribuant en réalité à rigidifier les structures, par des actions de relance ou des programmes de recherche élaborés sur une base nationale alimentant distorsions de concurrence et double-emplois. Elle l'est surtout du fait de la concurrence croissante exercée par les États-Unis et le Japon dans le domaine des nouvelles technologies puis de l'émergence de nouvelles grandes puissances économiques à l'échelle du monde. Le discours « europessimiste » du début des années 1980 renvoie ainsi au discours sur le déclin économique de l'Europe tenu à la fin du XIXe siècle. La relance que cette nouvelle prise de conscience génère associe donc étroitement consolidation régionale et insertion dans la mondialisation.

La consolidation régionale passe par l'achèvement de l'unité économique. Elle consolide l'affirmation des vertus du marché à l'image de ce qu'exposait Jacques Delors en 1988 : « le chemin de l'intégration des marchés passe, en effet, par des ajustements rigoureux et l'obligation de lancer de nouvelles stratégies [...] La suppression des barrières protectrices représentera un atout permanent pour les industries, mais elle sonnera aussi le glas de leurs éventuelles options nationales timorées »[7]. La relance du projet régionaliste à partir des années 1980 est donc marquée par la recherche permanente d'une articulation satisfaisante avec une mondialisation qui lui est intrinsèquement liée. Elle vise à permettre la promotion des intérêts européens dans une économie monde régulée à l'image de ce qu'affirmait l'un des dirigeants du groupe FIAT au début des années 1990 :

> la première grande responsabilité de la CEE est de développer en Europe un régionalisme toujours ouvert, facilitant les échanges et la croissance économique à l'intérieur comme à l'extérieur de la Communauté. [...] Mais [...] nous avons besoin, plus que les autres grands partenaires commerciaux, de règles certaines et valables pour tous dans le cadre du système mondial[8].

Et d'ajouter que l'Europe devait se doter de moyens de pression sur ses partenaires pour être en mesure de faire respecter ses intérêts. Cette affirmation est relayée par les analyses proposées en 2007 par le représentant permanent de la France auprès de l'Union européenne pour qui le marché intérieur est un atout dans la mondialisation lorsqu'il expose « que nous avons intérêt à exporter nos normes, et à faire de

---

[7] Jacques Delors, « préface », in P. Cecchini, *Le défi*, Paris, Flammarion, 1988, p. 39.

[8] Renato Ruggiero, *Régionalisation et multilatéralisation dans l'évolution du système commercial mondial. Les responsabilités de la CEE*, Fondation Paul-Henri Spaak, Bruxelles, novembre 1991, pp. 11-12.

l'exportation de nos normes, de nos standards, de nos règles, un objectif de politique extérieure en tant que tel »[9]. Dans une perspective plus globale encore Pascal Lamy relie cet objectif aux liens spécifiques qu'entretiennent depuis les années 1950 le modèle régional européen et le reste du monde lorsqu'il affirme que « ce que nous avons entrepris chez nous, et réussi en partie, nous devons l'entreprendre pour notre planète »[10].

Régionalisme et identité économique et sociale

Tout en étant largement impulsée de l'extérieur, la mise en œuvre du régionalisme relève également d'un débat sur les finalités et les méthodes. On peut en effet le présenter comme un affrontement entre une construction volontaire réalisant en quelque sorte une synthèse entre modèles nationaux et une voie libérale laissant agir les forces du marché reposant sur une logique de concurrence entre ces modèles. La première option suppose une ouverture maîtrisée sur le monde avec pour finalité l'affirmation d'une identité économique et sociale, la seconde minore la valeur intrinsèque du projet régional qu'elle considère comme une simple étape dans la mondialisation.

La remise en cause du libre-échange universel à travers la signature d'accords commerciaux de type conventionnel fonctionnant au profit exclusif de signataires ouvre alors la voie à l'affirmation d'une identité économique et sociale régionale. Le rôle des États dans le domaine douanier trouve au cours de la première moitié du siècle sa contrepartie dans le mouvement de cartellisation qui se développe dans l'industrie européenne au début de siècle, mouvement qui prend la forme d'accords de branches parfois très élaborés répondant aux objectifs et caractéristiques essentielles des conventions commerciales dont ils sont le complément : recherche de stabilité et de sécurité fondée sur l'organisation du marché et la régulation de la production en Europe, gestion des relations entre l'Europe et le reste du monde, en particulier les États-Unis. Ces accords sont souvent conçus selon des modalités similaires à celles des conventions commerciales[11]. Autour de 1900, les gouvernements poussés à agir en ce sens par les milieux socialistes réformistes associent la dimension sociale à la dimension économique d'une démarche se voulant désormais plus globale. À la suite des premières

---

9 *L'Europe face à la mondialisation*, Interventions de Pierre Sellal Représentant permanent de la France auprès de l'UE, CHEFF, 2007, pp. 52-53.

10 Pascal Lamy, *L'Europe en première ligne*, Seuil, 2002, Épilogue.

11 Jean-Pierre Daviet, « Saint-Gobain et les ententes internationales, 1862-1939 », in Barjot Dominique (dir.), *Vues nouvelles sur les cartels internationaux*, Caen, 1994, pp. 105-116.

conférences organisées à l'initiative de la Suisse et de l'Allemagne, les principaux États industrialisés d'Europe occidentale s'engagent dans l'élaboration de conventions internationales réglementant le travail. La conférence de Berne tenue en 1906 représente la première tentative significative dans cette direction, reposant sur une approche tripartite associant États, représentations patronales et syndicales. Ce modèle que l'on a pu présenter comme une tentative pour établir un « concert social européen » anticipe les options européennes prises par le BIT dans les années 1920[12].

Cette triple dimension structure les projets d'organisation économique du continent au lendemain de la Première Guerre mondiale. Le cadre institutionnel en est fourni par le traité de Versailles à travers la création de la SDN et de ses organes économiques, celle de l'OIT/BIT (partie XIII du traité) mais aussi à travers celle de la Chambre de commerce internationale, organisme privé créé à la suite de la conférence d'Atlantic City en 1919. L'essentiel des débats relatifs aux finalités et au contenu du régionalisme eut lieu au cours de la Conférence économique internationale de 1927. Sur le plan industriel il s'agit d'établir une Europe organisée par les ententes ou cartels, d'abord dans l'industrie lourde selon le modèle de référence que représente l'Entente internationale de l'acier de 1926 (EIA). Cet accord très englobant qui organise le marché de l'acier en fonction de quotas de production sert de cadre à une série d'ententes spécialisées. Il définit les règles d'une gestion contractuelle des relations entre producteurs fondées sur des procédures de solidarité, de vérification et d'arbitrage complexes. Au milieu des années 1920, d'autres secteurs comme le verre, la chimie, l'aluminium, le ciment… s'inspirent de ce modèle[13].

L'action des industriels se trouve ainsi associée à celle des gouvernements, le désarmement douanier intervenant au fur et à mesure de la constitution de cartels dans les principales branches d'activité. Le décloisonnement du marché européen serait ainsi réalisé sur une base régulée permettant d'atteindre le niveau d'efficacité de l'économie américaine tout en ménageant mieux les intérêts nationaux et les différences de structures que la mise en concurrence pure et simple.

Un tel cadre rendait enfin possible et nécessaire l'émergence d'une législation sociale propre à l'Europe telle que le BIT cherche à la définir

---

12 Nadjib Souamaa, « L'OIT d'un après-guerre à l'autre, entre modèle universel et régionalisme européen », *Cahiers de l'IRICE*, 2012, pp. 22-46.

13 Françoise Berger et Éric Bussière, « La France, la Belgique et l'Allemagne et les cartels de l'entre-deux-guerres : une méthode pour l'organisation économique de l'Europe », in Michel Dumoulin, Jurgen Elvert, Sylvain Schirmann (dir.), *Ces chers voisins, L'Allemagne, la Belgique et la France en Europe du XIX*[e] *au XXI*[e] *siècle*, Stuttgart, Franz Steiner Verlag, 2011, pp. 221-242.

au cours des années 1920. Sa création vise notamment à installer la paix économique entre principales puissances industrielles et notamment en mettant fin au dumping social. La tentative de mise en œuvre d'un cadre conventionnel sur la durée du travail (journée de 8 h) représente l'un des principaux objectifs poursuivis par le BIT à travers les conférences de Berne en 1924 et de Londres en 1927. Au début des années 1930, les propositions du BIT élaborées par Albert Thomas et ses collaborateurs associent création d'une organisation du travail proprement européenne et réduction du temps de travail sur la base des 40 heures hebdomadaire, le tout articulé sur des accords internationaux de branches[14].

L'unification économique de l'Europe par secteurs relayant les schémas de l'entre-deux-guerres se trouve à nouveau au cœur des projets discutés au sein du Mouvement européen en 1949 comme dans le cadre de l'OECE. Il s'agit d'une reconstruction concertée des économies au moyen d'accords sectoriels intégrés en un plan européen à long terme[15]. De la même manière, quand les débats autour de la création d'un marché commun européen prennent une tournure plus active au cours des années 1950, ils se construisent pour partie autour de schémas fondés autour d'une approche sectorielle basée sur la spécificité de diverses branches d'activité prolongeant la pratique des ententes[16]. L'on sait que le traité de Rome représente un compromis entre la voie sectorielle, défendue par Jean Monnet dans le prolongement de la CECA, et les conceptions plus libérales défendues par les pays du Benelux et la RFA.

Le dialogue complexe entre ces deux voies se poursuit au cours des années 1960. La mise en œuvre de politiques communes spécifiques représente alors un contrepoids significatif à la mise en place du marché commun général. Le débat relatif à une politique des structures plus active, notamment en matière industrielle que la France appuyée par une partie de la Commission européenne aurait souhaité promouvoir afin de relever le « défi américain » illustre la persistance d'une voie contractuelle de l'intégration associée à l'affirmation de l'identité économique européenne[17].

---

[14] Nadjib Souamaa, *op. cit.*, pp. 36-38.

[15] Gérard Bossuat, *La France, l'aide américaine et la construction européenne, 1944-1954*, CHEFF, Paris, 1997, pp. 76, 84, 629-647.

[16] V. Voss, « Johan Willem Beyen et l'intégration de l'Europe, 1952-1956 », in *Relations internationales*, n° 106, 2001, p. 239. Marine Moguen-Toursel, *L'ouverture des frontières européennes dans les années 1950*, Bruxelles, PIE Peter Lang, 2002.

[17] Éric Bussière, « l'improbable politique industrielle », in Michel Dumoulin (dir.), *La Commission européenne, 1958-1972, Histoire et mémoires d'une institution*, OPOCE, Luxembourg 2007, pp. 471-486.

Même si elle est née dans un contexte d'inspiration libérale, la relance des années 1980-1990, n'implique pas pour autant la renonciation à toute forme d'action volontaire sur les structures économiques et sociales. La politique de la Commission depuis la fin des années 1970 est fondée sur une combinaison subtile entre logique de concurrence et logique coopérative associant achèvement du marché intérieur à des politiques spécifiques en vue de faciliter « l'adaptation des différents secteurs industriels aux conditions nouvelles de la concurrence internationale »[18]. La sidérurgie constitue le cas le mieux connu de politique interventionniste de la Commission au cours des années 1980-1990 mais d'autres sont envisagées, voire amorcées, souvent suite à des demandes issues du monde patronal. La stratégie d'appui à la recherche scientifique européenne engagée à travers le programme ESPRIT dans les années 1980 puis, plus globalement, les actions visant à créer un environnement favorable à la compétitivité économique de l'Union européenne que représente la stratégie de Lisbonne prolongent ce type de démarche.

Le champ du social offre également un exemple de consolidation et de promotion du modèle d'organisation régional par l'Europe depuis les années 1970. La relance des années 1980 a été conçue par la Commission Delors comme un tout, couvrant le champ de l'économie comme celui du social avec pour objectif l'affirmation d'un modèle spécifiquement européen. Le souhait d'articuler performance économique et performance sociale à travers la mise en place d'un cadre de dialogue adéquat renvoie au modèle des années 1920. Le programme proposé par Jacques Delors à Strasbourg le 12 mars 1985 s'inscrit dans le modèle de l'Europe contractuelle « le système économique et social de l'Europe doit être fondé, à côté du marché et des interventions de l'État, sur un dialogue nourri et sur des accords de responsabilité autonome entre les partenaires sociaux »[19]. La Charte communautaire des droits sociaux fondamentaux de 1989 prolongée par les dispositions des traités de Maastricht puis d'Amsterdam représente ainsi les contreparties de la mise en œuvre du « grand marché » dans le cadre d'une identité européenne spécifique[20].

---

[18] Cité par Arthe van Laer, « Quelle politique industrielle pour l'Europe ? », in É. Bussière, M. Dumoulin, S. Schirman (dir.), *Milieux économiques et intégration européenne au XX*^e^ *siècle. La relance des années 1980*, Paris, CHEFF, 2007.

[19] Discours de Jacques Delors au Parlement européen, 12 mars 1985, *Bulletin des Communautés européennes*, supplément, 4, 1985. Cité par Arnaud Mias, « Du dialogue social européen au travail législatif communautaire, Masstricht ou le syndical saisi par le politique », *Droit et société*, 58/2004, pp. 657-682.

[20] Antonio Varsori, « les défis de l'Europe sociale », in Marie-Thérèse Bitsch (dir.), *Cinquante ans de traité de Rome, 1957-2007*, Franz Steiner Verlag, 2009, pp. 196-199.

Les quelques réflexions proposées ci-dessus cherchent à poser les bases d'une réflexion associant, dans le champ de la gouvernance économique et sociale, projet européen et mondialisation autour de deux moments clé d'un large XXe siècle. Le premier est celui de l'émergence d'une question fondamentale : celle de la place de la dimension régionale et par là-même de l'Europe dans la gouvernance mondiale à un moment où, à la fin du XIXe siècle, ce continent se trouve confronté à l'émergence de nouveaux grands concurrents à l'échelle du monde. Le second pose la même question dans le contexte de la seconde mondialisation engagée depuis les années 1970-1980. La période fondatrice des années 1950 prend dans cette perspective une nouvelle signification : elle est à la fois aboutissement et commencement, trouvant son unité dans la légitimation du régionalisme comme mode de gouvernance. Le régionalisme européen se pose dès lors tout autant comme mode de gouvernance mondiale que comme mode d'organisation propre à l'Europe. Il détermine les bases d'une relative autonomie de son modèle économique et social tout en permettant sa mise en œuvre et sa capacité de ce dernier à exister à l'échelle du monde.

Le régionalisme monétaire européen au XXe siècle

Sylvain SCHIRMANN

Sans remonter à l'union monétaire latine (1865) ou à l'union monétaire scandinave (1873), la coopération monétaire européenne prend ses marques dans l'entre-deux-guerres. Elle a plusieurs filiations. L'Union monétaire belgo-luxembourgeoise de 1921 en est une. Elle repose sur l'idée que Belgique et Luxembourg forment, malgré leurs devises différentes, un espace monétaire, marqué par des parités fixes. La monnaie n'est donc plus un obstacle aux échanges commerciaux entre les deux États, les parités ne pouvant plus être manipulées pour éventuellement donner des avantages économiques à l'un ou l'autre partenaire. Union commerciale et monétaire vont ainsi de pair. D'une façon plus générale, la reconstruction économique, financière et monétaire d'une Europe détruite par le premier conflit mondial obéit à certains schémas. Ils sont affirmés lors de la conférence économique de Bruxelles en 1920 (cf. le rôle de Jean Monnet en la matière) et reposent sur le principe de la stabilité monétaire et des parités fixes. Cette culture de la stabilité accompagne la réflexion sur la libéralisation des échanges commerciaux que l'on souhaite. Ainsi régionalisme économique et monétaire vont dès le début des années 1920 de concert. On en débat à Cannes et à Gênes, en 1921-1922, autour du projet britannique de créer un premier fonds d'investissement en Europe (le consortium international de Lloyd George) et une stabilisation autour de la livre sterling et des principales monnaies, dans le cadre du *Gold exchange standard*. L'échec de Gênes, et notamment le rejet du fonds d'investissement en Europe, ne permet pas, et ce malgré l'adoption du *Gold exchange*, la stabilisation des devises. Cette stabilisation se met en place dans la seconde moitié des années 1920, mais avec l'aide des États-Unis, dans le cadre du plan Dawes. Endettement, crises politiques (affaire de la Ruhr) provoquent inflation, désordres monétaires et fièvre spéculative. La réforme monétaire part d'Allemagne avec la création par Schacht du *rentenmark*, gagé sur les valeurs industrielles et foncières allemandes, mais c'est surtout le plan Dawes qui, à travers les investissements économiques américains en Europe, relance l'économie et permet la stabilisation des monnaies : à parité identique à celle de 1914 pour la livre sterling, dépréciée par rapport en 1914 pour le reichsmark, le franc français et les principales devises européennes. C'est dans le contexte de cette stabilisation entre 1925 et 1927, pour les principales monnaies européennes, que la conférence économique de Genève en 1927 préconise la création d'un régionalisme économique européen, marqué par la libéralisation des échanges et la cartellisation des marchés[1].

La crise amène les organisations internationales, la Société des Nations (SDN) d'abord, puis à partir de 1930, elle et la Banque des règlements internationaux (BRI), à réfléchir à un ordre monétaire international (ou européen), car l'Europe posait problème, divisée dès la crise en plusieurs espaces monétaires. Dès 1931 une Europe du contrôle des changes à l'Est et au centre côtoyait une Europe de la stabilité, fidèle à la parité or, à l'ouest et au nord-ouest. Enfin le Royaume-Uni et certains pays du Nord avaient décidé de laisser flotter leurs devises, ce qui correspondait à une dévaluation de fait. Ce morcellement monétaire européen était préjudiciable aux échanges commerciaux, marqués de plus en plus par la réciprocité et la régression. Que faire ? La vision de ces institutions repose sur quelques principes simples : système de parités fixes, convergence des politiques économiques, indépendance des banques centrales, fonds de stabilisation des monnaies. Il s'agissait notamment de mettre en place des politiques de déflation, marquées par la rigueur budgétaire et le désendettement des États. Pour garantir les parités monétaires, la BRI pourrait se transformer en « Banque centrale des banques centrales », ces dernières mettant à la disposition de l'organisme bâlois une partie de leurs réserves, qui lui permettrait de se comporter comme un fonds de coopération monétaire, et notamment réduire le contrôle des changes. Des fonds plus régionaux furent également imaginés, plus particulièrement au profit de l'Europe centrale, à travers des fonds de stabilisation sur les céréales en 1931, ou dans le cadre du marché commun danubien en 1932. Ils échouèrent, lorsque l'on vint à poser les questions du contrôle politique de ces organismes. Cela n'empêcha pas l'idée de continuer à cheminer et en 1933, au printemps, Paris, Londres et Washington envisagèrent la constitution d'un fonds de stabilisation au profit de leurs devises. On esquissa là les contours d'une solidarité monétaire occidentale (atlantique) face aux États totalitaires. Les tergiversations françaises amenèrent Roosevelt, à la Conférence de Londres, en juin 1933 à s'affranchir de toute solidarité monétaire avec l'Europe[2]. Pourtant en septembre 1936, c'est une coopération entre les

---

1 Cf. *Relations internationales*, n° 99, automne 1999, dossier « Monnaie et relations internationales ». Également Artaud Denise, *La question des dettes interalliées et la reconstruction de l'Europe, 1917-1929*, Thèse, 2 tomes, Lille, 1978.

2 Sur ces questions, voir Schirmann Sylvain, *Crise, coopération économique et financière entre États européens 1929-1933*, Paris, CHEFF, 2000 ; également Schirmann Sylvain (dir.), *Organisations internationales et architectures européennes 1929-1939*, Metz, Publications du CRHCEO de l'Université de Metz, n° 24, 2003.

trois mêmes États qui permit la dévaluation du franc (un réajustement entre les trois devises occidentales)[3]. Mais les États menèrent cependant leur politique propre : contrôle des changes pour les uns, politique de dévaluation pour les autres, déflation pour les troisièmes. Il n'empêche que le régionalisme monétaire européen de l'entre-deux-guerres s'appuya fortement sur la culture de la stabilité. Était-elle adaptée au contexte ? En Europe, surtout centrale et orientale, certains experts préconisèrent une politique du « pouvoir d'achat », et ce dès les années 1930. Ils prirent leurs distances avec la politique de déflation et de rigueur que Genève essayait de généraliser. Albert Thomas, par exemple, suggéra une politique de grands travaux, sorte de plan d'aménagement de l'espace européen pour le doter d'infrastructures. Il accepta ainsi l'endettement et l'inflation, bien avant le démarrage du New Deal américain. D'autres experts du comité monétaire se rangèrent à cet avis quelque temps après.

Ces expériences diverses laissèrent des traces et conditionnèrent les décisions monétaires consécutives au second conflit mondial. L'ordre conçu par les États-Unis à Bretton Woods reprend certains éléments de ce qui fut imaginé essentiellement pour l'Europe dans l'entre-deux-guerres : parités fixes, abandon du contrôle des changes, libre convertibilité des monnaies. Le pivot du système devint cependant le dollar. Grâce à l'Union européenne des paiements et des accords monétaires européens au milieu des années 1950, au moment où on signe le traité de Rome, la libre convertibilité des monnaies européennes est effective. En créant le Marché commun, les Six mesurent l'importance de la stabilité monétaire pour son achèvement. Cette stabilité est assurée dans le cadre du système de Bretton Woods. A-t-on alors besoin de réfléchir à une coopération monétaire entre les Six ? Malgré tout la Commission parle dès le début des années 1960 d'une « union monétaire qui pourrait devenir l'objectif de la troisième étape du Marché commun ». Ce qui recueille l'assentiment des banquiers centraux qui expliquent cependant que la coopération monétaire ne pourrait se limiter à l'Europe des Six. Ils insistent également sur la condition d'une telle union : la coordination des politiques budgétaires des États membres. Mais dans l'immédiat, il s'agit d'obtenir des consultations préalables aux modifications de parités monétaires chez les Six. Le thème d'une monnaie unique entre également dans le discours de personnalités européennes au début des années 1960. Celle-ci pourrait être au cœur d'un espace monétaire européen original. On retrouve cela dans les débats du Comité d'action de

---

On se reportera également à Bussière Éric, *La France, la Belgique et l'organisation économique de l'Europe 1918-1935*, Paris, CHEFF, 1992.

[3] Girault René, « Léon Blum, la dévaluation de 1936 et la conduite de la politique extérieure de la France », *Relations internationales*, n° 13, 1978, pp. 91-109.

Jean Monnet ou encore dans les propositions de Triffin : la constitution d'un Fonds européen de réserves qui serviraient à harmoniser les changes. Si nous gérons ensemble les réserves, nous pourrions, estime Monnet, jouer un rôle international et nous détacher du dollar. Le Fonds évoqué reposerait sur une unité monétaire dans laquelle « seraient librement converties les monnaies des pays membres et qui constituerait un étalon de valeur immuable ». En 1965 le Comité d'action l'envisage en s'interrogeant sur ses conditions la création d'une monnaie européenne de réserve. Mais les États en restèrent là et attendirent la dévaluation de la livre sterling en 1967 pour penser à une évolution du SMI[4].

Lorsque celui-ci commence à vaciller, le projet d'union monétaire s'invite à l'agenda communautaire. Étape après étape (elles sont bien connues), des années 1960 à la mise en place de l'UEM et de l'euro, une « Europe monétaire » prend forme. Les plans Barre, puis Werner en jettent des bases. Ils font de l'Europe communautaire le lieu où se prennent les décisions de politique économique. Cela suppose un transfert de compétences qui se ferait par étapes. La première étape serait marquée par la coordination des politiques économiques, la réduction des marges de fluctuation entre les monnaies. La seconde prévoit l'instauration d'un Fonds européen de coopération monétaire. La troisième étape serait nettement plus supranationale. Ou elle conserverait des monnaies nationales ou on s'orienterait vers « une monnaie communautaire unique ». La cohésion à ce niveau ne saurait être maintenue que par un centre de décision pour la politique économique et un système communautaire des banques centrales. Une gouvernance européenne se substituerait ainsi aux autorités nationales. Mais la crainte d'une intégration politique qui pourrait en découler amène le président Georges Pompidou à édulcorer ce plan d'octobre 1970. Est-ce suffisant pour affronter les tempêtes monétaires du début des années 1970[5] ?

---

4 Dumoulin Michel (dir.), *Réseaux économiques et construction européenne*, Bruxelles, PIE Peter Lang, 2004, plus particulièrement dans ce volume les articles de Kapaln Jacob, « Networks and Institutions in the Origins and Operations of the European Payments Union » et toute la section 6 de ce volume, avec des contributions de Jérôme Wilson, Valérie Aubourg, Ivo Maes et Erik Buyst sous la thématique « Robert Triffin et les milieux monétaires ». Également Bossuat Gérard, « Questions sur l'identité monétaire européenne à travers les positions de Jean Monnet, Robert Triffin et Pierre Mendès-France », in Éric Bussière, Michel Dumoulin (dir.), *Milieux économiques et intégration européenne en Europe occidentale au XXe siècle*, Arras, Artois Presses Université, 1998.

5 Maes Yvo, « Projets d'intégration monétaire à la Commission européenne au tournant des années 1970 », in Éric Bussière, Michel Dumoulin, Sylvain Schirmann (dir.), *Milieux économiques et intégration européenne au XXe siècle. La crise des années 1970. De la conférence de La Haye à la veille de la relance des années 1980*, Bruxelles, PIE Peter Lang, 2006.

Les accords monétaires européens qui suivent le plan Werner et qui constituent une réponse à l'instabilité monétaire reprennent en grande partie la philosophie de son projet et des réflexions antérieures. Dans le cadre du Serpent monétaire européen (21 mars 1972), on limite les marges de fluctuations des monnaies (2,25 %), ce qui doit contribuer à faire émerger une zone de stabilité monétaire dans l'Europe des Six. Mais de nouveaux espaces se créent et les sirènes des changes flottants attirent le Royaume-Uni dès 1972, puis l'Italie au début de l'année 1973. Les Neuf se dotent alors d'un Fonds européen de coopération monétaire (avril 1973), qui prévoit des interventions multilatérales des banques centrales européennes. Mais il n'a pas de réserves (le principe des réserves communes n'avait pas été adopté), il ne peut pas atteindre son objectif ce qui amène Paris à quitter le serpent en 1974[6].

Cette première expérience est riche. Elle met en avant la nécessité de faire converger deux positions : celle défendue par les Allemands et les Néerlandais, pour lesquels l'union économique doit précéder l'union monétaire ; celle défendue par la France et la Belgique, pour lesquelles il s'agit de mettre d'abord en place la concertation monétaire avant l'harmonisation économique. C'est au couple Giscard-Schmidt de donner, après cette première tentative, une impulsion décisive. Discuté avec les partenaires, le Système monétaire européen (SME) entre en vigueur en mars 1979. Il fixe des marges de fluctuation restreintes (2,25 %) et fait un pas vers la monnaie européenne en définissant un étalon commun, l'écu, qui sert de référence aux monnaies nationales et d'unité de compte européenne. Pour permettre au dispositif de fonctionner – c'est-à-dire de créer en Europe un espace de stabilité monétaire –, l'intervention des banques centrales sur le marché des changes, tout comme la mise en commun de réserves de change sont prévues. Mais il faut également prévoir des exceptions pour l'Italie et l'Irlande (marges de fluctuation de 6 %) et accepter que le Royaume-Uni reste à l'écart du dispositif. Le Conseil européen avait également dès 1978 préconisé des mesures de convergences en matière de politique économique. Elles furent peu suivies, les États poursuivant pour certains des politiques de relance, pour d'autres se convertissant aux politiques néo-libérales. Ces divergences handicapent indéniablement le SME.

Frank Robert, « Pompidou, le franc et l'Europe » et Bossuat Gérard, « Le Président Georges Pompidou et les tentatives d'Union économique et monétaire », in Association Georges Pompidou, *Georges Pompidou et l'Europe*, Bruxelles, Complexe, 1995.

6 Frank Robert et Bossuat Gérard, *op. cit.* ; Saint-Perier Amaury (de), « La France et la sauvegarde du système communautaire de change de 1974 à 1977 », et Koeune Jean-Claude, « La mise en place des premières expériences du SME », in Éric Bussière, Michel Dumoulin, Sylvain Schirmann (dir.), *Milieux économiques et intégration…*, *op. cit.*

Il faut attendre la dévaluation du franc en mars 1983 pour à nouveau pouvoir envisager un approfondissement de la construction d'une Europe monétaire. L'Acte unique de 1986 en fournit la base. Le grand marché souhaité pour 1993 nécessite une contrepartie monétaire : sa réalisation suppose des parités fixes entre les devises des douze. Ne pourrait-on pas dès lors aller vers une monnaie unique ? L'idée d'une monnaie unique gérée par une banque centrale a le double avantage de mieux assurer le fonctionnement du marché unique et de relancer la construction politique dans la mesure où elle suppose des transferts de souveraineté. Les travaux du comité Delors lèvent les hypothèques. Son rapport préconise trois étapes pour parvenir à l'union économique et monétaire (UEM) : achever le marché unique et adhérer au mécanisme du SME dans un premier temps ; créer un institut monétaire européen et un système européen de banques centrales, dans un second temps ; instaurer enfin un système de parités fixes ou mieux encore une monnaie unique, gérée par une banque centrale européenne. Aux gouvernements de prendre leurs responsabilités ! Le contexte de la chute du mur favorise le projet, car au sommet de Strasbourg en décembre 1989, les États acceptent à la fois le projet d'union monétaire et d'union politique. Le schéma fonctionnaliste trouvait à nouveau un intérêt certain : la monnaie servait de tremplin à l'Europe politique. Le traité de Maastricht (1992) consacre cette vision : l'UEM, un des acquis majeurs du texte, est une étape de la construction politique, elle aussi envisagée par l'accord signé dans la cité néerlandaise[7].

Les États n'ont dès lors pas d'autre choix que de se rallier aux conceptions en cours depuis les années 1920 : il faut coordonner – c'est un minimum – les politiques économiques. Cela passe par la fixation de critères de convergence qui ont trait à la maîtrise de l'inflation, de l'endettement et des budgets nationaux. Cela passe par une surveillance multilatérale et des sanctions pour ceux qui ne respecteraient pas les critères retenus. À partir du moment où l'UE choisit de créer une monnaie unique, il faut élaborer sa gouvernance qui doit tenir compte également de ceux qui ne l'adopteraient pas, tout en restant membres de l'UE. Face à la Banque centrale européenne, le débat porte sur la nécessité ou non d'un organisme politique. Il oppose la France à l'Allemagne, cette dernière craignant qu'une telle structure ne se transforme en gouvernement économique de la monnaie unique. Progressivement les éléments de la gestion de la monnaie unique se structurent : le Conseil Ecofin reste l'organe décisionnel de politique économique et monétaire.

[7] Quelques classiques : Rayamond Robert, *L'unification monétaire en Europe*, Paris, PUF, 1993 ; Devoluy Michel, *L'Europe monétaire. Du SME à la monnaie unique*, Paris, Hachette, 1996 ; Riche Pascal, Wyplosz Charles, *L'Union monétaire de l'Europe*, Paris, Seuil, 1993.

Mais les participants à la monnaie unique se retrouvent dans un Conseil de l'euro pour coordonner leurs actions de gestion de la monnaie unique. Le Conseil Ecofin adopte les grandes orientations de politique économique (GOPE) qui servent de base à l'élaboration des politiques économiques des États de la zone euro et des autres. C'est sur ces bases que la monnaie unique, l'euro, a pu avoir cours au tournant du siècle[8].

Des premiers projets d'une organisation monétaire européenne à la mise en route de l'euro, les bases du régionalisme monétaire européen n'ont guère varié. Elles sont d'une remarquable constance. Inspirées du libéralisme, elles préconisent la stabilité des parités à travers des politiques économiques qui maîtrisent l'inflation et empêchent l'endettement et les déficits budgétaires. La gestion de ce système repose sur une banque centrale indépendante et sur l'absence de gouvernement économique. Mais les cultures monétaires nationales ne s'effacent pas aussi simplement : tradition interventionniste de la France, souveraineté monétaire et maintien d'un espace sterling pour le Royaume-Uni, voire encore crainte de l'inflation et de surchauffe pour les autorités allemandes. Le régionalisme monétaire européen et surtout l'UEM est dès lors fruit de compromis entre la vision libérale, les approches nationales et les intérêts[9]. Dans ces conditions, la monnaie unique peut-elle alors constituer le pas décisif vers l'unité politique ? L'expérience historique et la crise actuelle montrent les difficultés de l'entreprise. La crise des années 1930, comme celle que l'Europe actuelle traverse, souligne le poids des cultures et des intérêts nationaux dans la gestion de la coopération monétaire. Le contexte actuel rend ainsi à nouveau pertinente la question : l'UEM est-elle le chemin pertinent pour l'union politique !

---

[8] Capul Jean Yves, *La monnaie unique*, coll. « Les Cahiers français », n° 282, Paris, La Documentation française, juillet-septembre, 1997 ; Silguy, Yves-Thibault (de), *L'Euro*, Paris, 1998. Également : *Euro et gouvernance économique*, coll. « Les Cahiers français », n° 319, Paris, La Documentation française, mars-avril, 2004 ; *L'Euro : réussite ou échec ?*, « Questions internationales », n° 17, Paris, La Documentation française, janvier-février 2006.

[9] Schirmann Sylvain, « De la coopération à l'Union monétaire », in Marie-Thérèse Bitsch (dir.), *Cinquante ans de traité de Rome 1957-2007. Regards croisés sur la construction européenne*, Stuttgart, Franz Steiner Verlag, 2009.

La Haute Autorité de la CECA et les cartels sidérurgiques

Une relation ambivalente (1950-1967)

Charles BARTHEL

Au plus tard depuis l'attribution du prix Nobel de la paix à l'UE, on se souvient qu'avec la création de la Communauté européenne du charbon et de l'acier (CECA) au début des années 1950, les pères de l'Europe – Robert Schuman en tête – avaient aspiré à réconcilier durablement les ennemis d'hier en soustrayant à l'emprise des gouvernements nationaux deux industries-clés qui sont à la base des fabrications d'armes de guerre. Désormais confiés à la garde d'institutions collectives foncièrement novatrices, en l'occurrence une Haute Autorité supranationale, les produits du fer et la principale ressource énergétique de l'époque devaient non seulement inaugurer un banal marché commun ; leur pool était avant tout censé donner un début de réalisation concrète au dessein de l'intégration européenne. Autant dire que les compagnies métallurgiques et les houillères ont servi de « cobayes » dont les activités commerciales privées deviennent le biais par lequel les hommes d'État entendent au fond surmonter des obstacles de nature essentiellement diplomatique qu'ils auraient éprouvé du mal à vaincre autrement. Il en découle d'emblée un entrelacement du politique et de l'économique qui regorge d'ambiguïtés et qui n'est pas sans dangers pour les entreprises concernées lorsque ceux qui se sont accaparés d'elles pour matérialiser leurs visions idéalistes s'avèrent impuissants sinon incapables de faire face aux dépressions de la conjoncture. Le décalage entre les intentions des inventeurs du plan Schuman et la réalité industrielle saute particulièrement aux yeux avec le comportement contradictoire de la CECA vis-à-vis des maîtres de forges et de leur arme anticrise préférée : les cartels. L'interdiction des syndicats patronaux se heurte en fait très vite à des obstacles majeurs, de telle sorte que, obligée de choisir entre le respect de la légalité et la sécurisation pragmatique de centaines de milliers d'emplois, la Haute Autorité finit par se fourvoyer dans une impasse. Seule sa dissolution en 1967 lui permet de l'échapper belle.

Les arrière-fonds idéologiques d'une matière foncièrement économique

Combien les considérations strictement industrielles du plan Schuman sont subordonnées aux priorités politiques de la nouvelle Europe unifiée se mesure déjà à l'agencement du traité de Paris du 18 avril 1951 : la vingtaine de clauses proprement économiques n'y sont inscrites qu'au titre troisième d'une œuvre contractuelle dont le restant des cent articles est dédié pour la plupart à des questions d'ordre général et institutionnel. Cela dit, il n'en reste pas moins que, malgré leur caractère globalement secondaire, les prescriptions anticartels occupent dans l'ensemble de la charte CECA une place éminente. Albert Wehrer, le chef de la délégation luxembourgeoise devenu plus tard membre de la Haute Autorité, explique la mise en vedette des articles 65 sur les ententes, et 66 sur les concentrations d'entreprises par la « philosophie » inhérente au marché commun régi par la libre circulation des marchandises, la libre concurrence entre usines, la liberté des clients de choisir leur fournisseur, etc. Compte tenu de la volonté déclarée d'améliorer le niveau de vie des populations moyennant une meilleure productivité profitable à tous – entrepreneurs, travailleurs et consommateurs –, les deux dispositions seraient « tout naturellement et tout nécessairement une conséquence logique des conditions auxquelles est subordonnée l'exécution du traité »[1].

À cela s'ajoutent les astreintes émanant d'un puissant courant d'opinion. Répandu notamment dans les milieux de gauche, il confond sans distinction ni nuances les cartels et les konzerns assimilés volontiers à des oligopoles par lesquels le grand capital anonyme chercherait à maximiser ses gains aux dépens d'une classe ouvrière et d'une collectivité publique saignées à blanc. Les reproches de la collaboration docile avec le régime hitlérien et de la participation active à l'effort de guerre se chargent du reste. Ils entraînent que les barons du fer avaient jadis mauvaise presse. Certes, dès le lendemain de l'invasion de l'Union soviétique en été 1941, le bureau central de l'ancienne Entente internationale de l'acier (EIA) avait ressenti le besoin d'innocenter ses activités en montrant du doigt les gouvernements d'autrefois qui avaient expressément sollicité le concours des industriels pour les aider à surmonter le désordre économique engendré par la paix de Versailles. Du coup les chefs d'entreprises avaient également renvoyé leurs détracteurs aux « principes de modération et de prudence » qui avaient toujours guidé le fonctionnement des accords pour conclure que les structures de coopération avaient de toute façon cessé d'exister le jour même de l'ouverture

---

[1] ARBED [Aciéries réunies de Burbach-Eich-Dudelange] AC.2008.II, Le Plan Schuman et les cartels. Conférence d'Albert Wehrer ..., 24 septembre 1954.

des hostilités en septembre 1939[2]. Mais rien n'y fait. Après la Libération, les associations professionnelles ont beau poursuivre la démonstration de l'utilité, voire des atouts d'une régulation de la production[3] ; contre les insinuations malveillantes à l'instar de celles diffusées par James Stewart Martin, ils n'arrivent pas à se faire écouter. Le juge américain, ex-directeur de la *decatellization branch* du gouvernement militaire en Allemagne qui n'est jamais en peine de mots pour démasquer les élites de l'industrie lourde européenne comme ayant adhéré sans exception, ou presque, au « nazi cartel system », jouit également en Europe d'un large auditoire[4]. D'ailleurs, son livre *All Honorable Men* sort des presses précisément en 1950.

Pure coïncidence ou action concertée ? Il paraît aujourd'hui établi que la parution du livre prévenant le monde des conséquences catastrophiques que comportent les arrangements commerciaux plus ou moins secrets entre hommes d'affaires survient à point nommé pour épauler le soi-disant « groupe de travail de l'ambassade des États-Unis à Paris ». Ce réseau composé de hauts fonctionnaires et d'autres personnalités de part et d'autre de l'Atlantique peine tout au long des négociations du plan Schuman en coulisse dans le but de glisser la législation anticartel américaine dans le traité[5]. Menée sous le couvert de la liberté du commerce, sa croisade en faveur d'une stricte interdiction des trusts et de toutes autres formes de *gentlemen's agreement* répond bien sûr à la stratégie de la « porte ouverte » pratiquée par l'administration Truman afin d'assurer à ses nationaux un accès sans entraves aux débouchés du vieux continent. La réaction des Européens ne se fait cependant pas attendre. Soucieux de préserver leurs propres intérêts, maints représentants des six pays impliqués dans le processus d'intégration – parmi eux on distingue entre autres le ministre français des Affaires étrangères et le ministre allemand de l'Économie – s'appliquent alors à pratiquer du « *window-dressing* » : à l'adresse de Washington, qu'on ne saurait brusquer parce qu'on a besoin de son aide financière et militaire, ils se

---

2 ARBED P.R-IV, Les ententes internationales de l'acier, 23 juillet 1941 ; P.XXX, Hitler und die Ruhrindustriellen. Ein Rückblick von Ernst Poensgen, [1944/45].

3 ARBED P.XVII, Mémoire sur les ententes internationales, 7 mai 1945 ; Mémoire sur les ententes internationales pour [le] Conseil Tripartite (Benelux), 30 avril 1946 ; La question des cartels, 4 février 1948 ; P.XXXI, Discours d'Éric Conrot devant la Chambre de Commerce Internationale, 6 juin 1950, etc.

4 James S. Martin, *All Honorable Men. The Story of the Men on Both Sides of the Atlantic who Successfully Thwarted Plans to Dismantle the Nazi Cartel System*, Boston, Little, Brown & Co, 1950.

5 Brigitte Leucht, « Transatlantische Netzwerke und die Schuman-Plan-Verhandlungen », in Michael Gehler, Wolfram Kaiser, Brigitte Leucht (eds.), *Netzwerke im europäischen Mehrebenensystem. Von 1945 bis zur Gegenwart*, Wien, Böhlau, pp. 53-68, ici pp. 58 et suiv.

déclarent acquis à un libéralisme sans failles ; à l'égard de leurs compatriotes industriels européens, ils se montrent rassurants[6].

Il en naît un formidable « quiproquo »[7] qui préfigure à merveille tous les malentendus ultérieurs au sujet de la transposition dans les faits du compromis finalement retenu par les rédacteurs du pacte du charbon et de l'acier. Face au devoir de concilier les différents points de vue antinomiques, ils optent certes pour une proscription générale et formelle des pratiques ayant pour objet la fixation des prix, la restriction de la production, la répartition des débouchés, le contrôle des clients, etc., mais sous la réserve expresse que lesdits procédés faussent le « jeu normal de la concurrence ». Wehrer en tire la leçon que – selon une expression luxembourgeoise – la soupe est moins chaude en la mangeant. « D'abord » – remarque-t-il –, « le traité ne parle pas seulement "de la concurrence", mais de "son jeu normal". N'est-ce déjà pas [*sic*] une interprétation restrictive ?, car le jeu normal n'est pas le jeu absolu, le jeu tout court »[8].

La formulation définitive des articles 65 et 66 en des termes sensiblement moins sévères qu'on ne l'avait craint amène ainsi les maîtres de forges à jeter du lest. D'autres apaisements d'un caractère plus général, du genre de ceux donnés par exemple par Schuman à Joseph Bech dans un tête-à-tête au cours duquel le ministre luxembourgeois des Relations extérieures s'était fait l'écho des griefs de l'industrie, contribuent à désamorcer l'opposition des patrons. Le chef du Quai d'Orsay avait à l'occasion écarté en un tour de main toutes les appréhensions de son ami en lui révélant qu'à l'avenir « la France aura besoin du Luxembourg contre l'Allemagne »[9]. Une façon de dire que même Jean Monnet, connu pour ses sympathies pour le modèle américain, serait *nolens volens* forcé à mettre de l'eau dans son vin, surtout au regard des ententes. Or, puisqu'on doit présumer que des « garanties » similaires ont été données par d'autres canaux à d'autres pays, en l'espèce à la Belgique qui, en tant que petite nation grande productrice d'acier, est autant concernée que le Grand-Duché, on comprend qu'à la fin les fabricants de fer ont dû

---

6 Annie Lacroix-Riz, « Paris et Washington au début du Plan Schuman (1950-1951) », in Klaus Schwabe (ed.), *Die Anfänge des Schuman-Plans 1950/51*, Baden-Baden, Nomos, 1988, pp. 241-268, ici p. 252.

7 Philippe Mioche, « La déclaration Schuman, le traité de Paris et la CECA : débats historiographiques », in Michel Catala (dir.), *Histoire de la construction européenne. Cinquante ans après la déclaration Schuman*, Nantes, Ouest éditions, 2001, pp. 31-43, ici p. 35.

8 Conférence faite par Albert Wehrer [...], *op. cit.*

9 ANLux [Archives nationales de Luxembourg] AE.11346, Compte rendu de la séance d'information du 24 mai 1950 réunissant les ministres des Affaires étrangères des pays Benelux à Paris, 25 mai 1950.

être convaincus que les mesures anticartels relèveraient plutôt d'un exercice de style destiné à la fois à amadouer les partenaires d'outre-Atlantique et à faucher l'herbe sous les pieds des communistes. Comme ces derniers avaient aussitôt « crié au cartel » dès le lendemain de la déclaration du 9 mai, le climat de guerre froide commande bien sûr de réfuter sur le champ la propagande orchestrée depuis Moscou[10].

Même les patrons saisissent dans ces conditions l'impératif de refréner leurs revendications, au moins en public et pour un certain temps. N'est-ce pas symptomatique de constater, au cours de la phase finale des tractations, comment les paragraphes incriminés relatifs à l'interdiction des actions concertées de l'industrie disparaissent des réquisitoires patronaux au fur et à mesure que les experts sidérurgistes, qui ont accompagné les six délégations nationales dans la capitale française, ont acquis la certitude « qu'on évoluerait dans la direction de laisser aux industriels le soin de fixer les prix et les programmes de fabrication et qu'on ne se gênerait même plus de prononcer le nom de cartel » ? Aussi le soulagement est-il écrit sur le visage du président de l'Arbed quand il note : « on a donc l'impression que les gens deviennent plus raisonnables »[11].

La renaissance des cartels transnationaux

Les nombreuses promesses orales faites à tort et à travers au secteur privé au cours des négociations de Paris ne sont hélas d'aucun secours lorsqu'on aborde la mise au point des règlements d'exécution du plan Schuman. Comme les paroles des plénipotentiaires des six délégations n'ont été consignées nulle part, parce qu'on n'avait pris soin ni de dresser un procès-verbal détaillé de leurs tours de table ni de rédiger un commentaire officiel des articles individuels, elles contribuent tout au plus à brouiller davantage l'interprétation des clauses anticartels qui se révèle déjà extraordinairement ardue. Cela tient d'une part aux interférences idéologiques susmentionnées, et d'autre part aux collusions inévitables entre les nouveaux cadres de la CECA et les élites soit industrielles soit politiques nationales et, d'une manière beaucoup plus générale et prosaïque, au simple fait que maints fonctionnaires européens manquent d'expérience et sont peu ou pas du tout initiés à la matière complexe dorénavant placée sous leur tutelle. Richard Hamburger, le directeur de la division ententes et concentrations de la CECA, s'en plaint amèrement. À défaut de consignes rigoureuses de la part du collège des neuf membres de la Haute Autorité, chacun de ses homo-

---

[10] Conférence faite par Albert Wehrer [...], *op. cit.*

[11] ARBED P.120, Aloyse Meyer à Félix Chomé (directeur général de l'Arbed, 21 septembre 1950. Cf. aussi ANLux AE.11385, Avis du GISL sur le projet de Plan Schuman [...], 27 mars 1951.

logues des autres départements se sent soudain une vocation d'empiéter sur son domaine ou du moins d'y rajouter du sien.

> Chaque membre et chaque chef de division voudraient voir appliquer de façon différente les dispositions du traité. Les uns estiment qu'il serait beaucoup mieux que les dispositions du traité n'existent pas du tout ; ils cherchent à interpréter le texte de manière que l'intervention de la Haute Autori-Autorité n'ait lieu que dans de rares cas d'atteinte au jeu de la concurrence et que des renseignements ne soient demandés que lorsqu'il y a lieu de s'attendre en toute probabilité à des atteintes de cette nature. D'autres sont d'avis que toute entrave à la concurrence, à quelques rares exceptions près que le traité spécifie expressément, est interdite [...]. Entre les deux extrêmes se situent toutes les opinions possibles. La conséquence de cet état de choses est qu'en ce qui concerne les propositions de la division, les juristes n'émettent pas d'avis fondé sur leur conformité avec les principes juridiques, la division du marché ne les examine pas du point de vue de leur signification pour le marché libre, la division de l'économie ne les juge pas en fonction de leur portée économique ; chacun les modifie plutôt de façon qu'elles concordent davantage avec ses opinions personnelles sur la politique à suivre par la Haute Autorité[12] !

Le vide réglementaire causé par la cacophonie persistant au numéro 2 place de Metz à Luxembourg, où la Haute Autorité vient d'élire son domicile en été 1952, encourage évidemment les maîtres de forges à multiplier les entrevues et « dîners » qu'ils avaient pris l'habitude d'organiser dans la foulée de leurs rencontres initiées en marge de l'élaboration du plan Schuman. Il en sort le « Club des sidérurgistes » définitivement constitué à Düsseldorf vers la mi-février 1953[13], quelques jours seulement après que le Groupement des hauts-fourneaux et aciéries belges (GHFAB), le Groupement des industries sidérurgiques luxembourgeoises (GISL) et la Chambre syndicale de la sidérurgie française (CSSF) ont donné le coup d'envoi à une riposte collective au dérèglement des marchés du fer après le fléchissement du boom de Corée. L'« entente bénévole et strictement privée » est la première d'une série d'actions concertées qui ont été lancées avec plus ou moins de vigueur tout le long de la période qui nous intéresse[14]. Inutile de préciser : la présente contribution ne permet pas de brosser un tableau complet et détaillé ni des mécanismes de fonctionnement des accords ni de leur genèse ou de leur évolution au fil des années jusqu'à la suppression de la Haute Autorité. Nous focaliserons par conséquent notre attention

---

12 ARBED P.61.C, Note [de Hamburger] pour la Haute Autorité, 27 juin 1953.

13 Charles Funck, *Une Europe... un quart de siècle... une sidérurgie... un club... (1952-1977)*, Luxembourg, [inédit], 1977, pp. 2 et 6.

14 ARBED AC.221.I, Résumé des conversations qui ont eu lieu à Paris, les 16 et 17 février 1953 ..., 20 février 1953.

sur une présentation sommaire des spécificités des seuls cartels transnationaux d'envergure, à l'exclusion de la multitude des arrangements régionaux qu'on oserait qualifier de « mineurs », comme les stipulations entre les aciéristes wallons et leurs compatriotes marchands de fer, ou la convention répartissant la production entre les fabricants de France, etc.

En gros, on distingue pour la quinzaine d'années étudiées deux types majeurs d'accords. Le premier est une entente à l'exportation « vers les pays autres que ceux de la Communauté et leurs territoires d'outre-mer ». Le cartel fondé le 19 mars 1953 dans la capitale belge (d'où son nom de « convention de Bruxelles ») dérive des discussions à trois évoquées ci-dessus, auxquelles se sont jointes la Wirtschaftsvereinigung Eisen-und Stahlindustrie (WVESI) et la Vereniging de Nederlandse Ijzeren Staalproducerende Industrie quelques jours ou semaines plus tard, en tout cas avant le 8 avril[15]. Quant à l'adhésion de *certaines* usines italiennes, elle ne fait pas de doute même s'il nous est impossible en l'état actuel de la documentation d'avancer la date exacte de leur ralliement.

La quintessence des engagements pris est en revanche nettement moins mystérieuse. Pour une durée en principe indéterminée, les sociétés métallurgiques promettent solennellement de subordonner leurs ventes en-dehors de la CECA aux recommandations reçues d'une commission commerciale composée de deux délégués par pays et supposée fonctionner d'une manière permanente pour « analyser les conditions présentes des marchés d'exportation et déterminer, en conséquence, les prix minima, conditions de paiement, commissions, extras, etc. » à observer par les forges membres du syndicat dans leurs relations avec les clients extracommunautaires. La collecte et le traitement des données statistiques élémentaires ainsi que le contrôle des opérations s'effectuent cependant à l'échelon national. Chacun des six groupements recueille les factures, les documents d'affrètement et autres pièces que les sociétés métallurgiques lui envoient tous les cinq jours avant d'en extraire les informations transmises sous une forme anonyme au bureau central de Bruxelles[16]. La commission commune ne peut donc exercer aucun contrôle direct sur les entreprises jusqu'au moment où une réforme du cartel, adoptée en automne 1953, prévoit d'octroyer soit à une « personnalité indépendante » soit à une « commission spéciale » un pouvoir « d'enquête et de contrôle » agrémenté du droit de pénaliser les contraventions à l'accord jusqu'à hauteur de cinquante dollars par tonne inscrite en infraction[17].

---

[15] ARBED P.4131, Conférence des directeurs de l'Arbed, 6 mai 1953.

[16] ARBED P.82.A, Protocole d'accord du 19 mars 1953.

[17] *Ibid.*, Protocole d'accord du 7 septembre 1953.

Malgré ce renforcement progressif de la discipline collective, le cartel demeure réduit à peu de chose. Circonscrit à la fois dans l'espace, dans son champ d'application et dans les structures collectives qu'il se donne, il est surtout limité dans son efficacité. La remarque est valable notamment pendant les périodes difficiles, lorsque les entreprises souffrent particulièrement soit des prix de vente peu rémunérateurs soit des carnets de commandes vides qu'il faut regarnir coûte que coûte pour esquiver les ralentissements de production. On assiste alors régulièrement à une remise en cause des accords par suite d'une multiplication des fraudes, voire des dissidences déclarées. Ces moments d'éclipse du cartel sont pourtant en même temps des instants de redémarrage sur des fondements nouveaux qu'on veut plus solides. C'est le cas en 1955, quand le président Pierre van der Rest du GHFAB s'efforce d'« aller au-devant du désordre » des marchés en prônant une entente plus complète agrémentée d'un système de quotas à l'exportation ; c'est le cas encore en 1958/59 ou en automne 1961 quand, après une suspension *de facto* du travail de la commission commerciale, on décide de ranimer ses activités sur fond de compétences élargies[18].

Des attributs identiques – intermittence des accords ; réitération des formules d'engagement de plus en plus sophistiquées ; sécession temporaire de groupements nationaux ou d'une partie des usines d'un pays ; multiplication des possibilités d'*opting out* pour autoriser le ralliement partiel des Italiens et des Néerlandais à certains volets de la coopération, etc. – caractérisent également le second type de cartels échafaudés à partir du printemps 1963. La sidérurgie européenne s'engouffre à l'époque dans l'« anarchie »[19] totale consécutive à une contraction de la demande mondiale d'acier et de l'envahissement simultané du territoire CECA par des importations en provenance des pays de l'Est. Dictée par les premiers balbutiements de la politique de détente après les crises de Berlin et de Cuba (encore la diplomatie !), cette ouverture de l'Europe occidentale à l'acier bon marché en provenance du bloc communiste accélère l'effondrement des prix qui sont entre-temps tombés en dessous des coûts de fabrication à cause de la retenue tenace d'une clientèle parfaitement renseignée sur les stocks archicombles de la plupart des usines. Les répercussions catastrophiques du phénomène révèlent aussi toute l'ampleur de la « folie de production » qui, depuis la fin de la Seconde Guerre, avait incité les maîtres de forges à moderniser leurs

---

18 HADIR [Hauts-fourneaux et Aciéries de Differdange-St. Ingbert-Rumelange] 28, Note concernant l'Entente à l'exportation, 15 octobre 1955 ; ANLux ARBED.12572, 356e conférence des directeurs commerciaux [de l'Arbed], 5 décembre1961.

19 ANLux ARBED 12574, 378e conférence des directeurs commerciaux, 6 décembre 1963.

sites, sans pour autant fermer les équipements désuets[20]. Autrement dit, les difficultés ne sont plus passagères et conjoncturelles, comme au cours de la décennie précédente, mais structurelles et partant, infiniment plus laborieuses à maîtriser.

Cette complexité du défi se reflète dans la « vaste toile d'arrangements »[21] qui, en passant par les accords de trêve à quatre (CSSF, WVESI, GHFAB et GISL) de décembre 1963, aboutissent au tournant de 1965/66 à la formation d'une espèce de supercartel à six amalgamant sous une forme légèrement actualisée la panoplie complète des prescriptions naguère en usage auprès de la première EIA de 1926 et de sa réédition sur des bases amendées en 1933. Tout y est : sous l'égide du comité des présidents du Club des sidérurgistes, les patrons sortent des fonts baptismaux un mécanisme de régulation des coulées brutes avec fixation d'un plafond de production pour l'ensemble des usines du marché commun et un partage des fabrications entre les différents groupements nationaux au prorata de leurs réalisations antérieures. En vertu d'un « tonnage-programme » mensuel affiné à la lumière des évolutions de la demande, le dispositif poursuit le double objectif – *primo* – de comprimer l'offre afin de faire remonter les prix et – *secundo* – de garantir aux usines un minimum de travail en harmonisant leur taux d'occupation à l'échelle européenne. En parallèle, on instaure une demi-douzaine de comptoirs pour les six principaux types de produits laminés (profilés, tôles fines, fil machine, tôles moyennes et fortes, aciers marchands et feuillards). Leurs comités directeurs se chargent de fixer et d'adapter les seuils minima des prix intérieurs et extérieurs à observer impérativement par toutes les usines sous peine d'amendes ; ils veillent également à l'attribution à chaque groupe national d'un pourcentage équitable de fournitures, d'une part aux marchés intérieurs de la CECA souvent plus lucratifs, et d'autre part aux débouchés hors plan Schuman d'ordinaire moins profitables. L'équilibrage des livraisons, et donc des revenus des forges, est finalement combiné à l'allocation de subventions à l'exportation financées au moyen d'un prélèvement perçu sur chaque tonne produite.

Bref, au fur et à mesure que la détresse des compagnies métallurgiques croît, on assiste à l'éclosion d'une véritable CECA fantôme qui échappe au contrôle de la Haute Autorité[22]. Pire ! L'univers tentaculaire

---

[20] ARBED P.61.E, Entretien téléphonique avec Tony Rollman, 9 avril 1962.

[21] CEAB [Commission européenne, Archives de Bruxelles] 2-3436, Rapport intérimaire sur les résultats des contrôles effectués [...] au titre de l'article 65, 12 août 1966.

[22] Pour le détail, voir Charles Barthel, « La crise sidérurgique des "Golden Sixties". La renaissance du pacte international et l'effacement de la Haute Autorité de la CECA (1961-1967) », in Charles Barthel, Josée Kirps (dir.), *Terres rouges. Histoire de la*

des cartels sape carrément le traité de Paris en remettant en cause l'essence même du marché commun. La chose devient évidente avec les conventions dites connexes. De nature bilatérale, elles décrètent le gel des échanges d'un pays à un autre, notamment afin d'enrayer les répercussions néfastes des agissements frauduleux des Bresciani. En pénétrant massivement les territoires français, allemand et belgo-luxembourgeois grâce à des pratiques illicites, le groupuscule des outsiders italiens avait en effet poussé les usines des quatre pays menacés à compenser la perte de leurs propres parts de marché en déviant leurs invendus vers d'autres débouchés CECA, ce qui cependant, par ricochet, ne faisait que « porter le trouble chez [l]es voisins »[23]. Tout en étant conscients que la suspension du libre flux des marchandises constitue un « péché mortel aux yeux des tenants de l'Europe communautaire », les responsables du Club n'avaient guère entrevu d'autre issue que de combattre les infractions italiennes par d'autres illégalités[24]. Après tout, la Haute Autorité ne les y contraignait-elle pas ? Si ses organes de contrôle n'avaient pas manqué à leur mission de sanctionner les *mini mills* fautives de la péninsule, on n'en serait pas arrivé là !

Entre le marteau et l'enclume, ou l'impuissance institutionnalisée de la Haute Autorité

Toute la question est maintenant de savoir comment le haut collège supranational réagit face à cet amas de violations du traité de Paris, ou plutôt : pourquoi, en dernier examen, les neuf pairs n'ont-ils à aucun moment formellement sanctionné les transgressions par trop évidentes de l'ordre établi ?

Soulignons d'abord qu'au 2 place de Metz à Luxembourg on ne saurait se retrancher derrière l'excuse de ne pas avoir eu connaissance des méfaits. La signature de la convention de Bruxelles est, dès le départ, un secret de polichinelle que les maîtres de forges ne se sont jamais évertués à dissimuler. Il en va peut-être un peu différemment pour ce qui est de l'hyperentente en gestation vers le milieu des années 1960. Au regard de la toute autre dimension de leurs machinations, les patrons-sidérurgistes sont devenus plus prudents. Il n'empêche que, conscients des faiblesses de leur action, les présidents du Club ont momentanément caressé l'espoir de triompher des dissensions entre les différentes associations nationales de producteurs et, en leur sein, des éternels embarras

sidérurgie luxembourgeoise, Luxembourg, Mediart, 2010, pp. 36-217, ici pp. 49 et suiv.

23 HADIR sans cote, Comité ad hoc des présidents, 27 juillet 1964.

24 Philippe Mioche, *Jacques Ferry et la sidérurgie française depuis la Seconde Guerre mondiale*, Aix-en-Provence, Publications de l'Université de Provence, 1993, p. 139.

avec les fraudeurs, en attelant la Haute Autorité à leur charrue. C'est ainsi que, le 14 décembre 1965, dans une entrevue au sommet avec Dino Del Bo et son équipe, ils suggèrent carrément de placer l'édifice cartelliste sous l'égide de la CECA ! La soi-disant « officialisation » des accords privés en optimiserait bien sûr l'efficacité parce que les dissidents seraient alors privés du prétexte dont ils se servaient d'ordinaire pour justifier leurs dérobades ; en retour, les industriels seraient prêts à subir un contrôle renforcé. L'offre surprenante n'empêche toutefois pas les envoyés de la sidérurgie d'être avares de détails au moment de présenter leur proposition insolite à l'instance supranationale. Ils entretiennent par exemple Del Bo et les siens dans l'illusion qu'une réduction « linéaire » et « volontaire » des coulées d'acier de 4 % suffirait pour stabiliser les prix. Qu'en réalité ils s'apprêtent d'effectuer des coupes sombres jusqu'à 19 % pour certains groupes, la Haute Autorité ne l'apprend que par après au compte-gouttes[25].

Toujours est-il que les menées du patronat sont suffisamment connues, notamment depuis qu'au printemps de l'année 1966, une courte campagne d'investigations entreprise sous la houlette de la division ententes parvient à retracer « au moins 60 réunions » d'industriels à l'échelle internationale et « plusieurs centaines » de rencontres préparatoires ou exécutoires organisées pendant les 36 derniers mois. Il est vrai

> de l'ensemble de ces réunions nous [contrôleurs de la CECA] n'avons que des aperçus sommaires très fragmentaires. […] Très souvent nous avons la preuve de la conclusion d'un accord et nous connaissons son objet. Nous ne connaissons cependant pas l'accord lui-même, la date précise de sa conclusion, la manière dont il a été appliqué, sa durée exacte et de quelle façon il a été respecté[26].

Afin d'avoir la certitude, dans le but aussi de rassembler les pièces à conviction indispensables pour prononcer une condamnation en règle, il aurait par conséquent fallu compiler des dossiers autrement solides. Mais voilà où le bât blesse.

Abstraction faite que la Haute Autorité ne dispose pas de collaborateurs en nombre suffisant pour éplucher un véritable abîme d'entorses au traité, le cadre étriqué de ses compétences laisse d'office planer le doute sur ses capacités de mener à bon port une opération coup de poing. Car ses enquêteurs opèrent souvent avec des mandats « impossible[s] de définir à l'avance […] avec une précision méticuleuse ». Comme par ailleurs ils travaillent dans une « atmosphère hostile et à la hâte », ils ne manquent pas de se « tromp[er] dans certains cas ». Leurs bavures

---

25 CEAB 2-4138, Homan. Aufzeichnung für meine Kollegen betr. Unterredung mit Baron Van der Rest, 22 février 1966.

26 Rapport intérimaire sur les résultats des contrôles …, *op. cit.*

anéantissent dès lors tout espoir de formuler des chefs d'accusation inattaquables. En outre, les inspecteurs se heurtent à une résistance farouche, spécialement en Allemagne. La WVESI y tire parti du fait que l'écrasante majorité des sondages se déroule dans la Ruhr et proteste bruyamment contre un traitement qu'elle juge discriminatoire. En même temps elle exhorte ses affiliés à refuser aux fonctionnaires venus de Luxembourg l'accès aux archives d'entreprises parce que les cartons, en dehors des preuves présumées démontrant l'existence de cartels, pourraient renfermer également des avis confidentiels du Club sur la révision des traités européens, des rapports à diffusion restreinte sur la politique économique du plan Schuman, etc. Puisque ces pièces ne regardent personne, les fouilles soulèveraient « un problème grave dans un État régi par le droit ». Une « discussion de principe » à ce sujet – menacent les chefs de la chambre professionnelle –, conduirait assurément « à une large approbation de notre point de vue non seulement dans l'opinion publique allemande, mais aussi dans le Parlement allemand », ... et à une plainte contre la Haute Autorité pour abus de pouvoir[27]. Et l'on pourrait continuer la longue liste des obstacles juridiques qui à l'instar de l'interdiction d'étendre les recherches aux marchands grossistes (par l'intermédiaire desquels les forges diffusent pourtant de plus en plus souvent leur production précisément dans l'intention de se soustraire aux contrôles !) retardent sinon empêchent les défenseurs de l'orthodoxie d'aboutir à des résultats palpables.

Encore faudrait-il qu'ils soient animés d'une sincère *volonté* d'en finir avec le monde occulte des cartels. Cette détermination est absente chez Jean Monnet. Richard Hamburger lui adresse certes une note exhaustive sur les dysfonctionnements du marché commun en relation avec les arrangements patronaux à l'exportation. Le chef de la division des ententes rend en outre attentif son supérieur au fait que les aciéries se concertent avant de déposer leurs barèmes de prix auprès de la Communauté. L'absence suspecte d'écarts notables entre les conditions de vente affichées par les compagnies métallurgiques serait un indice sûr étayant ses craintes. Pourtant le premier président de la Haute Autorité fait la sourde oreille. Il refuse net « de prendre en considération » les appels de son subalterne qui voudrait enrayer les tromperies avant que les maîtres de forges n'aient pris le pli de croire qu'ils peuvent impunément arnaquer leurs clients avec la nouvelle transparence des marchés réduite en farce[28]. Comment faut-il comprendre cette retenue ? Même en l'absence de preuves explicites, nous pensons que la discrétion de Monnet dans la question des cartels doit être attribuée à une raison

---

[27] CEAB 2-3436, WVESI à Del Bo, 14 septembre 1966.

[28] GISL sans cote, André Robert [conseiller juridique du GISL] à Chomé, 3 juillet 1953.

essentielle : le plan Schuman est *son* bébé. Pourrait-il dès lors avouer ouvertement ses défaillances en partant en guerre contre toute une branche industrielle récalcitrante à faire confiance à la portée bénéfique du vent novateur qui souffle en Europe ?

Monnet n'ignore pas non plus qu'à l'instant même où les barons du fer peaufinent la convention de Bruxelles, la « psychose du désordre total » provoquée par la contraction de la demande internationale d'acier et la chute consécutive des prix à un niveau frôlant les coûts de fabrication plonge mainte compagnie dans de très sérieux embarras. En France comme en Belgique et au Grand-Duché, certaines usines sont confrontées à un arrêt de la production. Que dira-t-on dans ces circonstances à des ouvriers mis au chômage un an à peine après l'entrée en vigueur d'une communauté européenne dont on avait pourtant prêché qu'elle inaugurerait une ère de prospérité pour tout le monde, y compris la masse des travailleurs ? Les embarras de l'inspirateur de la CECA sont d'autant plus alarmants qu'outre-Rhin les débuts timides du « miracle économique » procurent un flot de commandes aux fabriques. Serait-ce là la réconciliation avec l'ennemi d'hier dont on entendait si souvent parler dans les discours des hommes d'État ? Éclairer les opinions publiques sur la situation « anormale » de la Ruhr en évoquant son absence quasi totale des marchés déprimés de l'exportation s'avérait de prime abord un exercice infiniment plus laborieux que de pratiquer la politique de l'autruche en faisant confiance à la capacité des chefs d'entreprises de l'Hexagone et de leurs confrères belgo-luxembourgeois à prendre au plus vite les mesures susceptibles de redresser la situation.

Au lieu d'écouter Hamburger, Monnet préfère donc se fier aux consignes rassurantes de son directeur de la division marché, Tony Rollman. L'ex-employé de l'Arbed a gardé un excellent contact avec le milieu sidérurgique qui le renseigne régulièrement sur les développements actuels et qui lui transmet aussi le message tant attendu par la Haute Autorité : « les producteurs d'acier de la Communauté ont récemment renforcé leur entente [...]. À la question de savoir si les prix à l'exportation sont respectés après ce renforcement de l'entente, les responsables ont répondu par un prudent optimisme ». Rollman ne mâche au demeurant pas ses mots pour prévenir les membres de la Haute Autorité. Si le *gentlemen's agreement* de Bruxelles venait à tomber, il faudrait s'attendre au pire. Sa dislocation déchaînera une « course à la commande désordonnée » dont le « contre-coup » sur le marché commun sera tout aussi inévitable que dévastateur[29]. En dépit de l'interférence manifeste entre les ventes à l'extérieur et les échanges intra-CECA – ou plus exactement : à cause d'elle – Monnet peut ainsi

[29] ARBED 39/30.I, Rollman à Haute Autorité, très confidentiel, 8 octobre 1953.

s'avouer heureux de la formation d'un cartel officiellement limité à la régulation des seuls rapports commerciaux avec les pays tiers. D'un côté, l'accord patronal l'aide à estomper les effets concomitants moins plaisants du rêve européen. D'un autre côté la restriction au niveau de l'objet du cartel lui fournit un argument de taille pour étouffer toute critique à l'égard du comportement ambigu de la CECA en matière d'application du traité. Puisque la coalition privée des aciéries « ne fixe que les prix sur les marchés extérieurs à la Communauté, que ces prix paraissent raisonnables et que son fonctionnement n'a pas de répercussion nuisible [souligné par nous] sur le marché commun de la Communauté, la Haute Autorité n'a pris, à ce jour, aucune mesure contre [elle] »[30].

À part ces enjeux capitaux, plusieurs autres raisons recommandent de ne pas faire grand cas de la convention de Bruxelles. Contentons-nous d'en retenir une seule. Peu après l'adoption de la première mouture du syndicat à l'exportation, le président du *pool* s'embarque pour les États-Unis où il escompte obtenir un emprunt de 100 millions de dollars. Le crédit serait bienvenu, d'abord parce qu'il permettrait de pousser de l'avant la modernisation de l'industrie lourde européenne en lui procurant des fonds à taux réduit, ensuite parce que l'octroi d'une aide constituerait un « acte politique de première importance » par lequel Washington scellerait sa « foi dans l'avenir de la Communauté »[31]. Or, faut-il rappeler les susceptibilités américaines au sujet des cartels ? Monnet n'a pas envie de rentrer les mains vides, pas plus qu'il ne voudrait s'aliéner les sympathies de la Maison blanche et du Congrès suite à une polémique publique qui amènerait sans nul doute les tenants de l'arrangement patronal à riposter aux attaques de leurs adversaires en fournissant la preuve de l'existence d'une « entente occulte » entre les principaux producteurs d'outre-Atlantique[32].

Les soi-disant « nobles » contraintes qui réduisent la marge de manœuvre de la Haute Autorité demeurent, quant au fond, actuelles jusqu'à son dernier jour. À une nuance près. À la fin, l'institution supranationale éprouve infiniment plus de mal à déployer une ligne de conduite univoque. Le malaise grandissant ne tient pas tellement à l'ampleur et à la durée des embarras du secteur sidérurgique et partant, au gonflement des outrages tant à la lettre qu'à l'esprit de la règle communautaire ; il est en vérité le résultat de la faible personnalité du chef de l'exécutif européen. Tandis que Jean Monnet s'était servi de méthodes de travail autocra-

30 Conférence faite par Albert Wehrer [...], *op. cit.*

31 Raymond Poidevin, Dirk Spierenburg, *Histoire de la Haute Autorité de la Communauté Européenne du Charbon et de l'Acier. Une expérience supranationale*, Bruxelles, Bruylant, 1993, pp. 179-193, ici p. 179.

32 ARBED P.61.C, Chomé à Wehrer, 13 mai 1954.

tiques parfois « dangereuses et même extravagantes » dans le but d'aligner de gré ou de force ses serviteurs, y compris les pairs, sur sa position, et que son successeur René Mayer, un « homme politique chevronné », avait fait preuve de beaucoup de doigté en conciliant « dans une juste mesure les intérêts en présence avec l'aspect politique de certaines questions, notamment en matière de cartels et de concentrations »[33], le dernier président est un personnage falot qui ne parvient point à s'imposer. La fameuse rencontre du 14 décembre 1965, lorsque les maîtres de forges viennent lui proposer en quelque sorte la supervision de leur cartel, est symptomatique à cet égard. Dino Del Bo est en fait convaincu que la Haute Autorité est, à elle seule, incapable de triompher des difficultés de l'instant. Même si, hypothèse quasi impossible, les gouvernements acceptaient de proclamer l'état de « crise manifeste » en vertu de l'article 58 – ce qui donnerait aux instances communautaires des compétences étendues –, il n'en resterait pas moins que, sans une collaboration étroite avec les milieux industriels, la CECA serait condamnée à l'impuissance. Pourtant l'Italien a peur de s'exposer. Dans sa réponse sibylline aux porte-parole du Club, il se contente d'inviter les producteurs à « se préparer, indépendamment de ce qui pourra être réalisé en fait ». En clair, il voudrait qu'ils fassent « appel à l'autodiscipline » et prennent eux-mêmes l'initiative de procéder

> rapidement [à la] préparation des quotas [de fabrication], sans préjudice de ce qui se passera par après. S'il y a une logique en politique, les gouvernements auront [la vie] difficile à repousser une proposition d'action sur laquelle les sidérurgies seraient unanimes et que soutiendrait la Haute Autorité [...]. Si malgré tout cela n'allait pas, on verra...[34] !

Les tergiversations du président ne sont cependant pas – reconnaissons-le – uniquement le reflet d'un manque de punch. Elles traduisent aussi d'une manière apparente la paralysie croissante du plan Schuman. À partir du milieu des années 1950, la fermeture massive des houillères a dépouillé la CECA d'une partie de ses compétences en faveur des gouvernements soucieux de récupérer leur emprise sur un dossier sensible au point de vue social. Depuis la ratification des traités de Rome, la première Europe unie est concurrencée par un modèle de coopération qui, aux dires du général de Gaulle, n'a pas « le grand tort [...] d'incarner un pouvoir supranational »[35] ; depuis le mois d'avril 1965 enfin, l'adoption du traité de fusion des exécutifs communautaires sonne le glas du collège suprême des Neuf. Les anxiétés qui découlent de ces

---

33 ARBED P.61.D, Note de Robert, 28 juin 1955.

34 HADIR sans cote, Réunion de la Haute Autorité avec les sidérurgistes. Luxembourg, 14 décembre 1965.

35 Dixit Charles de Gaulle. Cité par Raymond Poidevin, Dirk Spierenburg, *op. cit.*, p. 499.

perspectives d'avenir peu réjouissantes dégagent tout naturellement en pleine crise de la « chaise vide » un manque d'assurance. Les barons du fer en déduisent que Del Bo leur a octroyé un blanc-seing pour agir à leur guise.

D'aucuns voient pourtant les choses d'un œil radicalement différent, comme par exemple Johannes Linthorst Homan. Le membre néerlandais de la Haute Autorité tire parti du profil bas adopté par son président pour prendre les rênes en main. Son attachement à l'héritage des pères fondateurs de l'Europe lui fait croire que sa mission consisterait à démontrer à tout le monde combien les rouages de la CECA sont toujours vivaces. Mais au lieu de placer le combat contre les séquelles de la surproduction au centre de ses préoccupations, comme Del Bo pensait le faire, il entend prouver le dynamisme des Neuf en déclenchant une authentique chasse aux cartels ! Ce faisant, il poursuit en même temps un but moins désintéressé. Il pense à sa carrière ultérieure et à l'opinion publique aux Pays-Bas, où une poignée de compatriotes députés européens – qui ont eu vent des cartels – mènent tambour battant une campagne contre des pratiques nuisibles en première ligne aux consommateurs. À leurs interpellations réitérées au parlement de Strasbourg, Linthorst Homan répond en multipliant déclarations officielles et conférences de presse dans lesquelles il s'érige en champion du *law and order* qui promet de dévoiler l'ensemble des manquements au droit européen.

À remarquer : les propos musclés de Linthorst Homan ne sont nullement coordonnés avec ses collègues à Luxembourg ni, à plus forte raison, approuvés par eux. Del Bo, Wehrer, Fritz Hellwig, Pierre-Olivier Lapie et compagnie sont à proprement parler pris en otage par le Hollandais qui ne cesse de leur répéter qu'ils sont tous, de par leur assermentation, astreints à respecter scrupuleusement le bannissement des cartels. « Si nous ne suivons pas cette voie, alors nous n'avons pas fait ce qui, d'après le traité, est notre devoir, et ceci pourrait avoir pour nous, abstraction faite de considérations morales, des conséquences politiques et juridiques graves [souligné par Linthorst Homan] »[36]. La menace à peine voilée pèse lourd sur la gouvernance collective du haut collège. Tantôt une majorité des Neuf est favorable à une extension des enquêtes et l'application de sanctions draconiennes, ne serait-ce que pour statuer un exemple ; tantôt tous les pairs, à l'exception de Linthorst Homan bien entendu, se ravisent parce qu'ils se rendent compte du caractère illusoire de la répression qui de toute façon ne changera rien au fin fond du problème, c'est-à-dire les excédents de capacités peu rentables qu'on a omis de fermer à temps. Signalons en passant que ce manque d'unité entre ce que l'on pourrait appeler les fondamentalistes

[36] CEAB 2-4138, Aufzeichnung [de Homan], 9 février 1966.

du droit européen d'un côté, et les partisans de la Realpolitik de l'autre, accentue également les divergences entre les cadres supérieurs au 2 place de Metz. Leurs dissensions sont certes une réalité depuis les débuts de la CECA, mais tandis que du temps de Monnet ou de Mayer cette rivalité s'essoufflait sous la pression des directives *uni sono* de leurs chefs hiérarchiques, l'absence d'une stratégie tant soit peu cohérente encourage maintenant même certains fonctionnaires subalternes à donner libre cours à leurs frustrations et à formuler, entre les lignes il est vrai, des critiques néanmoins mordantes à l'adresse de l'équipe Del Bo[37].

L'Italien en est profondément dégoûté. Ce que Raymond Poidevin et Dirk Spierenburg laissent déjà entrevoir dans leur remarquable ouvrage sur l'*Histoire de la Haute Autorité* est aujourd'hui confirmé par les archives : la démission de Del Bo, le 1er mars 1967, n'a rien à voir avec son état de santé. Elle est la conséquence d'un malaise grandissant à Luxembourg[38]. La goutte qui fait déborder le vase est en fait le discours inaugural d'une rencontre avec les chefs de file du patronat, le 15 décembre 1966. Pendant une année entière, les capitaines de l'industrie avaient boycotté la Haute Autorité à cause des perquisitions dont ils faisaient l'objet, jusqu'à ce qu'ils se résignent enfin à accepter une invitation par laquelle Del Bo leur avait fait part de son souhait de rebâtir une « collaboration franche et loyale » avec le secteur privé en passant l'éponge sur les « faits antérieurs »[39]. Linthorst Homan s'en indigne sur le champ. Quoique les émissaires des usines aient laissé entendre qu'ils n'hésiteraient pas à claquer la porte une nouvelle fois – comme en mars dernier – si on se remettait à les accabler de reproches, le Néerlandais ne peut s'empêcher de couper la parole au président de la CECA pour faire *coram publico* une « déclaration qui constate que [...] de nombreuses choses se sont passées en ce qui concerne les ententes... »[40]. Peu de temps après, Del Bo force ses collègues à lui choisir un successeur pour assurer l'intérim des derniers mois qui restent à la Haute Autorité jusqu'à son abolition le 1er juillet 1967.

Si avant cette date les Neuf retrouvent *in extremis* le chemin de la réconciliation avec le monde des industriels, c'est que des pressions externes ne leur laissent guère le choix. Entre-temps les tourments sociaux suscités par le recul massif du revenu des entreprises ont effectivement enhardi les gouvernements à monter sur la brèche. En réaction

---

37 Rapport intérimaire sur les résultats des contrôles ..., *op. cit.*

38 Raymond Poidevin, Dirk Spierenburg, *op. cit.*, pp. 857-858.

39 CEAB 2-1386, 890e séance de la Haute Autorité, les 14 et 15 décembre 1966.

40 HADIR sans cote, Réunion du Comité des présidents avec la Haute Autorité du 15 décembre 1966.

à l'impuissance manifeste de la CECA à venir à bout des problèmes, ils ont convoqué un Comité *ad hoc* problèmes sidérurgiques par lequel ils s'invitent au fond eux-mêmes aux futurs tours de table européens organisés en vue de discuter des remèdes potentiels aux surcapacités de production et à la déstabilisation des marchés[41]. Or, personne n'est dupe : le nouveau forum tenu sur les fonts baptismaux au Conseil spécial des ministres du 22 novembre 1966 n'est qu'un alibi. Il doit donner un semblant de couverture communautaire aux aides et aux programmes de sauvetage strictement nationaux qui sont en train d'être déployés par les administrations publiques dans la plupart des pays membres du plan Schuman ! Même les maîtres de forges sont inquiets de ce retour offensif des États, d'autant plus que leur propre front commun s'effrite progressivement suite à la non-reconduction du supercartel. Écoutons le président de la CSSF : « En l'absence d'accord pour le 1er semestre 1967, ce n'est pas la Haute Autorité que M. [Jacques] Ferry craint (elle n'est plus en mesure d'agir), mais deux menaces : le dirigisme des gouvernements [...], un pas vers plus ou moins de nationalisation européenne et, en France [comme chez ses voisins], des mesures unilatérales » qui anéantiront le résidu de solidarité transfrontalière sans laquelle une solution viable des défis à l'origine de la crise paraît pourtant illusoire[42].

Sous cet angle de vue, les « exigences trop absolues »[43] de la CECA au sujet des cartels ont – ironie de l'histoire – contribué à faire le lit de ceux qui veulent diluer l'Europe de Schuman dans l'Europe des États car, il est déjà trop tard lorsque vers le tournant de 1966-1967, la Haute Autorité s'aperçoit que le Club des sidérurgistes était tout compte fait son allié objectif pour défendre ce qui restait du fédéralisme, et qu'un appui actif de l'entente des barons du fer l'aurait probablement empêchée de s'enfoncer pour ainsi dire à la dernière minute dans l'opprobre d'une prise sous tutelle par les ministères nationaux. Ulcérés par l'exégèse d'un traité de Paris qui « interdit ce qui serait utile sans apporter lui-même de remèdes » (dixit Herbert Köhler de la WVESI), les représentants des aciéries saisissent certes la perche que les Neuf leur tendent en les priant de se joindre au Comité *ad hoc*, ... mais pour se ranger aussitôt du côté de leurs gouvernements respectifs. Ce comportement n'a rien d'étonnant. « Entre deux risques, il[s] préfère[nt] celui de la non-collaboration » avec la Haute Autorité parce que, à l'encontre des États, la communauté n'ouvre pas de parapluie (lisez : le rembour-

41 CEAB 2-4010, Mémorandum concernant le Marché commun de l'acier, 22 novembre 1966.

42 HADIR sans cote, Comité des présidents – Bruxelles, 2 décembre 1966.

43 Dixit le membre allemand de la Haute Autorité, Fritz Hellwig. CEAB 2-1387, 889e séance de la Haute Autorité, 7 décembre 1966.

sement des charges fiscales ; la réduction d'impôts ; l'octroi de subsides à la modernisation ; etc.) sous la protection duquel les usines peuvent s'abriter en attendant des temps meilleurs[44].

En poursuivant leurs politiques de résolution des problèmes de l'Europe d'après-guerre par des moyens économiques, les six pays fondateurs de la CECA initient en 1950-1951 un modèle de gouvernance devenu caractéristique de la construction européenne, et ce jusqu'à nos jours. Le plus récent exemple est sans doute l'introduction de l'euro. Comme jadis la mise en commun du charbon et de l'acier, qui devait permettre d'associer la jeune RFA à la défense du monde occidental contre l'impérialisme soviétique, la création d'une monnaie commune doit pérenniser l'attachement de la nouvelle Allemagne fortifiée par sa réunification à l'édifice communautaire. Cette manière de procéder par substitution n'est assurément pas condamnable en soi. Elle le devient lorsque, pour des motifs diplomatiques et/ou des raisons politiciennes, l'urgence de trouver coûte que coûte un compromis débouche sur un instrumentaire d'exécution formulé en des termes évasifs peu appropriés aux exigences sur le terrain. C'est ainsi que la dialectique des cartels sidérurgiques formellement prohibés n'a point débouché sur une politique industrielle cohérente car, en interdisant les ententes entre maîtres de forges, le souci d'assurer à leurs compagnies des recettes raisonnables – aussi par temps de crise – aurait commandé dans le domaine de la concentration des entreprises une pratique calquée sur le modèle américain : ne laisser subsister qu'un nombre réduit de gros producteurs dont le rôle de leaders du marché aurait permis d'imposer des prix rémunérateurs du fer indépendamment des humeurs de la conjoncture. Or, au regard du dynamisme des usines de la Ruhr, où, à l'encontre de la France et de la Belgique, l'intégration tant horizontale que verticale est de tradition, la formation de puissants *konzerns* métallurgiques était à l'époque tout aussi inconcevable que la stricte application des critères de stabilité qui sont à base de l'union monétaire vers la fin des années 1990, quand il s'agissait de déterminer si des pays comme la Grèce, pour ne citer qu'un exemple, allaient faire partie de la zone euro. Dans l'un comme dans l'autre cas, on préfère ne pas y regarder de trop près en tolérant tacitement ce qui ne devrait pas être, mais ce qui à la fin du compte arrange à peu près tout le monde. Aujourd'hui, au lendemain de la crise financière, nous en payons le prix.

Au milieu des années 1960, la Haute Autorité à son tour a dû payer cher sa carence. Prise entre les attaques d'une certaine presse ameutée par une poignée de députés européens néerlandais et les manœuvres des gouvernements nationaux inclinés à reprendre en main le dossier sidé-

[44] Réunion de la Haute Autorité avec les sidérurgistes …, 14 décembre 1965, *op. cit.*

rurgique, elle se voit confrontée en outre à des frictions d'ordre intérieur qui menacent la cohésion des structures de commande et paralysent ses rouages administratifs. Il suffit en effet qu'un « chef » de la trempe de Jean Monnet soit relayé par un indécis du type de Dino Del Bo pour déchaîner au sein d'un appareil institutionnel encore peu rodé des rivalités tantôt entre les neuf membres du collège supranational, tantôt entre la Haute Autorité et ses directeurs généraux et/ou fonctionnaires subalternes qui, souvent, « travaillent en sens contraire » soit pour des raisons de carrière, soit à cause de leurs convictions intimes qui les empêchent de coopérer honnêtement avec leurs supérieurs ou leurs collègues des autres services[45]. Cet individualisme exacerbé colle notamment à la peau de Johannes Linthorst Homan. Il fait de la répression des cartels une chevauchée personnelle parce que son ego ne supporte pas l'idée que « les entreprises ont essayé en contravention aux dispositions du traité, de trouver toutes seules [!] des solutions aux difficultés rencontrées sur le marché »[46]. Plus encore que l'atteinte à l'ordre légal, la lutte anticrise déployée en solitaire par les patrons représente pour lui une souillure intolérable des compétences communautaires et une tentative inadmissible d'inverser les rôles par la substitution du règne de barons du fer au primat de la CECA. Sa vanité blessée réclame par conséquent une répression exemplaire, quitte à provoquer la rupture avec les industriels qui sont ainsi forcément poussés dans les bras de ceux qui n'attendent qu'à démanteler l'Europe de Schuman.

---

[45] Comité des présidents – Bruxelles, 2 décembre 1966, *op. cit.*

[46] CEAB 8-1386, Note à mes [Linthorst Homan] collègues, 7 novembre 1966.

À la naissance de l'Europe monétaire

Le mark, le franc et la crise de novembre 1968

Andreas WILKENS

« Les Allemands bombaient le torse », fut le commentaire rétrospectif de l'ambassadeur français à Bonn, François Seydoux. « On nous traita sans miséricorde. Voilà à quoi menait la politique de la grandeur : la République fédérale se substituait à la France et s'emparait en Europe occidentale de la direction »[1] ! Le commentaire du *Monde* n'était guère plus sobre : « Pour la première fois depuis la guerre, une offensive conjuguée des trois "alliés occidentaux" à Bonn s'est achevée sur une déroute »[2]. Le même son de cloche résonnait également, avec plus d'acuité encore, dans les journaux d'outre-Manche et parfois même d'outre-Atlantique, et là aussi, non seulement dans les colonnes des tabloïds[3]. Guère besoin de multiplier les citations chargées ou non d'allusions historiques lourdes, pour se rendre à l'évidence : les Allemands, dans une crise internationale, avaient réussi à faire l'unanimité – ou presque – contre eux.

En effet, lors de la crise monétaire de l'automne 1968, et plus précisément lors de la conférence du « Groupe des Dix », du 20 au 22 novembre à Bonn, le gouvernement allemand s'est obstinément refusé à réévaluer le mark. En même temps, le franc semblait être condamné à la dévaluation et la livre sterling avait le plus grand mal à ne pas décrocher. Le maintien de cette position face aux demandes unanimes, bien que différemment motivées, des États-Unis, de la France et de la Grande-Bretagne a été perçu comme un signal politique important : l'Allemagne aurait non seulement reconstruit une économie débordante

1 Seydoux, F., *Dans l'intimité franco-allemande. Une mission diplomatique*, Paris, Éd. Albatros, 1977, pp. 130-131. Avec la même verve, le télégramme de Seydoux (Bonn) à Paris, 23 novembre 1968, in *Documents diplomatiques français*, 1968, t. 2, n° 403 (par la suite : *DDF*).

2 Franceschini, P.-J., « Le nain allemand sur les épaules du géant », in *Le Monde*, 23 novembre 1968.

3 Binder, D., « West Germany Gains Political Stature in Crisis ; Now is Considered to Be as Big as Its Economy », in *The New York Times*, 22 novembre 1968 ; *The Times*, 23 novembre 1968 : « Germany defies allies for the first time » ; *Time*, 6 décembre 1968 : « A Larger West Germany and a Smaller France ».

de puissance, mais elle serait désormais aussi décidée à se débarrasser de ses inhibitions et à tirer tout le profit de son poids économique et monétaire.

Ce qui est certain, c'est que l'enjeu monétaire avait soudainement fait irruption sur la scène européenne et d'une manière spectaculaire. Et le gouvernement allemand, malgré les injonctions, ne réagissait pas selon les attentes de la plupart des chancelleries occidentales.

Les fortes irritations qui ont pu surgir à l'époque face à l'« intransigeance » du gouvernement de Bonn nous amènent à regarder de plus près le processus de décision, notamment du côté allemand. Nous allons examiner les mobiles, les arguments et les objectifs des différents acteurs impliqués : de quel ordre étaient ces raisonnements ? Confirment-ils l'idée selon laquelle l'Allemagne fédérale changeait de ton et de registre, rompant avec la propension habituelle à rechercher le consensus ? Ou alors, y avait-il d'autres facteurs qui déterminaient les décisions ?

La gestion de l'affaire monétaire sera examinée à plusieurs niveaux : à l'échelle allemande, au niveau bilatéral France-Allemagne comme au niveau international. L'expérience de la crise marque en fait une césure importante. La brusque montée des tensions monétaires et la découverte des risques politiques liés à celles-ci devaient jouer un rôle accélérateur pour les premières tentatives concrètes de concevoir les bases d'une union économique et monétaire au niveau de l'Europe communautaire.

I. Une reprise économique fulgurante

Quelques éléments suffiront pour caractériser la situation économique dans laquelle se trouvait l'Allemagne fédérale pendant la deuxième moitié des années 1960. En fait, le pays connaissait en 1966-1967 sa toute première (et relative) crise économique qui avait entraîné la chute du chancelier Erhard et porté au pouvoir, en décembre 1966, le gouvernement de la « Grande coalition » sous l'égide du chancelier Kurt Georg Kiesinger (CDU) et du vice-chancelier et ministre des Affaires étrangères Willy Brandt (SPD).

La première tâche du nouveau gouvernement consistait à relancer, dans toute la mesure du possible, la production industrielle, tout en maîtrisant les dépenses budgétaires[4]. Le ministre social-démocrate de

4 Schönhoven, K., *Wendejahre. Die Sozialdemokratie in der Zeit der Großen Koalition 1966-1969*, Bonn, Verlag Dietz, 2004, pp. 130-149 et 330-351 ; Giersch, H., Paqué, K.-H., Schmieding, H., *The Fading Miracle. Four Decades of Market Economy in Germany*, Cambridge, Cambridge University Press, 1992, pp. 141-150 ; Hildebrand, K., *Von Erhard zur Großen Koalition 1963-1969*, Stuttgart, Deutsche Verlags-Anstalt, 1984, pp. 283-301.

l'Économie, Karl Schiller se présentait à la fois comme l'artisan et le théoricien de cette relance d'inspiration keynésienne. En fait, les résultats étaient très rapidement au rendez-vous avec un taux de croissance du PIB, en 1968, de 7,3 %[5].

Le revers de la médaille était le développement d'un excédent commercial considérable, creusé par des circonstances particulières : suite à la récession, la consommation intérieure restait relativement faible en 1967-1968, conséquence aussi de la modération salariale dont les syndicats avaient fait preuve. D'autre part, l'inflation était contenue, ce qui procurait à l'industrie allemande un avantage compétitif sur ses concurrents étrangers aux prises, eux, avec des taux d'inflation de l'ordre de 5 %. Pour ne rien arranger, l'augmentation du pouvoir d'achat en France, consécutif aux « accords de Grenelle », jouait, elle aussi, directement en faveur des exportations allemandes.

La demande massive de marks s'explique ainsi d'abord par l'accélération de l'activité économique en Allemagne, ensuite par la faiblesse simultanée des autres monnaies importantes, ce qui, par la suite, devait déclencher un mouvement spéculatif de grande ampleur. La balance des paiements déficitaire des États-Unis, le déclin de l'économie britannique et les événements de Mai 68 en France firent que des capitaux flottants (*hot monney*) cherchaient massivement des placements en marks ou en francs suisses.

Dès le printemps de l'année 1968, la monnaie allemande était considérée comme susceptible d'être réévaluée. Le mouvement allait en s'accélérant depuis le début de l'automne[6]. Cependant, sur le plan économique la décision de procéder ou non à une réévaluation dépendait dans une large mesure des pronostics : les excédents de la balance des paiements étaient-ils désormais durables et « structurels » – condition établie par le FMI pour procéder à un ajustement des taux de change ? À cet égard, les avis des principaux intervenants divergeaient sensiblement. Mais d'autres facteurs, liés aux enjeux de la politique intérieure, rajoutaient encore à la complexité de la question.

---

[5] Cf. Lütjen, T., *Karl Schiller (1911-1994). « Superminister » Willy Brandts*, Verlag Dietz, Bonn, 2007, pp. 224-250 ; Schiller, K., *Preisstabilität durch globale Steuerung der Marktwirtschaft*, Tübingen, Walter Eucken Institut, 1966 ; Deutsche Bundesbank (ed.), *Währung und Wirtschaft in Deutschland 1976-1975*, Francfort, Fritz Knapp, 1976, p. 648.

[6] *Geschäftsbericht der Deutschen Bundesbank für das Jahr 1968*, pp. 38-40.

II. La réévaluation du mark en débat : les experts et les politiques

Le premier groupe d'acteurs à se prononcer assez nettement en faveur d'une réévaluation fut le comité des « sages », organe consultatif et indépendant du ministère de l'Économie[7]. Dans une expertise spéciale présentée au chancelier le 3 juillet 1968, la majorité des professeurs d'économie plaidait clairement en faveur d'un relèvement rapide du cours du mark[8]. Selon l'argumentation, l'objectif consistait à éviter une inflation de rattrapage (*Anpassungsinflation*), corollaire inévitable des excédents importants de la balance des paiements. En parallèle, des mesures ciblées devaient être prises pour stimuler la consommation des ménages et les investissements publics.

Plus important était l'avis de la *Bundesbank*. Historiquement, la banque centrale allemande s'était montrée fermement opposée à tout changement de parité, ne cédant qu'*in extremis* au premier renchérissement du mark, en mars 1961[9]. Dans la nouvelle crise, contrairement à ce qui est parfois affirmé, elle mettait également du temps à virer de bord. Lors d'un conseil des ministres tenu à Bonn, le 2 septembre 1968, Karl Blessing, le président de la banque centrale, affirme encore sans ambiguïté qu'il n'y avait « aucune raison de considérer une réévaluation » du mark[10].

Les comptes rendus des séances du conseil de la banque centrale des mois de septembre et octobre ne font état d'aucune demande de réévaluation. L'exportation de capitaux, qui était particulièrement importante aux mois de juillet à septembre, semblait établir l'équilibre – certes – « précaire » de la balance des paiements[11]. Et encore : le 7 novembre, Otmar Emminger, membre important du conseil, se veut rassurant en

---

7 Le *Sachverständigenrat zur Begutachtung der gesamtwirtschaftlichen Entwicklung* avait été mis en place en 1964 ; cf. Metzler, G., *Konzeptionen politischen Handelns von Adenauer bis Brandt. Politische Planung in der pluralistischen Gesellschaft*, Paderborn, Schöningh, 2005, pp. 170-180.

8 Sondergutachten vom Juli 1968, *Deutscher Bundestag*, 5e législature, *Drucksache VI/100*, pp. 119-120.

9 À l'époque, la réévaluation a été demandée par Ludwig Erhard, ministre de l'Économie, contre l'avis majoritaire de la *Bundesbank*. Cf. Holtfrerich, C.-L., « Geldpolitik bei festen Wechselkursen (1948-1970) », in Deutsche Bundesbank (ed.), *Fünfzig Jahre Deutsche Mark. Notenbank und Währung in Deutschland seit 1948*, Munich, Beck, 1998, pp. 347-438, ici pp. 406-413.

10 Séance n° 136 du 2 septembre 1968, in *Die Kabinettsprotokolle der Bundesregierung, 1968*, Munich, Oldenbourg Verlag, 2011, p. 331.

11 Dans ce sens l'intervention de Blessing lors de la séance du 24 octobre 1968 : « Protokoll der 275. Sitzung des Zentralbankrats der Deutschen Bundesbank », Archives historiques de la Bundesbank (Francfort), B 330, Drs 142, p. 6 (par la suite : HA Buba).

détaillant que la hausse des exportations s'expliquerait en bonne partie par l'anticipation extraordinaire des commandes, dans l'attente d'une éventuelle revalorisation du mark. En septembre, selon lui, les commandes venant de l'étranger, compte tenu des variations saisonnières, auraient même diminué. Au delà, il ne serait « nullement certain que l'évolution actuelle du commerce extérieur se prolongerait dans l'année à venir »[12]. Et Emminger de préciser que la Banque de France, fin octobre, n'aurait utilisé ses facilités de crédit (« Swap ») qu'à la hauteur de 180 millions de dollars, au lieu des 600 millions accordés : « En somme, pour fin octobre, on peut constater une normalisation de la situation monétaire internationale, qui est seulement de nouveau troublée, ces derniers jours, par la reprise des spéculations autour d'une réévaluation du mark »[13]. Ces considérations du 7 novembre permettent de mieux cerner l'appréciation de la *Bundesbank* et de s'interroger sur ce qu'Emminger affirme dans ces mémoires[14]. En fait, tout indique que la banque centrale allemande dressait longtemps un tableau balancé des perspectives de la conjoncture allemande et ne se convertit à la recommandation de la réévaluation qu'au cours de la première moitié de novembre. À partir de ce moment, en effet, cette mesure lui paraissait indispensable pour modérer la demande extérieure et pour combler le différentiel d'inflation qui s'était creusé entre l'Allemagne et ses principaux partenaires[15].

De son côté, le ministre de l'Économie, Karl Schiller, au sortir de l'été et à l'automne, entendait encore continuer à favoriser la croissance de l'économie allemande, entamée depuis à peine plus d'un an, et dont il engrangeait largement les bénéfices politico-médiatiques. Il était hostile au renchérissement du mark, pour l'instant. Parmi les arguments invoqués par d'autres représentants du ministère de l'Économie fut celui des effets peu probants de la première revalorisation du mark, en mars 1961,

[12] « Protokoll der 276. Sitzung des Zentralbankrats der Deutschen Bundesbank », 7 novembre 1968, HA Buba, B 330, Drs 142, p. 8.

[13] *Ibid.*, pp. 8-9.

[14] Dans ses mémoires, Emminger fait état d'une décision favorable à la réévaluation lors d'une réunion « strictement confidentielle » et sans compte rendu des dirigeants de la *Bundesbank* à la fin du mois d'août (en fait, du 29 août). Cette indication, pour l'instant, ne trouve pas de confirmation dans les sources : Otmar Emminger, *D-Mark, Dollar, Währungskrisen. Erinnerungen eines ehemaligen Bundesbankpräsidenten*, Stuttgart, Deutsche Verlags-Anstalt, 1986, pp. 140-141 ; ailleurs, Emminger situe la décision de la *Bundesbank* au mois de « septembre » : « Deutsche Geld- und Währungspolitik im Spannungsfeld zwischen innerem und äußerem Gleichgewicht (1948-1975) », in Deutsche Bundesbank (ed.), *Währung und Wirtschaft in Deutschland 1876-1975*, Francfort, éd. Fritz Knapp, 1976, pp. 485-554 (ici p. 517).

[15] Bundesarchiv Koblenz (par la suite : BAK), B 136, vol. 7410, intervention de Blessing lors de la réunion avec les principaux membres du gouvernement, le 18 novembre 1968, compte rendu.

sur le développement de l'inflation[16]. Il était pourtant largement admis que le réajustement avait été – déjà – décidé trop tardivement. En tout cas, le ministère de l'Économie, pour des raisons essentiellement conjoncturelles, maintenait le refus de réévaluer.

L'autre « poids lourd » du gouvernement en matière économique, Franz Josef Strauß, ministre des Finances et chef du parti chrétien-social bavarois (CSU), devait exclure toute réévaluation, tout au long de cette période[17]. Sa priorité était de garantir la poursuite de l'expansion et, plus particulièrement, la défense des intérêts de l'industrie exportatrice, mais aussi ceux des milieux agricoles.

Strauß ne dédaignait pas les arguments populistes. Son idée préférée consistait à affirmer qu'il fallait « guérir la maladie chez le malade et ne pas mettre celui qui était en bonne santé [le mark] au niveau du malade ». Si « une politique inflationniste » en France, en Grande-Bretagne et aux États-Unis avait donné un avantage concurrentiel à l'économie allemande, il incomberait à ces mêmes pays de remédier aux causes des déséquilibres.

Au total, un large éventail de raisonnements et de motivations était présent dans le débat allemand sur l'opportunité d'une revalorisation du mark en cet automne 1968. Schématiquement, on peut distinguer les avis des experts, en général plutôt favorables au renchérissement de la monnaie, les politiques qui s'y montraient hostiles et la *Bundesbank* qui s'y résolvait assez tardivement. Quant aux représentants des associations industrielles, ils fournissaient au gouvernement de véritables argumentaires afin qu'il ne touche surtout pas au taux de change en vigueur[18].

III. Incompréhensions franco-allemandes et blocage international

Au niveau européen, la question du réajustement des parités monétaires concernait en premier lieu les relations entre la France et l'Allemagne en raison de leur rôle dans la CEE, de l'importance de leurs échanges commerciaux et de l'évolution contraire de leurs monnaies

---

16 Hankel, W., « DM-Aufwertung ist keine Lösung », in *Handelsblatt*, 13-14 septembre 1968. Hankel était à la tête de l'importante direction « Monnaie et crédit » (*Geld und Kredit*), rattachée à l'époque au ministère de l'Économie.

17 Sur les rapports entre Schiller et Strauβ, marqués par une rivalité croissante, cf. Eichhorn, J.S., *Durch alle Klippen hindurch zum Erfolg. Die Regierungspraxis der ersten Groβen Koalition (1966-1969)*, Munich, Oldenbourg Verlag, 2009, pp. 150-158.

18 BAK, B 126, vol. 51752, ABS, H.J. [président du conseil d'administration de la Deutsche Bank], « Zur Frage einer D-Mark-Aufwertung, mi-septembre 1968 » ; The case against the case against the case of revaluation, Streng vertrauliche Unterlage, étude non signée, mi-octobre 1968.

respectives. Or, on constate que la concertation et même le simple échange d'informations entre Paris et Bonn à ce sujet tardaient à s'engager et se trouvaient marqués par des ratés étonnants.

Tout indique que la crise monétaire imminente n'a été évoquée d'aucune manière lors des consultations franco-allemandes tenues à la fin du mois de septembre à Bonn. Faisait-on l'impasse, entre Paris et Bonn, sur ce sujet hautement sensible, par peur de l'évoquer dans un contexte bilatéral déjà passablement tendu au lendemain de l'occupation de la Tchécoslovaquie ? En même temps, certains signes semblaient indiquer que l'économie française surmontait « avec une rapidité surprenante » les conséquences de la crise[19], estimation qui avait même conduit le gouvernement de Maurice Couve de Murville, dès le mois de septembre, à lever le contrôle des changes.

Toujours est-il que le ministère allemand de l'Économie avait préparé un plan traçant le chemin vers une Union économique et monétaire pour en discuter lors des consultations avec Paris. L'élaboration faisait partie de l'« initiative européenne » plus large que Brandt s'apprêtait à présenter au nom du gouvernement allemand lors du conseil des ministres à Bruxelles, le 27 septembre[20]. Or, au cours des consultations franco-allemandes, le projet ne sortit pas des cartons. Notons tout de même ce qui était précisément prévu dans son volet économique et monétaire : au titre de l'« approfondissement » de la politique européenne, le papier table sur une « harmonisation » de la politique économique des États membres destinée à créer les conditions pour un rapprochement ultérieur de la politique monétaire. Dans une deuxième étape, l'engagement sur des objectifs concrets en matière de croissance et de stabilité des prix devait permettre de réaliser une « politique commune » comprenant la libéralisation des mouvements de capitaux, l'abandon des changements de parités avec, en ligne de mire, l'élimination des marges de fluctuation, i.e. l'établissement de parités définitivement fixées. Dans ce schéma proposé, on reconnaît aisément l'approche « économiste » allemande qui mettait la convergence des évolutions économiques avant les engagements en matière monétaire. Or, à Bruxelles, l'« initiative

---

19 Politisches Archiv des Auswärtigen Amts, Berlin (par la suite : PAAA), B 52, vol. 596, von Dohnanyi, secrétaire d'État au ministère de l'Économie, à Lahr, secrétaire d'État à l'*Auswärtiges Amt*, 11 octobre 1968.

20 BAK, B 102, vol. 51042, « Aufzeichnung zur deutsch-französischen Konsultation am 27. September 1968, 24 septembre 1968 ». Texte du discours : Brandt, W., *Reden und Interviews 1968-1969*, Bonn, Presse- und Informationsamt der Bundesregierung, [1969], pp. 76-81. Sur la genèse de l'initiative, en juin 1968, cf. Türk, H., *Die Europapolitik der Großen Koalition 1966-1969*, Munich, Oldenbourg Verlag, 2006, pp. 163-167.

européenne » dans son ensemble devait rencontrer peu d'écho[21]. Le contexte n'était sans doute pas favorable à une initiative de portée politique.

Sur le plan franco-allemand, la première démarche officielle de Paris consistait en un message de Couve de Murville destiné au chancelier Kiesinger en date du 9 novembre 1968. « Les excédents massifs et constants de la balance des comptes de la République fédérale », estimait le Premier ministre, ont créé « sur tous les marchés une situation fondamentalement malsaine »[22]. La France en supporterait « un préjudice particulier ». Couve demandait au gouvernement allemand de mettre sans délai un terme aux incertitudes, ou bien par la réévaluation ou bien par une mise au point officielle et des mesures univoques.

Toutefois, le sens du message paraît brouillé par le constat surprenant que les excédents de la balance seraient « le résultat d'un ensemble de circonstances qui sont le fait non pas tellement de l'Allemagne que de ses principaux partenaires occidentaux ».

Le 14 novembre seulement, Bonn envoya à Paris le secrétaire d'État en charge des questions monétaires, Schöllhorn, pour consultation. Dans l'entretien tendu avec le ministre des Finances, François-Xavier Ortoli, celui-ci demanda alors sèchement une réévaluation du mark autour d'un taux de 10 %. N'entendant pas entrer dans une discussion approfondie, le ministre français se réservait le recours à des « mesures drastiques » en cas de non-réévaluation du mark. Schöllhorn rentra de Paris assez déconcerté. Bonn était stupéfait de se trouver désigné ainsi comme unique responsable des troubles monétaires et seul désigné à prendre des mesures[23].

Cependant, le 18 novembre, Bonn se décide définitivement contre toute réévaluation du mark. Schiller et Strauss remportèrent la décision contre la réévaluation[24]. Selon l'arbitrage rendu, le gouvernement enten-

---

21 Compte rendu du représentant permanent allemand Sachs, 27 septembre 1968, in *Akten zur auswärtigen Politik der Bundesrepublik Deutschland 1968*, n° 315 (par la suite : *AAPD*).

22 BAK, B 126, vol. 51752, Texte de la démarche, en français et en traduction allemande ; cf. aussi le récit de Seydoux de son entretien avec Kiesinger, le 29 novembre : Seydoux (Bonn) à Paris, télégramme, 29 novembre 1968, in *DDF 1968 II*, n° 421 ; Benedikt Schoenborn, *La mésentente apprivoisée. De Gaulle et les Allemands, 1963-1969*, Paris, PUF, 2007, p. 131.

23 PAAA, B 52, vol. 582, Compte rendu par Schöllhorn, 15 novembre 1968 ; BAK, B 102, vol. 51177, Compte rendu établi par Hanemann, sans date, BAK, B 126, vol. 51752.

24 Karl Carstens, chef de la chancellerie, à Strauß, 13 novembre 1968 ; Kiesinger à Couve de Murville, 19 novembre 1968 ; BAK, B 136, vol. 7410, Compte rendu de la réunion.

dait se limiter à des mesures fiscales et financières pour réduire l'excédent commercial : les exportations de biens furent chargées d'une taxe exceptionnelle de 4 %, tandis que les taxes sur les importations furent allégées du même montant. Le raisonnement qui l'avait emporté était simple : tandis qu'une réévaluation aurait eu un caractère plus ou moins définitif, les mesures douanières et fiscales étaient d'un maniement souple puisqu'elles pouvaient être suspendues à tout moment. Le futur président Nixon avait déjà annoncé qu'il allait « durcir » la politique commerciale des États-Unis[25].

Le tout était de savoir si la réévaluation de rechange (*Ersatzaufwertung*) pouvait être considérée comme suffisamment crédible et produire des effets rapides et durables. Dès le départ, des doutes sur l'efficacité des mesures fiscales prévalaient parmi les économistes allemands[26].

Notons au passage que des entretiens potentiellement plus constructifs avaient eu lieu, au niveau franco-allemand, à un endroit inattendu. À l'occasion de la réunion des gouverneurs des banques centrales à Bâle, du 16 au 18 novembre 1968, le gouverneur de la Banque de France, Jacques Brunet, et les dirigeants de la *Bundesbank*, Karl Blessing et Otmar Emminger, réussirent à trouver un terrain d'entente et même à répartir les taux d'un réajustement éventuel. Leur accord prévoyait – selon Emminger – un changement de parité simultané du franc et du mark : le premier devait être dévalué d'environ 5 %, le deuxième réévalué dans une même proportion[27]. Les responsables des deux banques centrales se faisaient fort de convaincre leurs gouvernements respectifs. Nous connaissons le résultat : ni les uns ni les autres ne devaient réussir dans la tentative qu'ils s'étaient proposée[28]. Pour ce qui était de la banque centrale allemande, l'échec fut cuisant.

IV. L'échec d'une conférence : Bonn, 20-22 novembre 1968

Au moment où le gouvernement allemand avait rejeté définitivement l'option de la réévaluation, la vague de spéculation sur le mark atteignit

[25] Interview avec Schiller : « Das haben wir wirklich nicht verdient », in *Der Spiegel*, 25 novembre 1968, n° 48, pp. 36-39.

[26] Interview avec H. Giersch, « Wer stabile Preise will, muss zur Aufwertung bereit sein », in *Der Spiegel*, 2 décembre 1968, pp. 118-123.

[27] Emminger, *Erinnerungen* (voir note 14), pp. 141-143. Cf. aussi la version d'un haut-fonctionnaire du Trésor britannique : Cairncross, A., *The Wilson Years. A Treasury Diary 1964-1969*, London, The Historians' Press, 1997, p. 343.

[28] Dans son message à Couve de Murville du 19 novembre, Kiesinger fait une allusion à l'entretien des deux chefs de banques centrales à Bâle, le présentant comme un simple échange d'informations (BAK, B 126, vol. 51752) ; cf. aussi le témoignage de Blessing, in Brawand, L., *Wohin steuert die deutsche Wirtschaft ?*, Munich, Verlag Kurt Desch, 1971, pp. 50-51.

son apogée. Pendant les trois premières semaines du mois de novembre, la *Bundesbank* a dû absorber des devises étrangères pour un montant de près de 2,5 milliards de dollars, chiffre jamais enregistré jusqu'alors[29]. Une bonne partie des capitaux qui affluaient était d'origine française.

Dans ces circonstances, une réunion du « Groupe des Dix » est décidée, principalement à la demande du gouvernement américain[30]. Pour Washington, il s'agissait de tout mettre en œuvre pour empêcher la France de recourir de manière unilatérale à une forte dévaluation du franc, mesure susceptible d'entraîner dans son sillage la livre britannique, ensuite éventuellement le dollar, avec des conséquences imprévisibles pour l'ensemble du système. Or, selon les estimations américaines, l'absence d'une réévaluation du mark d'au moins 10 % rendrait la mesure française quasi inévitable[31]. Toutefois, Schiller – et, avec lui, l'ensemble du gouvernement allemand – resta sur sa position en affirmant qu'une réévaluation unilatérale du mark ne résoudrait pas fondamentalement le problème des autres monnaies.

Le hasard faisait qu'il revenait à Schiller, en sa qualité de président en exercice du « Groupe des Dix », de convoquer la réunion à Bonn. Elle s'y déroulait du 20 au 22 novembre 1968. L'ouverture des discussions devait avoir lieu 20 heures seulement après le lancement des invitations[32].

Du côté français, on pouvait avoir l'impression désagréable que le seul enjeu réel de la conférence était de fixer les modalités et le taux de dévaluation du franc, puisque le gouvernement allemand avait déjà annoncé ses propres mesures[33]. En réalité, c'était au gouvernement allemand de découvrir que c'était d'abord de lui que la grande majorité

[29] *Geschäftsbericht der Deutschen Bundesbank für das Jahr 1968*, p. 39.

[30] Entretien entre Kiesinger, Brandt, Schiller, Strauß et le ministre américain des Finances, Henry Fowler, 18 novembre 1968 (22h30-23h30), in *AAPD 1968*, n° 383 ; résumé téléphonique de Fowler, in *Foreign Relations of the United States 1964-1968*, vol. VIII, n° 209 (par la suite : *FRUS*) ; entretien entre Kiesinger, Schiller, Strauß et Fowler, 19 novembre 1968, 15h20-16h40, extrait in *AAPD 1968*, p. 1494 (note 6).

[31] Message du président Johnson, 18 novembre 1968, in *FRUS 1964-1968*, vol. VIII, n° 208 ; Message de Walt W. Rostow, conseiller spécial du président, à Fowler, 17 novembre 1968, *ibid.*, n° 207. Cf. aussi Gray, W.G., « "Number One in Europe" : The Startling Emergence of the Deutsche Mark, 1968-1969 », in *Central European History* 39 (2006), pp. 56-78 (ici pp. 64-65).

[32] Le « Groupe des Dix » avait été constitué en 1963 par des pays qui étaient prêts à refinancer le Fonds monétaire international en cas de problème de liquidité. En faisaient partie les États-Unis, le Canada, le Japon, la Grande-Bretagne, la Suède et les pays de la Communauté européenne (la Belgique représentait aussi le Luxembourg), la Suisse ayant un statut d'observateur.

[33] Prate, A., *Les batailles économiques du Général de Gaulle*, Paris, Plon, 1978, p. 268.

des participants attendait des mesures concrètes, et avant tout une réévaluation conséquente.

Et en effet, Schiller devait se trouver assez isolé tout au long des discussions[34]. Sûr de lui, le ministre allemand défend longuement le maintien de la parité du mark, non sans faire quelques incursions dans le champ de la théorie économique. Fowler statue aussi fermement que, selon lui, les mesures de remplacement n'étaient pas « adequate to meet the situation ». Le Britannique Roy Jenkins et le Français Ortoli (comme les ministres belge et néerlandais) exigent une action allemande plus énergique sans toutefois aller jusqu'à préciser un taux de réévaluation. Seuls l'Italien Emilio Colombo et le représentant suisse estiment que tout changement de parité, par principe, devrait être écarté afin de ne pas donner une prime à la spéculation[35].

À la fin de la conférence, le cas de la France fut longuement discuté[36]. Ortoli évoquait un taux de dévaluation de l'ordre de 15 % au cas où les mesures allemandes n'étaient pas fondamentalement renforcées. Une ligne de crédit sur le montant important de 2 milliards de dollars devait soulager la position française. Pour la première fois dans l'histoire des actions de stabilisation monétaire, le montant mis à la disposition par la RFA (625 millions de dollars) dépassait celui des États-Unis (525 millions)[37]. Mais en aucun cas, cette mesure d'aide n'avait pu justifier la tenue de la conférence.

Jusqu'au bout, le ministre français devait rester évasif sur les mesures que son gouvernement allait prendre. Roy Jenkins, dans ses *Mémoires*, résumait ses propos alambiqués : « The French, he said, accepted the 11,11 per cent [de dévaluation] but did so under protest, and as they were not allowed to devalue by more they might do so by less, or indeed not at all »[38].

Au terme de la conférence, on pensait généralement la dévaluation du franc acquise. Le commentaire du *Monde* évoquait déjà un « régime

---

[34] Compte rendu des discussions du 20 novembre 1968, in *FRUS 1964-1968*, vol. VIII, n° 214.

[35] La lire italienne était candidate plutôt à la réévaluation en raison des excédents de la balance des paiements. Toutefois, Colombo s'y refusait en arguant de la dégradation des comptes à venir. Cf. aussi les mémoires du gouverneur de la *Banca d'Italia* : Carli, G., *Cinquant'anni di vita italiana*, Bari, Laterza, 1993, pp. 241-242.

[36] Cf. les comptes rendus des réunions du 21 novembre in *FRUS 1964-1968*, vol. VIII, n° 216-219.

[37] *Communiqué of the Ministers and Governors of the Group of Ten Meeting in Bonn, 20th-22nd November 1968*, BA Koblenz, B 102, vol. 51177 ; *Le Monde*, 24-25 novembre 1968.

[38] Jenkins, R., *A Life at the Centre*, London, Macmillan, 1991, p. 269.

dévalué »[39]. Or, on le sait, de Gaulle allait en décider autrement et trancher pour le maintien de la parité du franc.

Dans la presse allemande comme dans la presse internationale, l'extraordinaire conférence des Dix et son issue suscitaient de vives réactions. Simplifié souvent à l'extrême, le thème des ajustements monétaires faisait pour la première fois son entrée dans la sphère publique européenne. La « une » du journal populaire allemand *Bild* du 23 novembre 1968 : *Jetzt sind die Deutschen Nummer 1 in Europa* (« Désormais, les Allemands sont n° 1 en Europe ») est souvent citée pour illustrer l'état d'esprit d'au moins une partie de l'opinion publique allemande, fière de la position de force que le mark aurait acquise. Or, il y a fort à parier qu'une large majorité des Allemands ignorait tout ou presque des implications de la politique monétaire et des effets possibles d'un changement de parité. Une réévaluation était simplement (et faussement) assimilée à un affaiblissement volontaire du mark[40]. Si plus de pédagogie avait été déployée, le changement de parité (à la hausse !) n'aurait sans doute pas suscité d'émotions aussi fortes.

Dans la charge affective des enjeux, les médias britanniques et français n'étaient pas en reste. L'idée selon laquelle l'Allemagne prenait sa « revanche » ne devait plus disparaître, en pareille circonstance, des colonnes des commentateurs[41].

Plusieurs facteurs étaient alors à l'œuvre, à l'automne 1968, pour favoriser cette brusque montée des tensions.

Habituée à ce que l'on ne touche pas aux taux de change fixes, l'opinion publique allemande était encline à considérer un changement de parité du mark comme une « manipulation » dans le seul but de soulager la situation des monnaies faibles. Or, la fuite des capitaux hors de France renvoyait d'abord à des causes internes françaises.

La conférence des Dix avait été particulièrement mal préparée, en partie sans doute par manque d'expérience dans la gestion multilatérale de crises monétaires. Les conditions politiques n'étaient pas réunies pour un « réalignement » impliquant plusieurs monnaies, ce qui aurait constitué, selon toute probabilité, la réponse adéquate à la crise.

Du côté des trois Alliés, on croyait manifestement trop facilement que Bonn, seul, n'allait pas résister à leurs sollicitations conjuguées, et cela d'autant moins qu'ils savaient les avis allemands partagés.

---

39 Viansson-Ponté, P., « Le régime dévalué », in *Le Monde*, 23 novembre 1968.

40 Selon une enquête de l'institut EMNID, 21 % des sondés revendiquaient d'avoir une « idée précise » du terme « réévaluation du mark », 41 % « une idée relativement précise ». BAK, B 102, vol. 71982, Résultats transmis par Diehl, porte-parole du gouvernement, au chancelier, 11 février 1969.

41 Delcour, R., « La revanche », in *Le Monde*, 24-25 novembre 1968.

Si l'on peut penser que les dirigeants allemands, quelques années plus tôt, auraient cédé *in fine* aux injonctions des principaux alliés réunis, l'attitude assumée par Schiller reflétait en effet, malgré sa forte dimension personnelle, dans une certaine mesure la mutation du rôle que la RFA s'apprêtait à jouer sur la scène internationale au sortir des années 1960. Cependant, tout indique que Schiller se déterminait en priorité suivant des critères pragmatiques, en l'occurrence son interprétation de l'état de la conjoncture allemande et la nécessité d'assurer le meilleur équilibre possible entre la « croissance optimale » et la stabilité des prix et des coûts[42]. Il en est une autre question que le professeur avait un style aux allures de « donneur de leçon » qui agaçait facilement ses interlocuteurs.

À Bonn, on ne pouvait pas ignorer la nouveauté du « front commun » des États-Unis, de la Grande-Bretagne et de la France contre la position de la RFA[43]. C'était alors au niveau politique que l'on s'employa à redresser la situation. Devant le *Bundestag*, le chancelier réfutait toutes les insinuations à propos d'un « rééquilibrage » politique en Europe[44].

Willy Brandt, pour sa part, martelait une phrase qui, quelques décennies plus tard, semble encore pleine d'actualité dans la « crise » économique et financière de l'Europe : « Nous savons que l'on ne peut pas se porter bien tout seul, si tous les autres vont mal ». Et Brandt de saisir l'occasion d'insister sur « l'approfondissement » nécessaire de la politique communautaire, y compris en direction d'une « politique économique et monétaire commune »[45].

V. Crise monétaire et relance des projets européens : la césure de 1968

Quant à l'évolution monétaire proprement dite, on sait que la crise aiguë du mois de novembre n'était en réalité que le premier acte d'une suite d'incidents dont l'année 1969 allait être jalonnée. Les lignes

42 Pour son bilan de la crise qui met l'accent sur la nécessaire réforme du système monétaire international, cf. Schiller, K., « Die internationale Währungslage nach der Bonner Konferenz der Zehnergruppe », in *Europa-Archiv* 1969, n° 1, pp. 1-4.

43 « Bonner Währungskonferenz (Zehnergruppe) 20. bis 22.11.1968 », analyse détaillée de Berger, 25 novembre 1968, in *AAPD 1968*, n° 389.

44 Discours au *Bundestag*, 26 novembre 1968, in *Stenographische Berichte*, 5e législature, pp. 10615-10617 ; note de Kiesinger après un entretien avec Brandt, 2 décembre 1968, in *AAPD 1968*, n° 399.

45 Interview avec le *Südwestfunk*, in *Bulletin*, 27 novembre 1968, n° 150, pp. 1313-1314 et 3 décembre 1968, n° 154, pp. 1352-1353 ; cf. aussi son discours au *Bundestag*, 29 novembre 1968, in *Bulletin*, 30 novembre 1968, n° 153, pp. 1341-1343 ; Ambassade de France à Bonn, télégramme, 4 décembre 1968, in *DDF 1968 II*, n° 431.

commençaient à bouger rapidement et de manière surprenante. Schiller, notait le chancelier Kiesinger dès le 4 décembre, aurait « admis » que « la réévaluation aurait été la meilleure solution », mais qu'il avait été « politiquement impossible à la faire admettre »[46]. Devant l'inefficacité de plus en plus flagrante des mesures douanières et fiscales, Schiller se convertit plus clairement en partisan de la réévaluation du mark à partir de mars 1969 et la réclamait officiellement, sans succès, au conseil des ministres le 9 mai. L'insistance de la direction de la *Bundesbank* qui énumérait les signes préoccupants de surchauffe de l'économie en des termes pressants n'y changea rien[47].

À la fin, en Allemagne comme en France, le réajustement des parités se faisait seulement après les changements de pouvoir : le nouveau président Pompidou se résoudra à la dévaluation dès le mois d'août, tout comme la réévaluation du mark, après une période de « floating », fut une des premières mesures importantes du gouvernement Brandt, au mois d'octobre.

On sait que les considérations sur la nécessaire dimension monétaire de l'intégration européenne sont aussi anciennes – au moins – que les débuts du Marché commun. Jean Monnet, en 1959, était un des premiers à soulever le sujet de la mise en place d'une coopération qualifiée en matière financière et monétaire dans le cadre des Six[48].

Retenons ici que l'année 1968 constitue, pour cette discussion, une césure décisive. En cette année se croisent, plutôt par hasard, l'achèvement (anticipé) du désarmement douanier (au 1er juillet) qui est, à son tour, à l'origine de certaines idées de relance et le début de l'effondrement de l'ordre monétaire de Bretton Woods. Après les difficultés de la livre sterling, la remise en cause de l'or et les incertitudes du dollar, c'est la crise monétaire du mois de novembre qui appelle manifestement des mesures de réforme et de meilleure coordination, tant au niveau international qu'au niveau européen. Les projets et les mémorandums se multiplient tout au long de l'année. Le développement de cette activité contraste avec l'état de déliquescence dans lequel se trouve l'Europe des « Six » dans la même période[49].

---

46 PAAA, B 150, vol. 142, note de Kiesinger après un entretien avec Schiller, 4 décembre 1968.

47 BA Koblenz, B 126, vol. 51752, « Kabinettsvorlage », *Bundesminister für Wirtschaft*, 9 mai 1969 ; HA Buba, B 330, vol. 11825, Blessing à Kiesinger, 8 mai 1969.

48 Cf. Bossuat, G., « Jean Monnet et l'identité monétaire européenne », in Bossuat, G., A. Wilkens (dir.), *Jean Monnet, l'Europe et les chemins de la Paix*, Paris, Publications de la Sorbonne, 1999, pp. 369-398.

49 Pour illustration, cf. l'entretien laborieux entre Brandt et Debré à Bruxelles, le 10 décembre 1968, compte rendu in *AAPD 1968*, n° 405.

Retenons à ce titre en premier lieu les initiatives développées par Raymond Barre, à la Commission européenne, à partir d'un premier et très court mémorandum dès le mois de février 1968, jusqu'aux propositions plus élaborées du 5 décembre 1968 et, enfin, le « plan Barre » du 12 février 1969. Barre tirait argument à la fois de la situation précaire de la Communauté en général et de l'expérience de la crise monétaire de l'automne en particulier[50]. Dès son discours du 2 octobre 1968 devant le Parlement européen, Barre avait fait comprendre qu'une union économique européenne, voire une monnaie européenne, supposait « une stricte coordination des politiques conjoncturelles, monétaires et commerciales ainsi que la pleine liberté des mouvements des capitaux ». En réalité, selon Barre, une union monétaire ne pourrait constituer que le « couronnement » de l'union économique[51].

Le véritable « plan Barre » de février 1969, en adoptant une approche volontairement prudente, constituait une première tentative de transposer ces idées directrices en procédures pratiques. L'initiative mettait en équation la nécessaire « convergence des orientations nationales à moyen terme » en matière de politique économique et la mise en place d'un « mécanisme communautaire » de soutien monétaire à court terme tout comme un concours financier à moyen terme[52]. Le renforcement de la coordination des politiques économiques conditionnait ainsi « la mise en œuvre d'un mécanisme communautaire de coopération monétaire ». De toute évidence, Barre essayait à établir une synthèse entre les conceptions françaises et allemandes.

À ces conditions, il n'était guère surprenant qu'au cours des discussions qui allaient s'engager sur les propositions avancées par Barre, le gouvernement allemand prenait – quant au fond – une position prudemment favorable. La nécessité d'une réforme de l'ordre monétaire international afin de mieux amortir les déséquilibres des balances des paiements était acquise. En même temps, le principe d'un système de taux de change fixe entre les partenaires européens n'était pas remis en question. L'objectif d'assurer en commun la stabilité des monnaies était au centre des préoccupations. Dans les débats au niveau européen,

---

50 PAAA, B 52, vol. 596, Compte rendu d'une réunion entre Barre et les représentants permanents, 6 décembre 1968.

51 *Amtsblatt der Europäischen Gemeinschaften*, septembre/octobre 1968, p. 148 ; Ullmann, M., « Marché commun : quitte ou double », in *L'Express*, 16 décembre 1968, pp. 55-56.

52 « Mémorandum de la Commission au Conseil sur la coordination des politiques économiques et la coopération monétaire au sein de la Communauté », 12 février 1969, in *Bulletin des Communautés européennes* 3 (1969), pp. 3-14. Cf. aussi Warlouzet, L., *Le choix de la CEE par la France. L'Europe économique en débat de Mendès France à de Gaulle (1955-1969)*, Comité pour l'Histoire économique et financière de la France, Paris 2010, pp. 400-415.

Schiller s'employait à faire pencher la balance en faveur d'un accord sur « une politique de stabilité concertée et expansive », objectif auquel son homologue Ortoli avait pourtant du mal à adhérer en raison des fortes augmentations des prix en France[53].

Après la crise de novembre, lors du Conseil de Bruxelles du 12 décembre 1968, Schiller insistait sur le lien étroit entre coopération monétaire et politique économique, tout en précisant : « L'harmonisation entre les objectifs de la politique économique [des États membres] ne doit guère être parfaite, avant de pouvoir entamer l'amélioration de la coopération monétaire. Mais il est nécessaire d'établir une symétrie, une progression *pari passu* entre les deux domaines »[54].

Au fil des réunions des divers comités communautaires, des divergences d'approche se manifestaient assez nettement entre ceux qui souhaitaient privilégier, pour le projet d'ensemble d'une union économique et monétaire, la réalisation d'une certaine convergence économique – en premier lieu les Allemands – et ceux qui, à l'instar des Français, souhaitaient mettre rapidement en place un soutien financier réciproque avec un minimum de contraintes directes. Ce fut alors un long processus d'identification des enjeux et d'adaptation des argumentations qui commençait à s'engager[55].

Le 17 juillet 1969, dans la suite donnée au « mémorandum Barre », le Conseil parvint à entériner « de réelles avancées » : l'unanimité se faisait autour d'une résolution sur la nécessaire coordination des politiques économiques à court terme qu'imposerait « l'imbrication croissante des économies des pays membres »[56]. Quelques mois plus tard, le 9 février 1970, l'accord des gouverneurs des banques centrales sur un

---

[53] Divergence manifeste lors du Conseil des ministres des Finances à Rotterdam, les 9-10 septembre 1968, rapportée par Schiller dans une lettre à Kiesinger, 18 septembre 1968, PAAA, B 1, vol. 333. Cf. aussi : PAAA, B 52, vol. 612, note « Internationale Währungsordnung. Hintergründe der Krisenanfälligkeit und Grundzüge der Reformvorschläge », 3 janvier 1969.

[54] HA Buba, B 330, vol. 10851, Conseil des Communautés européennes (Conseil de la politique conjoncturelle), compte rendu du représentant permanent Sachs, 12 décembre 1968.

[55] Sur ces discussions en 1968/69, voir Bussière, É., « La France et les débats au sein du Comité monétaire à l'époque du Plan Werner, automne 1968-printemps 1971 », in Comité pour l'Histoire économique et financière de la France, *Le rôle des ministères des Finances et de l'Économie dans la construction européenne (1957-1978)*, t. 1, Paris 2002, pp. 351-373, ici pp. 352-367.

[56] PAAA, B 52, vol. 596, Compte rendu [de Sachs] de la 75e séance du Conseil du 17 juillet 1969, 18 juillet 1969 ; « Entscheidung des Rates über die Koordinierung der kurzfristigen Wirtschaftspolitik der Mitgliedstaaten », 17 juillet 1969. Kiesinger avait encouragé Schiller dans ce sens dans une lettre du 25 avril 1969, évoquant l'objectif d'une « communauté de croissance et de stabilité », HA Buba, B 330, vol. 242.

système d'aide financière à court terme constituait un autre aboutissement partiel. En ce moment, au lendemain du sommet de La Haye, les discussions au sein du nouveau « Comité Werner » avaient déjà pris le relais.

L'importance de la crise de novembre 1968 réside d'abord dans le fait qu'elle faisait la démonstration éclatante de l'interdépendance des évolutions économiques et monétaires des pays industrialisés, tout en révélant l'absence de structures et de pratiques adéquates pour maîtriser les phénomènes résultant de l'intégration croissante des marchés et des économies en général.

En revanche, la crise est loin d'être le révélateur d'une volonté de « puissance retrouvée » de l'Allemagne que d'aucuns voulaient y déceler à l'époque. À regarder les discussions internes allemandes de plus près, on découvre, à la place d'un processus clair et linéaire, un enchevêtrement d'argumentations où s'entremêlent différentes considérations conjoncturelles et monétaires avec des enjeux de politique intérieure, voire électoraliste.

Autant on ne peut interpréter la pression relativement précoce du comité des « sages » et de la *Bundesbank* en faveur d'une réévaluation du mark ou la conversion, plus tardive, de Schiller comme motivées par des considérations « européennes », autant le refus réitéré des instances gouvernementales, en novembre 1968, n'était motivé ou accompagné par l'idée de « s'emparer des commandes de l'Europe ». Les décisions furent prises selon des critères relevant de la politique économique et intérieure, en sous-estimant sans doute les répercussions en politique extérieure.

La crise avait valeur de démonstration de la fragilité du système monétaire international existant et de l'urgence de nouvelles règles. Toutefois, l'effort nécessaire pour rapprocher les intérêts et les pratiques des principaux partenaires devait se révéler beaucoup plus difficile et complexe que les acteurs n'avaient tendance à l'estimer au tournant des années 1960 et 1970. Et pourtant, le cœur du problème était déjà bien repéré. Toute la difficulté consistait à imposer dans la réalité européenne l'approche sur lequel, en théorie, le consensus était établi : l'indispensable parallélisme entre harmonisation économique et solidarité monétaire.

Les acteurs économiques et leurs réseaux face au Grand Marché européen

Espaces de dialogue et de conflit

Pierre TILLY

Divers travaux historiques lancés depuis une décennie ont montré que les hommes qui interviennent dans les processus de construction européenne appartiennent souvent à des réseaux plus ou moins structurés ou avoués[1]. Mobilisés par un objectif commun, ces acteurs tissent entre eux des relations pouvant être fondées sur des convictions et des expériences communes, sur des origines sociales similaires, sur un même parcours scolaire et professionnel ou, plus simplement, sur des intérêts partagés ou éloignés les uns des autres. Dans le cadre de la dimension sociale du marché intérieur, ces acteurs économiques et sociaux ont joué un rôle nouveau en regard de la construction européenne telle qu'elle s'était développée jusque-là. Réunis autour d'un terrain de rencontre mais aussi d'affrontement, l'Union des industries de la Communauté européenne (UNICE) et ses membres, côté employeur, et la Confédération européenne des syndicats (CES) et ses organisations affiliées, côté syndical, vont dépasser leur posture traditionnelle de groupe de pression pour devenir partie prenante du processus de décision sur le plan européen. Un exercice difficile car il s'accompagne de la nécessité d'arbitrer des positions parfois divergentes en leur sein et d'obtenir un véritable mandat de négociation au niveau européen[2]. Dans cette arène sociale qui se met place sur des bases relativement nouvelles à l'initiative de la Commission Delors viennent se greffer des lobbys et des groupes d'intérêts comme les chambres de commerce ou la table ronde des industriels. L'influence patronale s'exerce aussi par d'autres canaux que celui de l'UNICE, surtout, qu'avant 1987, les entreprises et

---

1 Dumoulin, M. (dir.), *Réseaux économiques et construction européenne. Economic Networks and European Integration*, Bruxelles, PIE Peter Lang, 2004.

2 Sur les approches syndicales nationales parfois différentes sur la démocratie industrielle, voir Fetzer, Th., « Industrial democracy in the European Community : Trade unions as a defensive transnational community (1968-1988) », in Marie-Laure Djelic and Sigrid Quack (eds.), *Transnational Communities : Shaping Global Economic Governance*, Cambridge, Cambridge University Press, 2010, pp. 282-304.

les fédérations concentraient leur pression au niveau national. L'influence de ces lobbys et de ces groupes est loin d'être secondaire. Maria Cowles considère ainsi que la table ronde des industriels a joué un rôle clé dans l'élaboration du contenu et dans l'application de l'Acte unique de 1986[3].

Encouragé par la Commission qui joue un rôle d'impulsion politique tout en assurant l'intendance des rencontres, un dialogue social d'un nouveau type se construit avec la volonté annoncée d'arriver à un compromis entre compétitivité et emploi. Ce processus délicat et mené pas à pas dans l'ombre des grands dossiers communautaires est par nature conflictuel. Des travaux récents d'historiens ont mis en lumière le conflit social comme un facteur important à prendre en compte dans les crises systémiques qui surgissent avec la crise pétrolière de 1973[4]. L'intégration européenne constitue en ce sens un espace pertinent pour gérer ce conflit social et pour trouver des solutions alternatives face à la crise.

Deux aspects vont être plus particulièrement abordés pour illustrer cette (r)évolution du rôle des acteurs économiques et sociaux dans la seconde moitié des années 1980 qui va soit dans le sens du conflit ou au contraire du dialogue. Il s'agit, d'une part, du projet de directive Vredeling et en particulier son volet portant sur la participation des travailleurs dans les entreprises qui pose la question de la démocratie industrielle en Europe. D'autre part, un processus beaucoup plus large va être analysé au travers de la mise en place et du développement du dialogue social européen de Val Duchesse à partir de 1985.

I. Le long chemin parsemé d'embûches du projet de statut SE

Sur un plan général, le « Grand Marché » est soutenu par les organisations représentatives du patronat au cours des années 1980 dans un contexte où la stratégie des entreprises est marquée par une importante vague de fusions et par un plus grand investissement du champ commu-

---

3 Green Cowles, M., « L'ERT (European Round Table Of Industrialists) : Les Grands Industriels et la Promotion du Grand Marché Européen », in É. Bussière, M. Dumoulin et S. Schirmann (dir.), *Milieux économiques et intégration européenne au XXe siècle. La relance des années 1980 (1979-1992)*, Paris, CHEFF, 2007, pp. 233-240.

4 Petrini, F., « Taming the beast : the European Trade Union Confederation and the battle to regulate multinationals activities », in Kaiser, W. & Meyer, J.-H. (eds.), *Non-State Actors in European Integration 1958-1992. From Polity-Building to Transnational Politics and Policy-Making ?*, Basingstoke, Palgrave (publication à venir).

nautaire par les milieux d'affaires[5]. Des réseaux entre les milieux d'affaires américains et européens vont se développer au début des années 1980 au départ de contacts de plus en plus réguliers avec l'UNICE et la table ronde de chefs d'entreprise européens (ERT en anglais) sur les questions commerciales et sociales[6]. Cette dernière créée à l'initiative du PDG de Volvo, Pehr Gyllenhammar, en 1982, se donne pour objectif de défendre un « agenda » industriel pour l'Europe au travers d'un grand marché européen unifié et le développement d'infrastructures transeuropéennes pour renforcer sa compétitivité face à la concurrence internationale. En janvier 1985, le président en exercice de l'ERT (et de Philips), Wisse Dekker, publie « Europe 1990 : un agenda pour l'action », un document où il propose de faire tomber les barrières commerciales et les frontières fiscales avec quatre étapes-clefs en vue de créer un marché unique dans les cinq ans. Six mois plus tard, Jacques Delors, le président de la Commission lance le Livre blanc sur le marché unique. L'influence effective ou supposée des propositions de l'ERT, créée à l'initiative du PDG de Volvo, Pehr Gyllenhammar, en 1982, sur l'Acte unique européen signé en février 1986 au travers d'une collaboration jugée étroite entre le monde des affaires européen et la Commission a fait très vite débat[7]. Les négociations autour de l'Acte unique ont en tous les cas relancé les débats quant à l'influence des groupes d'intérêt sur l'évolution de l'intégration européenne et sur les modes de représentation politique proprement européens[8].

A. Des débats houleux avec les Américains

En 1980, le projet de directive sur la société européenne du commissaire européen Henk Vredeling suscite des débats houleux notamment avec les représentants des milieux d'affaires américains au travers de

5 Bussière, É., Dumoulin, M. et Schirmann, S. (dir.), *Milieux économiques et intégration européenne au XXe siècle. La relance des années 1980 (1979-1992)*, Paris, CHEFF, 2007. Voir également Bussière, É., « Les entreprises et la relance européenne des années 1980 : nouveaux objectifs et nouveau lobbying », in Olivier Feiertag et Isabelle Lespinet-Moret (dir.), *L'économie faite homme. Hommage à Alain Plessis*, Genève, 2011, pp. 527-536.

6 Greenwood, J., « Organized business and the European Union », in Greenwood and Henry Jacek (eds.), *Organized business and the new global order*, Basingstoke, Macmillan, 2000, pp. 77-98.

7 Sandholtz, W. and Zysman, John, « 1992. Recasting the European Bargain », in *World Politics*, 1989, 42(1), pp. 95-128.

8 Green Cowles, M., « Setting the agenda for a new Europe : the ERT and EC 1992 », in *Journal of Common Market Studies, 1995*, 33(4), pp. 501-526. Plus récent du même auteur « The European Round Table of Industralists and the Single Market Programme : from political to policy network », in Wolfram Kaiser, Michael Gehler, Brigitte Leucht, *Networks in European multi-level governance*, Vienna, Bohlau, 2008, pp. 139-150.

l'action de la Chambre de commerce américaine en Belgique. Celle-ci est devenue au fil du temps une chambre d'écoute pour les firmes américaines souhaitant être dûment informées de l'agenda législatif communautaire[9]. L'AmCham crée au milieu des années 1970 un comité européen spécifique transformé et renommé « Comité de la Communauté européenne » entre 1981 et 1983. Une nouvelle réorganisation du comité européen de l'AmCham interviendra en 1985 précédant de 6 mois la publication du Livre blanc de la Commission sur le marché intérieur. L'élément central de sa stratégie est de devenir la première source d'information sur le processus législatif accompagnant la réalisation de l'Acte unique.

Pour comprendre la teneur et la vigueur du débat autour de la directive Vredeling, il faut d'abord en dresser les rétroactes. Le 9 octobre 1972, la Commission propose ce que l'on appelle « la cinquième directive » au Conseil des ministres. Elle vise à accorder un droit de regard aux salariés dans la marche des entreprises en étendant à toute la Communauté le système dualiste allemand. La mise en place d'un comité européen d'entreprise représentant les intérêts de tous les salariés européens et compétent sur toutes les questions qui concernent plus d'un établissement est envisagée. Ce comité aurait même un droit de veto pour certaines décisions importantes. Ce modèle de cogestion allemand transposé au niveau communautaire est loin de faire l'unanimité au sein du monde syndical ; les différences de conception entre les organisations membres de la CES sont bien trop larges pour espérer atteindre un consensus en la matière.

Fin 1974, la Commission doit renoncer à son projet devant les oppositions qu'il a suscitées[10]. Rejeté par plusieurs confédérations syndicales nationales (France, Italie et Grande-Bretagne principalement), il ne répond que modestement aux demandes de la CES puisque la décision finale revient au management. Une grande partie des organisations patronales est contre et l'UNICE exprime sa ferme opposition à une telle législation qui porte atteinte selon elle à la liberté de prendre des décisions sur le plan de la gestion.

Non sans avoir élaboré une formulation nouvelle en 1978 visant à rapprocher les législations nationales sur le droit des sociétés, la Commission cherche toujours en vain le soutien des États membres. En 1980, elle appuie in extremis la proposition de Henk Vredeling, avant le départ

---

[9] Reconnue comme la voie légitime des multinationales américaines actives en Europe et comme l'un des lobbys les puissants à Bruxelles grâce notamment à la qualité de ses réseaux d'information, l'AmCham, comme on l'appelle, a ouvert un bureau belge dès 1948.

[10] Barisi, G., « L'évolution des comités d'entreprise européens, enquête auprès des groupes français », in *Travail et Emploi*, n° 79, 1999, p. 82.

de celui-ci, laquelle concerne l'information et la consultation des travailleurs des entreprises à structure complexe, en particulier transnationale[11]. Cette proposition est positivement accueillie par la CES. L'un des secrétaires de la CES, Ernst Piehl, se réjouit que « l'aspect positif le plus important est le caractère de "contrainte" que la CEE a choisi comme première – et jusqu'ici seule – instance internationale, afin de faire valoir le droit des travailleurs »[12]. La CES voit dans la directive Vredeling la traduction d'une partie de ses revendications et un complément nécessaire aux codes de bonne conduite adoptés par les instances internationales comme l'OCDE et l'OIT qui sont loin d'être la panacée. Les résultats des pratiques volontaristes ne sont guère convaincants.

Sans surprise, les employeurs se montrent défavorables au projet même si plusieurs fédérations patronales, dont celle du patronat allemand, ne voient guère de raisons de s'y opposer farouchement. En revanche, les multinationales américaines vont déployer une grande action de lobbying pour combattre cette directive pour dénoncer son objectif, ses hypothétiques bénéfices sur le plan économique et son impact général sur les relations industrielles[13]. La mise en place de sous-commissions traitant de secteurs spécifiques s'appuyant sur la participation de 70 firmes et de près de la moitié des membres de l'AmCham constituera le moment fort de cette action contre la directive dans la première partie des années 1980.

Relayant les préoccupations de ses membres, l'UNICE dépose une résolution en février 1981 manifestant son opposition au projet et l'Organisation internationale des employeurs en fait de même au mois de mai critiquant ce qui est considéré comme un facteur de réduction de l'autorité des chefs d'entreprise[14]. La nécessité d'une intervention communautaire ne se justifie pas pour l'UNICE et pour le monde patronal en général. Aux yeux des employeurs, la directive envisagée est

---

[11] Vandamme, F., « La proposition de directive du 24 octobre 1980 de la Commission des Communautés européennes sur l'information et la consultation des travailleurs des entreprises à structure complexe », in J. Vandamme, *L'information et la consultation des travailleurs dans les entreprises multinationales*, IRM, 1984, pp. 167 et suiv.

[12] Archives Confédération européenne des syndicats, Amsterdam (désormais ACES), dossier 2200, comité exécutif du 8 décembre 1980.

[13] Le commissaire européen Ivor Richard qui a succédé à Vredeling va défendre la directive aux États-Unis en mars 1982. On est alors en pleine campagne patronale contre ce projet. Statement of EEC Commissioner Ivor Richard to U.S. Chamber of Commerce in Washington. D.C. (31 mars 1982), reprinted in European Community News, n° 7, 1982. Voir http://aei.pitt.edu/12196/1/12196.pdf.

[14] Position de l'UNICE sur la proposition de directive relative à l'information et à la consultation des travailleurs dans les entreprises à structure complexe, en particulier transnationale, 19 février 1981.

fondée sur une interprétation erronée des responsabilités des dirigeants des sociétés. Elle présente en outre un caractère discriminatoire par la séparation qu'elle induit entre les entreprises à structure complexe et celles qui ne comptent qu'une seule unité. Par ailleurs, elle crée une discrimination entre les entreprises multinationales opérant dans la CEE selon que la société mère soit établie dans la Communauté ou non[15]. Ce projet risque donc de déstabiliser les systèmes de relations industrielles nationaux et de menacer la compétitivité des entreprises opérant au sein de la CEE[16]. L'un des arguments qui revient le plus souvent dans le chef de l'UNICE lorsqu'il s'agit de politique sociale est la diversité des traditions nationales. La Communauté européenne ne doit dès lors pas prendre des initiatives dans ce domaine si ce n'est pour rendre le marché intérieur plus performant ou pour empêcher des formes inacceptables de concurrence.

Le patronat européen n'est pas le plus virulent dans cette affaire. Du côté des milieux d'affaires américains, le « by-pass », un système proposé dans la directive impliquant un pouvoir extraterritorial pour la Communauté face aux multinationales qui ont des filiales en Europe est considéré comme une « horreur ». Le système envisagé permettrait aux représentants des travailleurs de s'adresser directement à la direction de la société de tête du groupe s'ils n'obtenaient pas l'information adéquate. La Commission devra faire preuve de beaucoup de pédagogie et d'abnégation auprès des groupes d'intérêts américains pour montrer son caractère relativement neutre pour les multinationales américaines[17]. Le débat concerne peu les employeurs européens habitués pour la plupart à ces processus d'information et de consultation. Aux Pays-Bas et en Allemagne par exemple, les firmes composent depuis des années avec une législation nationale qui va dans ce sens. Le projet de directive ne contient donc pas d'éléments nouveaux ou controversés. Ce n'est pas l'avis du patronat américain. Et pourtant, en vertu de la législation de ce pays, beaucoup d'entreprises américaines sont tenues de rendre publiques des informations substantielles sur leurs activités internationales. Il est donc presque incongru que les multinationales s'opposent à un processus de consultation et d'information obligatoire alors que ce principe est bien établi et accepté en vertu de la législation américaine. L'enjeu va bien au-delà de la complexité de la législation proposée. C'est en fait

---

15 *Ibid.*

16 Plusieurs journaux relaient ce débat. À titre d'exemple, « Workers Have a Right to Know More… How Much More ? », *New York Times*, 3 octobre 1982, § 3, article 2 ou « Diese Informationspflicht gehi zu welt », *Frankfurter Allegemeine Zeitung*, n° 231, 4 octobre 1980, article 13.

17 Entretien avec Jean Degime, directeur général honoraire de la Commission européenne, 13 juillet 2010.

la peur que cette directive constitue un pas décisif vers l'internationalisation de la négociation collective qui s'exprime. Jusque-là, les syndicats n'avaient pas de droits légaux pour négocier au-delà de l'échelon national.

Quelques mois plus tard, la tactique patronale a quelque peu évolué. Le 26 octobre 1981, alors que la Commission et le Parlement européen apparaissent en désaccord sur les suites à apporter au projet de directive, l'UNICE qui doit compter avec des positionnements de fédérations nationales d'employeurs parfois divergents préfère temporiser après une phase de lobbying auprès des parlementaires européens. Elle adopte une position prudente dans l'attente de l'évolution du projet à la suite des amendements déposés[18]. Mais même si le projet a été amélioré dans le bon sens, les lignes directrices de l'OCDE restent plus que suffisantes aux yeux du patronat. Dans son action contre la directive Vredeling, le monde des affaires peut, il est vrai, compter avec un climat politique qui lui est favorable depuis le début des années 1980, ce qui laisse peu de marges de manœuvre aux syndicats. Le dossier s'enlise mais en février 1983, la Chambre de commerce international qui partage les vues de l'UNICE revient à la charge rappelant sa ferme opposition à la proposition originelle de la Commission de juillet 1981[19]. Elle veut éviter de toute évidence une orientation conduisant à la cogestion. La CCI démonte un par un les arguments présentés par la directive sur l'information prospective :

> la consultation avant que la décision finale ne soit prise, sur l'obligation d'une consultation obligatoire des salariés en cas d'introduction de nouvelles technologies ou sur la confidentialité des informations qui constitue l'un des éléments les plus controversés du projet dans la mesure où elle risque de mettre en danger des secrets industriels ou commerciaux[20].

Une campagne agressive est alors lancée depuis les USA avec l'appui du Congrès américain pour tuer dans l'œuf les propositions de la Commission[21]. Cette campagne n'est pas nécessairement vue positivement par les membres du comité européen de l'AmCham. Ils y voient un désastre en termes de relations publiques car de toute façon, la

---

[18] Note de W.A. Davison on the meeting of UNICE, Bruxelles, 26 octobre 1982.

[19] Elle annonce alors des membres dans 105 pays et territoires et 57 comités nationaux notamment présents dans les 10 États membres de la CEE.

[20] Chambre de commerce internationale, secrétariat économique, *Commission on multinational entreprises and international investments. ICC comments on proposed EEC directive on employee information and consultation*, 25 février 1983.

[21] Par exemple, le long courrier adressé au commissaire pour l'emploi, la politique sociale et l'éducation, Ivor Richard, lequel a succédé à H. Vredeling, par John D. Ingel, président du sous-comité « oversight and investigations commitee on Energy and Commerce, » le 3 mars 1983.

proposition Vredeling a peu de chances d'être approuvée à l'unanimité par le Conseil des ministres en raison notamment de l'opposition de principe et du veto de la Grande-Bretagne et de la réticence du Danemark où l'on préfère la voie des conventions collectives, comme d'ailleurs l'avenir le démontrera. Cette offensive parfois rugueuse, tout en réveillant les craintes et positions contre les multinationales américaines du début des années 1970, mettra en évidence les différences de style.

B. Une relance avortée

De projets de directive en projets de directive dont aucun n'aboutit, le dossier semble enterré en 1982 et la CES en fait son deuil malgré une nouvelle version proposée par la Commission en juillet 1983 :

> Le « tournant conservateur » de ces derniers temps, qui a mis au pouvoir les gouvernements qui sont dans la majorité des pays membres de la CEE à droite, a eu aussi directement un effet sur le tour des négociations de la directive Vredeling. Ce tournant dans les rapports de force politique a simultanément facilité les pressions exercées par les groupes multinationaux et rendu plus difficiles les efforts des syndicats et de leurs amis politiques[22].

En mai 1986, le Conseil européen, à la suggestion de la présidence néerlandaise, gèle toutefois le dossier Vredeling jusqu'en 1989, appelant les partenaires sociaux européens à continuer de négocier durant cette période. Si le monde du travail a dû baisser pavillon face au patronat européen et américain ainsi que face au veto du Royaume-Uni dans son projet de construire un véritable contre-pouvoir syndical face aux multinationales, la question refait surface au travers de la Charte des droits fondamentaux des travailleurs à la fin des années 1980. En 1988, lors de son congrès de Stockholm, la CES relève l'anachronisme réel et infondé entre l'existence de droits nationaux assez développés en matière de participation et l'absence de règles sur le plan international et européen. Le Congrès revendique le droit des travailleurs et de leurs représentants de participer au processus décisionnel au niveau de l'entreprise ou du groupe et de nommer des représentants aux organes de supervision de la société. Une position que la CES va défendre jusqu'à l'adoption d'une directive dans les années 2000.

Les discussions sont relancées à l'initiative du vice-président de la Commission, Martin Bangeman qui avance une nouvelle proposition

---

22 AETUC, 2005, prise de position de la CES sur la proposition modifiée de la Commission, décision du comité exécutif, 14 octobre 1983. Cité par F. Petrini « Who'll stop the runaway shop ? The battle to regulate Multinationals' activities inside the EEC at the dawn of globalization », EUSA Twelfth Biennial International Conference, Boston, 3-5 mars 2011, Panel 11F : Interest Groups and European Integration until the SEA, *draft version*.

s'inscrivant dans le cadre de l'achèvement du marché intérieur. La volonté est de rendre applicable le statut SE à partir du 1er janvier 1992. Le projet ne comporte plus une forme de participation des travailleurs au conseil de surveillance jugée inacceptable par l'UNICE et qui ne fait pas consensus d'ailleurs au sein du monde syndical. Pour l'UNICE, il ne peut être question d'harmoniser les législations nationales. Les patrons les plus expérimentés réagissent positivement à l'insistance de la Commission sur la vigoureuse restructuration nécessaire pour rendre l'industrie européenne compétitive en vue de l'échéance de 1992. Mais plusieurs délégations patronales au sein de l'organisation patronale européenne provenant d'États membres qui n'ont pas de régime obligatoire de participation des travailleurs sont en faveur d'un renvoi au régime du pays d'établissement. Plus globalement, tous ne sont pas convaincus que le statut est indispensable à l'achèvement du marché intérieur. Ainsi, la table ronde des industriels réunie à Londres le 17 octobre 1988 réagit-elle avec de grandes réserves à la proposition en date de la Commission sur le statut SE et écrit en ce sens à Jacques Delors. Elle considère que la structure légale proposée n'offre pas de réels avantages dans la mesure où les entreprises ont appris à gérer les structures parfois complexes des systèmes légaux en vigueur sur le plan national. L'extension de la participation des travailleurs telle qu'envisagée par la Commission soulève de fortes réserves. Si la communication avec le personnel de l'entreprise est considérée comme étant d'une importance capitale, la meilleure façon de procéder est de le faire en fonction des circonstances individuelles. L'harmonisation de ces pratiques ne peut qu'apporter de sérieux risques à la compétitivité des entreprises. Le patronat européen met le contexte international et la compétitivité des entreprises en tête de l'agenda.

En 1991, trois propositions de directive sont mises à l'agenda en regard du Statut de la compagnie européenne. Mais cela sera à nouveau une occasion manquée. La création du Statut sera finalement entérinée par les États membres de l'UE lors de la présidence belge en décembre 2001 et la directive 2002/14 va établir un cadre général relatif à l'information et la consultation des travailleurs dans l'Union européenne. En fait, ce sont les États membres qui doivent déterminer les modalités d'application des principes énumérés dans la directive. Le modèle de la cogestion allemand longtemps prôné par la Commission n'a pas été retenu.

II. Le dialogue social européen de Val Duchesse à Maastricht

Une grande variété de formes de concertation sociale européenne entre les syndicats, les employeurs et la Commission ont caractérisé les

25 premières années de l'histoire de la Communauté. Ceci étant, dès le début de sa présidence de la Commission européenne en janvier 1985, Jacques Delors sollicite l'UNICE et la CES pour apporter leur contribution au projet de marché intérieur en gestation[23]. L'idée est en filigrane d'obtenir du côté des employeurs un appui pour contourner le veto britannique en matière sociale. Tout au long de cette année 1985, la Commission, sous la conduite de son président, anime des rencontres avec les partenaires sociaux. Celles-ci ont d'ailleurs commencé bien avant l'installation officielle de la nouvelle Commission. Il s'agit d'un changement de cap après des années où l'on a un peu tourné en rond. Les interlocuteurs sociaux sont désormais en présence d'un projet d'ensemble. La mise en place de ce dialogue reçoit les faveurs de l'UNICE qui ne veut plus revivre la période précédente marquée par un trop grand activisme social de la Commission. « La Commission, dans la deuxième moitié des années 1970 et la première moitié des années 1980, tentait de faire passer une quantité de directives dans le domaine social, à tel point que cette période fut qualifiée par le patronat comme "à l'époque de l'ingénierie sociale"[24]. »

Le dialogue social impulsé dans le cadre de Val Duchesse à partir de 1985 produit dans un premier temps des avis communs avant de jouer un rôle surtout dans l'aide à la décision pour les dirigeants communautaires. Lors d'une première réunion organisée le 31 janvier 1985, le menu du jour est ambitieux, à savoir une réflexion sur les évolutions d'ensemble de la Communauté. La dynamique est lancée et un ensemble de rencontres se succède au cours de l'année 1985, pour lesquelles la Commission fournit matière à réflexion avec les principaux commissaires qui investissent de leur personne pour faire aboutir la démarche. Ainsi, Manuel Marin, le nouveau commissaire espagnol aux affaires sociales rédige le 26 novembre 1985 un texte intitulé « Suivi du dialogue social de Val Duchesse. Document sur l'organisation des travaux ». Ce document fixe le cadre des discussions de Val Duchesse (nombre, composition et fonctionnement) ainsi que les mandats des groupes de travail. Un certain nombre de thèmes de travail sont proposés par la Commission. En avril 1986, l'ancien dirigeant syndical et futur ministre-président des Pays-Bas, Wim Kok sollicité en ce sens par Jacques Delors en juin 1985 remet un rapport à la Commission. Il est

---

[23] Par la suite, le dialogue social européen associera deux autres organisations interprofessionnelles issues des rangs des employeurs. Il s'agit du Centre européen des entreprises à participation publique et des entreprises d'intérêt économique général (CEEP), et de l'Union européenne de l'artisanat et des petites et moyennes entreprises (UEAPME).

[24] Discours de Carlos Ferrer, président de l'UNICE, à l'occasion des avis communs du Dialogue social européen à la Cofindustria, Rome, 5 juin 1991. Cité dans Arcq, E., *op. cit.*, p. 24.

intitulé « Aspects sociaux de l'introduction des nouvelles technologies et propositions en vue de l'approfondissement du dialogue social. »

Le but est d'arriver entre partenaires à des conclusions communes, à des accords possibles entre ceux-ci. Les réalités sectorielles et interprofessionnelles sont au cœur des discussions comme les mutations technologiques. Deux groupes de travail menant des travaux en parallèle sont constitués : l'un débute ses discussions sur le thème de l'introduction de nouvelles technologies dans l'entreprise qui va fonctionner jusque 1995 et produire sept avis communs sur l'ensemble de la période ; l'autre porte sur les politiques macroéconomiques menées dans les différents États. Le 6 novembre 1986, ce dernier groupe aboutit ainsi à un premier avis commun concernant « la stratégie de coopération pour la croissance et l'emploi »[25]. Ceci étant, l'idée de constituer un groupe de direction composé de responsables de « haut niveau » un temps envisagé n'aboutit pas.

Le 7 mai 1987, une troisième réunion au sommet est conviée par le président Delors à la suite de l'adoption des avis communs sur « la stratégie de coopération pour la croissance et l'emploi » et sur « la formation et la motivation, l'information et la consultation ». Cette nouvelle réunion au Palais d'Egmont aborde la question fondamentale qui est celle des destinataires des avis communs. Dans ce cadre, la réponse de l'UNICE et celle de la CES divergent fondamentalement en la matière. Pour la CES, il est essentiel de donner un prolongement juridique à l'article 118B de l'Acte unique entré en vigueur en 1987 pour donner un cadre communautaire aux relations industrielles, principalement au niveau des secteurs, des branches et des entreprises transnationales. Le but poursuivi est de poser les fondations d'un système communautaire de relations industrielles avec une négociation collective européenne fixée comme horizon lointain mais bien réel et d'assurer la promotion du dialogue social au plan communautaire. Ce n'est pas du tout l'approche de l'UNICE qui ne veut pas de négociations sur le plan communautaire. Elle ne souhaite pas donner force légale aux avis communs et entrer dans une logique de résultats concrets et immédiats. Le décalage important qui semble exister entre l'UNICE et son secrétaire général, Zygmunt Tyszkiewicz, tient au souci de ce dernier de limiter l'impact du dialogue social sur les intérêts des employeurs en prenant une part active à son organisation. Or, certains patrons sont prêts à aller de l'avant ne fut-ce que pour infléchir le programme d'action de la Commission européenne qui fait suite à la Charte des droits fondamentaux des travailleurs de 1989. C'est du moins ce que semblent

[25] Didry, Cl. et Mias, A., *Le moment Delors, les syndicats au cœur de l'Europe sociale*, Bruxelles, PIE Peter Lang, 2005.

indiquer des prises de position de Lord Pennock (Confederation British Industry) et d'André Leysen (Fédération des entreprises belges) ou encore de personnalités comme Stelios Argyros, président de l'Union des industriels grecs (GIG), Carlos Ferrer, l'une des grandes figures du monde patronal espagnol et de Karl Gustav Ratjen, président du Bundesvereinigung der Deutschen Arbeitgeberverbände (BDA) qui devient président de l'UNICE en 1989. Elles montrent une ouverture à des réformes dans le cadre communautaire.

A. D'expérimentations en expérimentations

Les acteurs du dialogue social ne vont se rallier que progressivement à la conception de la construction européenne sous-entendue par les initiatives de la première Commission Delors. Les premiers débats font aussi office de tribune pour des positionnements de nature politique notamment sur le libéralisme économique et sur la dimension sociale du marché intérieur. On discute de l'organisation concrète d'un marché à l'échelle communautaire et européenne. À l'issue d'une première expérimentation, avec la production de trois avis communs, le dialogue social européen devient lui-même l'enjeu des débats, en se situant tant à l'égard de l'entité sociale européenne émergente qu'à l'égard des initiatives législatives qui pourraient la consolider. C'est par exemple le cas pour le projet de statut de la société européenne de 1989[26]. Le travail législatif communautaire sur la Charte des droits fondamentaux des travailleurs de 1989 s'inscrit également dans ce cadre.

Une session plénière du dialogue social réunit quelque quatre-vingts participants issus des syndicats et patronats ainsi que de la Commission européenne, le 12 janvier 1989. Cette rencontre au sommet se déroule à nouveau sous la présidence de Jacques Delors au Palais d'Egmont en l'absence de représentants des syndicats grecs, irlandais et luxembourgeois. Au niveau du fond, on en reste à des généralités mais la forme et l'esprit sont importants et donnent un reflet particulier à ce sommet. Le problème du chômage sert de toile de fond et la nouvelle commissaire pour les affaires sociales, Vasso Papandreou, annonce que la Commission va réaliser chaque année un rapport sur l'emploi. Comment les partenaires sociaux analysent-ils ce sommet ? Interrogé à l'issue du sommet, le vice-président du CNPF évoque un esprit général « formidablement bien ». Jean Jaspar, secrétaire général de la CFDT, parle d'une « étape importante » dans la voie permettant de donner « une visibilité sociale à l'Europe ». Mais pour les représentants syndicaux, il faut que la perspective de négociations apparaisse à l'horizon. Ernst Breit, président de la CES et du DGB allemand, tout en reconnaissant le progrès qui vient

---

[26] *Ibid.*, p. 194.

d'être accompli, maintient les revendications syndicales de conclusion d'accords-cadres européens et de législation commune. L'issue de cette réunion doit tendre à ce que les futurs avis communs ne constituent pas la fin du processus mais au contraire, le début d'une démarche devant conduire à des instruments légaux. Concrètement, des concessions patronales sont obtenues. Il en va ainsi de la création d'un groupe de pilotage au niveau politique qui aura pour mission de « donner une impulsion permanente au dialogue social et d'évaluer les avis communs dégagés dans le cadre du dialogue social et leurs prolongements possibles ». Il est prévu que ce comité s'empare des questions de l'éducation et de la formation ainsi que des perspectives d'un marché européen du travail. Aucun sujet ne semble être tabou.

Mieux, l'UNICE accepte, le patronat britannique se démarquant par ses silences, que syndicats et patronats puissent évaluer les prolongements possibles de leurs avis communs. Mais tout n'est pas réglé pour autant. Zygmunt Tsyzkiewicz, le secrétaire général de l'UNICE, estime qu'une bonne compréhension des possibilités du dialogue social et de ses limites est acquise. Mais il y a encore de grandes divergences comme sur la démocratie industrielle et la participation des travailleurs qui restent un problème pour l'industrie dans de nombreux États membres selon le secrétaire général de l'UNICE. Et puis, conclut Zygmunt Tsyzkiewicz, « l'Europe sociale bien sûr on la veut, mais il faut la payer […] sans entraver notre compétitivité »[27].

Lors d'une nouvelle rencontre le 4 octobre 1989, les attentes de l'UNICE et de la CES ne semblent toujours pas converger. Si en janvier 1990, un nouvel avis commun sur le thème de l'éducation et de la formation professionnelle est produit, au printemps 1990, le dialogue social n'avance que péniblement et sur le plan sectoriel, il ne décolle même pas. Dans le cas de la métallurgie, les fédérations patronales de ce secteur se déclarent soit incompétentes en matière sociale, soit refusent ce genre de dialogue, étant obligées de se mettre au plus petit commun dénominateur de leurs membres. Du côté syndical, la Fédération européenne des métallurgistes (FEM) à l'initiative de CO Metal (Danemark) tente d'ouvrir un dialogue avec certains industriels de la Table ronde, jugés plus indépendants et, éventuellement plus ouverts que les fédérations d'industrie. L'idée est de débattre de thèmes aussi variés que l'emploi, la formation professionnelle et continue, l'utilisation de la technologie, l'Europe de l'Est. Wisse Dekker, le président de l'ERT,

---

[27] Tyszkiewicz, Z., « UNICE : the voice of European business and industry in Brussels – a programmatic self-presentation », in Dieter Sadowski and Otto Jacobi (eds.), *Employers' associations in Europe : policy and organizations* (Baden Baden, Nomos Verlagsgesellschaft), 1991, pp. 85-101.

répond par une fin de non-recevoir estimant que la question n'est pas du ressort de l'ERT.

Le 31 janvier 1991, lors d'une nouvelle réunion au sommet, le problème de la consultation des partenaires sociaux à un stade préalable à la rédaction des textes de la Commission est soulevé. La CES entend garder une capacité de critiques et veut avancer vite et sur des propositions significatives. De son côté, le président Delors se déclare d'accord de revenir à des négociations bilatérales rapides s'il s'aperçoit que l'une des parties, l'UNICE en l'occurrence, cherche à ralentir les travaux. Sur le dialogue social, Jacques Delors ne cache pas ses critiques sur le manque de résultats concrets. Quant au droit aux congés-formation, le président de la Commission considère que les partenaires sociaux doivent aller plus vite que la loi. Enfin, sur le marché européen du travail, des actions très concrètes pourraient être décidées pour les régions transfrontalières. La législation ne peut pas se substituer « à l'impuissance des syndicats » selon Jacques Delors. Celui-ci jette une pierre dans le jardin des organisations syndicales : « Vous devez assumer votre rôle et imposer par vos propres moyens une part de vos objectifs syndicaux. »

B. Un accord historique entre partenaires sociaux

L'accord du 31 octobre 1991 représente une contribution décisive au Conseil des chefs d'État et de Gouvernements pour la réforme du traité sur le rôle des partenaires sociaux dans la construction communautaire. La capacité à conclure cet accord constitue le saut qualitatif demandé par la CES depuis la fin des années 1980. Cette reconnaissance de la légitimité des partenaires européens du Dialogue social et l'institutionnalisation de l'information et de la consultation préalable des partenaires sociaux sur toutes les initiatives de la Commission les concernant marquent un changement important. Elles les intronisent comme de véritables acteurs du processus de décision sur le plan institutionnel, même si le patronat ne cache pas ses réticences à ce sujet.

Le dialogue social pouvait constituer pour ses promoteurs une alternative au développement d'un droit communautaire du travail directement liée à l'autorité politique des institutions européennes que les milieux économiques ne pouvaient accepter. Il a surtout permis entre 1985 et 1991 aux acteurs de se connaître, de s'apprivoiser et de déposer la rhétorique du discours idéologique pour chercher un compromis. Cela conduira à légitimer les acteurs sociaux européens comme partie autonome de la production de normes sociales. Sur un plan plus opérationnel, il a suscité surtout à la fin des années 1980 une réflexion anticipatrice sur les effets économiques et sociaux induits par la dynamique du grand marché et a permis d'identifier quelques enjeux centraux à solutionner[28]. Il a aussi été un révélateur des faiblesses organisationnelles sur le plan interne des acteurs sociaux européens comme la CES et l'UNICE. Ces deux organisations vont d'ailleurs au début des années 1990 revoir leur fonctionnement interne afin de mieux se structurer face aux défis posés par l'ouverture des frontières de 1993[29].

L'Acte unique a étendu le vote à la majorité qualifiée dans des domaines clés pour les entreprises et insuffisants selon les syndicats, ce qui conduit à des changements dans la manière d'agir des groupes de pression qui ne peuvent plus se contenter de convaincre leur ministre national :

> des alliances doivent dès lors se former sur chaque question séparément. Il est aujourd'hui essentiel pour les entreprises d'identifier ces alliances et de chercher à influer sur leur composition, ce qui implique une action et une coordination internationales [...]. L'ensemble des fédérations doit d'abord aboutir à une position « européenne » commune sur le problème en question, puis organiser et coordonner son lobbying, à Bruxelles et dans chaque pays, en fonction de cette position commune[30].

---

[28] Goetschy, J., « Le dialogue social européen de Val Duchesse : un premier bilan », in *Travail et Emploi*, n° 47, 1, 1991, p. 50.

[29] Pour la CES, voir Dolvik, J.E., *An Emerging Island ? : ETUC, Social Dialogue and the Europeanisation of the Trade Unions in the 1990s*, Bruxelles, ETUI, 1999, pp. 178 et suiv. Concernant l'UNICE, on peut se référer à Wilts, A., « Europeanization and means of interest representation by national business associations », in *European Journal of Industrial Relations*, 2001, 7, pp. 269-286. Voir également le point de vue de l'un des principaux acteurs : Tyszkiewicz, Z., « National members and their European Union associations », in Justin Greenwood (ed.), *The effectiveness of EU business associations*, Basingstoke, Palgrave, 2002, pp. 171-181.

[30] Tyzskiewicz, Z., *Social policy after Maastricht : the point of view of European employers*, texte inédit, Bruxelles, Union of Industrial and Employers' Confédération of Europe, 1992, p. 11. Cité dans Arcq, E., « L'UNICE et la politique sociale européenne », in *Courrier hebdomadaire du CRISP*, n° 1400, 1993. p. 18.

Alexandre Lamfallussy et la création de l'Euro

Ivo Maes

Alexandre Lamfalussy a exercé une influence notoire sur le processus d'intégration monétaire et financière de l'Europe. Sa renommée est née surtout des fonctions qu'il a exercées en tant que premier président de l'Institut monétaire européen, précurseur de la Banque centrale européenne, puis comme président du « Comité des sages », qui a opéré un important remaniement réglementaire des marchés financiers européens (Maes, 2007).

La création, le 1er janvier 1994, de l'Institut monétaire européen (IME), précurseur de la Banque centrale européenne, fut une étape cruciale de l'intégration monétaire européenne. L'élaboration d'une politique monétaire unique pour les pays de la future zone euro devint la principale préoccupation des banquiers centraux européens, qui, jusqu'alors, avaient mis leurs efforts sur la stabilité des taux de change dans le cadre d'accords monétaires européens tels que le serpent monétaire et le système monétaire européen.

Le présent document analyse les travaux d'Alexandre Lamfalussy sur l'intégration monétaire européenne. Lamfalussy a poursuivi une triple carrière : banquier commercial, banquier central, et chercheur. Nous allons retracer cette carrière et passer en revue ses opinions sur l'intégration monétaire européenne. Nous nous attarderons tout spécialement sur ses contributions au rapport Delors ainsi qu'à l'Institut monétaire européen.

La formation de Lamfalussy

Premiers travaux universitaires

Alexandre Lamfalussy naît le 26 avril 1929 à Kapuvár, en Hongrie. Il entame des études d'économie à l'école polytechnique de Budapest. En 1949, il se réfugie en Belgique, où il poursuit ses études à l'Université catholique de Louvain.

Louvain est à l'époque l'un des hauts lieux de l'économie dans le monde francophone. L'Institut des sciences économiques s'est forgé une réputation internationale dans les années 1930, obtenant notamment des subventions de la Fondation Rockefeller. Léon-H. Dupriez y est, dans les années 1950, la figure dominante. C'est un éminent spécialiste de l'analyse des cycles conjoncturels au sens large, c'est-à-dire de l'interaction entre la croissance et différents types de cycles de la vie économique, avec l'accent sur les différents secteurs de l'économie. La vision économique de Dupriez présente deux facettes bien spécifiques. Premièrement, il appuie son analyse sur un important volume de données empiriques (en s'attachant aux méthodes statistiques descriptives, ainsi qu'aux graphiques et tableaux). Deuxièmement, il n'est pas partisan de nouvelles écoles de la pensée économique, comme l'économie keynésienne. Lamfalussy devient l'assistant de Dupriez pour l'analyse des cycles et participe aux réunions mensuelles de l'Institut en compagnie de responsables du monde industriel. Le fondement qui caractérise l'approche empirique de Dupriez va à son tour marquer la manière dont Lamfalussy voit l'analyse économique.

Lamfalussy se rend à Oxford pour y réaliser son doctorat, qui porte sur les investissements et la croissance dans la Belgique de l'après-guerre. Il enseignera également à l'Université de Yale, où il sera professeur invité au cours de l'année universitaire 1961-1962. Dans ses premiers travaux théoriques, Lamfalussy s'intéresse à la théorie de la croissance et des investissements, et plus particulièrement aux profils de croissance dans l'Europe de l'après-guerre (Maes, 2009). Il insiste sur les cercles vertueux (ou vicieux), en vertu desquels une croissance plus soutenue des exportations favorise les investissements, qui à leur tour renforcent la productivité et les investissements et, partant, les exportations. Aujourd'hui encore, Lamfalussy est considéré comme l'un des principaux protagonistes de l'approche keynésienne de la croissance tirée par les exportations (Crafts et Toniolo, 1996, p. 12).

De l'origine des convictions européennes chez Lamfalussy

Alexandre Lamfalussy a toujours été un pro-européen convaincu. Dans *The United Kingdom and the Six*, il reconnaît sans ambages ce « jugement de valeur » : « Je suis convaincu que le Marché commun est une bonne chose, que le 1er janvier 1958 marque un tournant dans l'histoire de l'Europe occidentale » (Lamfalussy, 1963, p. ix).

Au cours de ses études à Louvain, Lamfalussy rejoint le « Cercle européen » et les « Nouvelles équipes internationales » (le mouvement démocrate-chrétien européen), en compagnie de plusieurs amis, dont Émile Koutny, Émile Quevrin, Fernand Herman (qui deviendra membre du Parlement européen), Hugues Leclercq et Albert de Schaetzen. L'intégration européenne est pour eux une conviction très profondément ancrée. Elle revêt une dimension particulière pour Lamfalussy, qui vient de traverser le rideau de fer pour fuir la Hongrie. Ces hommes se demandent réellement ce qu'ils peuvent faire. Ils sont convaincus qu'il faut faire voler en éclats les barrières qui divisent l'Europe. Ils voient en l'intégration européenne un incitant pour sortir l'économie de la stagnation. Outre l'important motif économique, il y a une dimension culturelle évidente dans le sentiment de partager un héritage culturel commun.

Lamfalussy participe par ailleurs à une réunion des « Nouvelles équipes internationales » à Sarrebruck, ville chargée de symboles de par sa situation sur la frontière franco-allemande (une expression manifeste de la volonté des participants d'inclure l'Allemagne dans l'intégration européenne). Kaiser (2007, 302) affirme que l'objectif des démocrates chrétiens est de créer un « État-nation européanisé, apaisé et intégré dans un système constitutionnel supranational ». Leurs idées émanent de leur identité confessionnelle et régionale commune et de leur opposition à « l'État-nation libéral et socialiste centralisé ». Le projet d'intégration européenne a, dans une large mesure, été façonné par les démocrates chrétiens, des hommes politiques tels que Schuman, Adenauer et de Gasperi jouant un rôle de tout premier plan.

Lamfalussy est également influencé par Dupriez, qui a participé à des études pour le compte de la Haute Autorité de la Communauté européenne du charbon et de l'acier. Dupriez était également membre du Groupe de recherches sur les conditions et les conséquences sociales du progrès technique présidé par Jean Fourastié (Dupriez, 1960). Il avait, dans ce cadre, réalisé plusieurs études sur les industries du charbon et de l'acier. En tant qu'assistant de Dupriez, Lamfalussy s'investit donc aussi professionnellement dans des études sur l'intégration économique européenne.

La première carrière d'Alexandre Lamfalussy comme banquier commercial

Une carrière de banquier commercial

Durant l'été de 1955, revenu d'Oxford, Lamfalussy commence à travailler à la Banque de Bruxelles, la deuxième banque commerciale belge. Il y débute sa carrière en qualité d'économiste au département des études économiques, pour devenir par la suite le conseiller économique de la banque en 1962. De 1965 à 1970, il occupe le poste d'administrateur, et de 1971 à 1975, il est président du conseil d'administration.

Fort de son expérience de banquier commercial, Lamfalussy développe une expertise des marchés financiers qui demeurera une caractéristique constante de son analyse. Toutefois, en 1974, alors qu'il est à la tête de la Banque de Bruxelles, des traders qui ont pris d'importantes positions de change non couvertes font subir à l'établissement de lourdes pertes (Moitroux, 1995, 217). À la fin de 1975, Lamfalussy démissionne de la banque.

Au cours des années qu'il passe à la Banque de Bruxelles, Lamfalussy oriente ses recherches vers les questions monétaires et financières. En partie sous l'influence de Triffin, il s'intéresse aux questions monétaires internationales et européennes. Il prône le renforcement de la liquidité internationale et la création d'une banque centrale internationale. À la fin des années 1960, il admet qu'une flexibilité accrue des taux de change est inévitable. Au cours de la période 1963-1965, il devient membre du Comité Segré, institué par la Commission européenne pour étudier l'intégration des marchés de capitaux au sein de la CEE (CEC, 1966). Il prend également part à des réunions d'une série de groupes sur la réforme du système monétaire international, dont le célèbre groupe Bellagio, où siègent également Roy Harrod, Harry Johnson, Peter Kenen, Fritz Machlup, Robert Mundell, Jacques Rueff, Robert Triffin, Tibor Scitovsky et Pierre Uri.

Premiers ouvrages sur l'intégration monétaire européenne

Dans *The United Kingdom and the Six*, Lamfalussy estime que la CEE a transformé le cadre de politique macroéconomique des pays de la Communauté. Il se montre optimiste quant à l'avenir de la CEE et est d'avis qu'il pourrait être plus facile de répondre aux déséquilibres de paiements au sein de la Communauté avec le nouveau cadre institutionnel mis en place par la CEE. Il affirme que l'on peut éviter l'ajustement asymétrique et ainsi rétablir les déséquilibres des balances des paiements :

> Si l'on parvient à persuader les pays en excédent d'accroître leur demande intérieure pendant que les pays en déficit réduisent la voilure dans leur propre économie, il y aura moyen de restaurer l'équilibre sans perturber trop sérieusement le taux de croissance de l'ensemble de la Communauté. Nous ne savons pas quel degré de réussite atteindra la coordination des autorités de la Communauté ; mais il ne fait pas de doute que l'existence de rouages administratifs et d'un cadre institutionnel (qui ont déjà fait leurs preuves dans d'autres domaines) améliorera la capacité de la zone à faire face à de tels problèmes (Lamfalussy, 1963, 131)[1].

[1] Ce point de vue est plutôt optimiste. L'ajustement asymétrique et le partage de la charge de l'ajustement allaient être des thèmes-clés dans les débats sur l'intégration monétaire européenne lors des décennies suivantes, tout comme ils le sont encore aujourd'hui. Ce point de vue était toutefois en accord avec certaines des idées prévalant à l'époque.

Lamfalussy est partisan d'un renforcement de l'intégration monétaire. Il est très en phase avec le plaidoyer de Triffin en faveur d'un fonds de réserve européen.

> *A fortiori*, la mise en place d'institutions monétaires communes pourrait se révéler fort utile pour faire face aux éventuels problèmes de balance des paiements de la Communauté. Par exemple, la mise en commun de réserves d'or et de change permettrait de renforcer considérablement la capacité de la CEE à résister à des récessions induites par les exportations (Lamfalussy, 1963, 131-132).

Lamfalussy adopte toutefois une position plus équilibrée que celle de Triffin, non seulement en faveur de l'intégration monétaire, mais soutenant également qu'il faut une coordination des politiques : « la condition préalable à une mise en commun réussie des réserves est la coordination efficace des politiques économiques »[2].

Première tentative d'Union monétaire en Europe

Au sommet de La Haye de décembre 1969, l'UEM devient un objectif officiel de la Communauté européenne. Le rapport Werner d'octobre 1970 présente un premier projet. Toutefois, en raison notamment des chocs pétroliers et des turbulences qui secouent alors le système monétaire international, le dossier n'avance que très peu au cours des années 1970. Lamfalussy cherche lui aussi des pistes pour faire progresser l'intégration monétaire européenne.

En septembre 1971, Lamfalussy donne une présentation pour le Forum financier belge sur l'intégration monétaire européenne. Plaidant sa cause en invoquant ses « sentiments de banquier », il rejette un système de taux de change flottants, principalement parce qu'il y voit une source d'incertitude, et de laxisme en matière de politiques économiques : « J'avoue très humblement qu'alors que tous mes instincts et tous me raisonnements d'économiste me poussent vers un système de taux de change flottants, et que j'y vois une grande logique, tous mes instincts de banquier me poussent exactement dans l'autre sens » (Lamfalussy, 1971, 15).

Annonçant la thèse de l'impossible triangle[3], Lamfalussy fait valoir que l'intégration monétaire s'inscrit dans la logique du processus d'intégration européenne.

---

[2] Ce plaidoyer en faveur d'une symétrie entre les dimensions monétaire et économique se retrouve tout au long des travaux de Lamfalussy.

[3] La thèse de l'impossible triangle, selon laquelle il est impossible de combiner la libre circulation du capital et des taux de change fixes avec une politique monétaire autonome, est assez répandue parmi les représentants des ministères des Finances et les banquiers centraux au cours de la seconde moitié des années 1980 (Maes, 2002, 148).

En même temps, l'intégration économique exige aussi la liberté complète des mouvements financiers. Et la coexistence des deux : la fixité et la rigidité des taux de change (sans aucune marge, ou alors très limitée) d'une part, et la liberté des mouvements de capitaux d'autre part, équivaudrait pratiquement à l'intégration monétaire. *Par conséquent, nous devons postuler l'établissement d'un système de parités fixes au sein de la Communauté* (Lamfalussy, 1971, 15, en italiques dans le texte).

Lamfalussy se rend bien compte que l'environnement international, sous l'instabilité accrue des taux de change et l'insistance des gouvernements en faveur de leurs propres objectifs stratégiques nationaux, ne se prête guère à l'intégration monétaire européenne. Il sait par ailleurs que l'union monétaire ne sera viable que moyennant d'importantes modifications du cadre de politique économique, ce qui implique un gouvernement économique européen centralisé, et donc d'énormes transferts de souveraineté : « Il ne suffit pas d'harmoniser les politiques conjoncturelles, il ne suffit pas d'harmoniser les moyens d'assurer la fiscalité – ce sont là des choses très importantes, mais c'est insuffisant. Il faut créer un marché financier unique, il faut instaurer un gouvernement central avec prélèvements fiscaux et dépenses sociales unifiés » (Lamfalussy, 1971, 20)[4].

Ainsi, Lamfalussy est convaincu que l'intégration monétaire doit s'accompagner de progrès en matière de coordination des politiques économiques, une position relativement équilibrée dans le débat opposant les monétaristes aux économistes. Toutefois, dans sa conclusion, il adopte plutôt la fuite en avant, favorisant une approche monétariste :

> À partir de l'intégration monétaire, ... [une fois] que les taux de change deviendront de plus en plus stables, que les marges commenceront à diminuer, eh bien, on sera engagé dans le processus. Et c'est à ce moment-là qu'on devra exécuter les changements institutionnels. Pourquoi ? Parce que c'est à ce stade qu'on sera littéralement condamné à réussir, qu'on sera forcé de réaliser ces changements ; qu'on se trouvera devant des situations de déséquilibre interne dans la balance des paiements qui mettront en route ces modifications institutionnelles ; que la vie économique elle-même créera les contraintes, les obligations, qui briseront les résistances (Lamfalussy, 1971, 22).

---

4 En réponse à une question, Lamfalussy indique également que ses idées sont très proches de celles du rapport Werner : « Je crois que le plan Werner est un plan qui ne dit pas entièrement ce qu'il implique. Et peut-être cela vaut-il mieux ainsi. Mais je crois que l'instauration progressive d'une certaine fixité des taux de change est tout de même une idée du plan Werner. Ce qui n'y est pas, si vous voulez, ce sont les conséquences fondamentales sur le plan institutionnel. Et je crois [...] que c'était peut-être une bonne chose de ne pas le dire aussi clairement. Mais il n'y a pas, me semble-t-il, de différence tellement frappante entre l'optique du plan Werner et la mienne » (Lamfalussy, 1971, 23-24).

Le facteur déterminant est que Lamfalussy ne peut se résoudre au statu quo. Il veut progresser dans le processus d'intégration européenne, qui répond chez lui à une conviction très profonde : « Je n'accepte pas le statu quo, … je crois que l'Europe a dans son destin d'être unifiée, que ce sera une bonne chose pour les Européens et aussi pour le reste du monde. C'est une vérité difficile à démontrer, mais c'est en tout cas un acte de foi de ma part » (Lamfalussy, 1971, 21).

Le projet d'UEM et les tempêtes monétaires des années 1970

En août 1974, Lamfalussy présente l'exposé introductif de la séance consacrée à l'intégration monétaire et budgétaire lors du congrès de l'Association économique internationale à Budapest. Les temps sont durs pour l'intégration monétaire européenne.

Fort de son expérience de banquier commercial, Lamfalussy critique l'accord de taux de change européen, le fameux « serpent monétaire » :

> Personnellement, j'ai toujours pensé qu'un tel accord était quelque peu fallacieux, en ce qu'il a donné à tous les acteurs du marché l'illusion de la stabilité. L'objectif consistait, bien entendu, à réaliser une véritable stabilité, mais cela ne peut pas se faire en s'appuyant sur un accord qui limite les évolutions *continues* des taux de change tout en laissant la voie libre aux mouvements *discontinus*, et éventuellement substantiels, de parité. Si je me suis privé de couverture à terme et que je subis une perte de change parce que le cours pivot du mark allemand est réévalué par rapport au franc belge, cela ne me consolera guère de savoir que cette réévaluation n'a pas enfreint les règles du serpent monétaire (Lamfalussy, 1976, 219).

L'exposé présenté par Lamfalussy tourne autour de la question de savoir si la Communauté européenne constitue une zone monétaire optimale ou non. Lamfalussy doit admettre que plusieurs conditions pour la création d'une zone monétaire optimale ne sont pas remplies. Lamfalussy plaide en faveur de réformes structurelles visant à créer les conditions structurelles qui permettront d'établir une zone monétaire[5].

Lamfalussy à la BRI

La BRI et les Banques centrales européennes

En janvier 1976, Alexandre Lamfalussy entre à la Banque des règlements internationaux, à Bâle, comme conseiller économique et chef du département monétaire et économique. Il y est directeur général de

[5] Lamfalussy ne tient pas à une approche monétaire parallèle, du type de la proposition « Europa » (lettre à Magnifico, 30 juin 1976, archives de la BRI 7. 18(15) LAM 7/Fo 18).

mai 1985 à la fin de 1993. Créée en 1930, la BRI sert de forum de coopération entre les banques centrales (Toniolo, 2005). La BRI offre aux banques centrales trois services principaux : des travaux de recherche dans le domaine des paiements internationaux et du contrôle prudentiel, un lieu propice pour tenir régulièrement des réunions discrètes, et un bras financier (particulièrement important sur le marché de l'or). Dans l'après-guerre, la BRI a été l'un des principaux centres de coopération monétaire internationale. À ce titre, elle a contribué à la longévité et au succès du système de Bretton Woods.

À la BRI, Lamfalussy est aux premières loges pour observer le système monétaire international et européen. Il participe aux réunions des gouverneurs du G10, y compris lorsqu'il s'agit de dîners informels[6]. Il faut dire que ces dîners donnent lieu aux discussions les plus franches et confidentielles qu'il soit entre les gouverneurs des banques centrales du monde entier. En outre, du début à la fin du processus d'intégration monétaire européenne, la BRI a fourni des services aux banques centrales de la Communauté européenne. Lamfalussy est également invité à participer aux réunions du Comité des gouverneurs de la CEE. Avec le soutien du département monétaire et économique de la BRI, il présente des analyses de la conjoncture économique et monétaire, en situant, comme à son habitude, les évolutions du moment dans un cadre analytique plus large.

Un thème crucial discuté au sein de la BRI au début des années 1980 est la forte appréciation du dollar des États-Unis, alimentée par les différences de dosage macroéconomique (*policy mix*) entre l'Europe et les États-Unis. Lamfalussy (et avec lui de nombreux autres banquiers centraux) allait en être profondément marqué. Il y voit de bonnes raisons de ne plus se fier aux taux de change flexibles dans la lutte contre les déséquilibres de balances de paiements. En outre, les événements de l'époque montrent les risques de ces déséquilibres, en particulier sous la forme de fortes menaces protectionnistes[7].

Lamfalussy et le SME

En prenant part aux réunions du Comité des gouverneurs des banques centrales de la CEE, Lamfalussy suit évidemment de très près les débats sur l'intégration monétaire européenne. Il participe d'ailleurs

---

6 Le dîner informel, qui avait lieu le dimanche soir avant les réunions officielles, était la réunion la plus exclusive des banques centrales. Il y avait treize participants : les « onze » gouverneurs du G10, ainsi que le directeur général et le conseiller économique de la BRI.

7 Durant les années qu'il passe à la BRI, Lamfalussy fait également la connaissance de très nombreux banquiers centraux européens, ce qui constituera un énorme avantage lorsqu'il sera responsable du recrutement à l'Institut monétaire européen.

avec son équipe aux préparatifs de la mise en place du nouveau Système monétaire européen[8].

Lamfalussy estime qu'il y a des relations étroites entre le système monétaire international et le processus d'intégration monétaire européenne. Il se met dès lors en devoir de souligner les interactions entre les fluctuations du dollar et les problèmes des taux de change européens :

> si l'on regarde l'histoire des tentatives d'intégration monétaire dans la Communauté, on constate que la faiblesse du dollar a joué régulièrement un rôle destructeur. Les échecs de ces tentatives tiennent certes aux divergences entre les États membres, mais ces divergences ont été exacerbées par la faiblesse du dollar, qui produit des effets différenciés sur les économies européennes (procès-verbal de la 120e réunion du Comité des gouverneurs, 11 avril 1978, NBBA).

Au départ, Lamfalussy est relativement sceptique quant à l'incidence de la création du SME. Dans un article consacré aux répercussions du SME sur le système monétaire international, qu'il a préparé pour la Commission trilatérale, Lamfalussy dit craindre que le rôle de l'écu ne reste limité. Selon lui, l'utilisation de l'écu ne peut se généraliser que si le Fonds monétaire européen « joue le rôle d'une véritable banque centrale européenne » (Lamfalussy, 1979, 7).

Le temps passant, Lamfalussy devient plus optimiste quant au SME. Il observe que les réalignements transforment le SME en « parité glissante », mais que ce n'est pas forcément un « échec pour le SME » :

> En effet, dans la mesure où cela reflète les écarts d'inflation et maintient les taux de change réels entre les monnaies participantes, cela évite le gros problème du système des taux flottants généralisés, à savoir les très larges écarts par rapport aux variations des parités du pouvoir d'achat que l'on peut observer dans les cas du dollar et du yen, par exemple (procès-verbal de la 175e réunion du Comité des gouverneurs, 12 avril 1983, NNBA)[9].

Lors d'une conférence en l'honneur de Robert Triffin au début des années 1990, il fait valoir que le SME a présenté un équilibre judicieux entre la contrainte des taux de change et la flexibilité des taux de change :

---

[8] Ainsi, lorsque les discussions sur l'éventualité de relier les monnaies européennes à un panier de monnaies ont démarré durant la seconde moitié des années 1970, il a demandé à un membre du personnel de la BRI, Günter Baer (qui allait devenir rapporteur au Comité Delors), d'examiner cette question (un résumé de l'article a été publié plus tard sous le nom de Baer, 1979).

[9] Lamfalussy joue également un rôle important en coulisse. Il traite par exemple du fonctionnement du SME lors d'un déjeuner avec Édouard Balladur, alors ministre des Finances français, au cours de l'hiver de 1985. Lamfalussy invoque le rôle protecteur du SME pour l'industrie allemande en périodes de faiblesse du dollar (Lettre à E. Balladur, 2 décembre 1985, BISA, 7.18(15), LAM4/F12).

> La flexibilité a été suffisante pour éviter des fluctuations des taux de change réels d'une durée et d'une ampleur qui auraient pu provoquer l'effondrement du Système. Par ailleurs, l'existence même d'un engagement ferme et univoque en matière de taux de change a lourdement pesé sur le comportement des intervenants du marché du travail ainsi que sur les politiques nationales, et les fluctuations des taux de change nominaux ont dès lors été limitées (Lamfalussy, 1993, 41).

Il affirme en outre que « l'efficacité de la politique monétaire menée pour lutter contre les pressions exercées sur les taux de change est supérieure, et les coûts d'une telle action moins élevés, dans un régime de parités fixes mais ajustables que dans un système de taux flottants ». La raison décisive, pour Lamfalussy, tient à la manière dont les anticipations de taux de change se forment : « Avec les taux flottants, en l'absence de tout ancrage, les anticipations s'emballent. Nous avons appris à nos dépens que l'influence modératrice d'une spéculation stabilisatrice dans le chef des intervenants de marché était un vœu pieux » (Lamfalussy, 1993, 42)[10].

Il convient également de remarquer que Lamfalussy a défendu la promotion du rôle international de l'écu au sein du Comité des gouverneurs :

> Le système monétaire international ne retombera probablement pas sous la domination totale du dollar (même si ce dernier pourrait de loin en loin arriver à se réaffirmer) ou de l'or. Dès lors, le système de monnaies de réserve multiples devrait être conservé, voire étendu. C'est une question sur laquelle les positions des États membres ont varié au fil des ans… L'approche communautaire pourrait être de promouvoir l'utilisation internationale de l'écu. Cette possibilité n'a pas encore été débattue de manière approfondie (procès-verbal de la 162e réunion du Comité des gouverneurs, 12 janvier 1982, NBBA).

Contributions au rapport Delors

Comme les réunions du Comité Delors se tiennent à la BRI à Bâle (après les réunions du Comité des gouverneurs de la CEE) et qu'Alexandre Lamfalussy est directeur général de la BRI, le Comité Delors est *de facto* son invité. L'un de ses collaborateurs, Günter Baer, est rapporteur au Comité, tout comme Tommaso Padoa-Schioppa. La

[10] Lamfalussy voit dans le SME une occasion de rassembler les banquiers centraux européens pour qu'ils apprennent à se connaître, cette proximité constituant une condition *sine qua non* du succès du projet d'UEM.

BRI offre par ailleurs une série de services au Comité Delors, et notamment un secrétariat[11].

Si Lamfalussy ne figure pas, à l'inverse de Jacques Delors ou de Karl-Otto Pöhl, parmi les protagonistes du Comité Delors, il y joue néanmoins un rôle intellectuellement stimulant, dans le droit fil du travail fourni pour le Comité des gouverneurs de la CEE. Assisté de collaborateurs de la BRI, il apporte trois études de référence : une description du fonctionnement du marché bancaire de l'écu (Lamfalussy, 1988), une étude sur la politique monétaire durant la deuxième phase de l'UEM (Lamfalussy, 1989b) et une sur la coordination des opérations de politique budgétaire et de politique monétaire.

Aux yeux de Lamfalussy, la coordination des politiques budgétaires « semble être un élément essentiel de toute union économique et monétaire européenne » (Lamfalussy, 1989a, 93). Et il y voit deux grandes raisons. La première se rapproche de ses préoccupations quant au *policy mix* sur la scène monétaire internationale : « la détermination d'une politique budgétaire globale d'une manière qui soit suffisamment réactive face aux impératifs domestiques et internationaux en évolution ». La deuxième annonce « les règles contraignantes pour la politique budgétaire » du rapport Delors lui-même, à savoir la nécessité « d'éviter des tensions découlant de différences excessives entre pays membres en matière de financement du secteur public ».

Cet article s'accompagne d'une longue annexe analysant l'expérience d'États fédéraux et de la CEE. Elle épingle la particularité de la CEE, puisque le budget communautaire est nettement moins élevé. Pour Lamfalussy, les conséquences sont considérables :

> La combinaison d'un budget communautaire réduit et de budgets nationaux élevés et déterminés de manière indépendante amène à conclure qu'en l'absence de coordination budgétaire, la politique budgétaire globale de l'UEM serait le résultat fortuit de décisions prises par les États membres... Dès lors, le seul outil macroéconomique global disponible au sein de l'UEM serait la politique monétaire commune mise en œuvre par le système bancaire central européen (Lamfalussy 1989a, 101).

Lamfalussy en tire deux conclusions désagréables :

> Même dans une économie fermée, cela serait une perspective peu séduisante, dans la mesure où cela ferait courir le grave danger d'un dosage inapproprié des politiques budgétaire/monétaire et de pressions tendant à faire

[11] Lamfalussy se lie plus particulièrement avec Delors à l'époque où ce dernier est président de la Commission européenne et participe aux réunions du Comité des gouverneurs de la CEE. Comme Lamfalussy est chargé, en sa qualité de directeur général de la BRI, de l'organisation des dîners, il s'arrange souvent pour que Delors soit son voisin de table.

dévier la politique monétaire de son objectif à long terme, qui est de préserver la stabilité des prix. Mais une telle situation s'avérerait encore moins tolérable dès lors que l'UEM serait considérée comme faisant partie intégrante de l'économie mondiale et serait clairement contrainte de coopérer avec les États-Unis et le Japon pour essayer de préserver (ou de rétablir) un niveau acceptable de balances extérieures et de stabiliser les taux de change (Lamfalussy, 1989a, 101).

Alors que cet article accorde plus d'importance à la dimension externe que la plupart des analyses effectuées par des banques centrales[12], il est bien accueilli par les gouverneurs des banques centrales, parce qu'il rejoint le souhait unanime de soumettre la politique budgétaire à plus de contraintes afin de réaliser une politique monétaire réellement indépendante.

Premier président de l'Institut monétaire européen

Le 1er janvier 1994, Alexandre Lamfalussy, âgé alors de près de 65 ans, devient le premier président de l'Institut monétaire européen nouvellement créé. Le processus de l'UEM est alors en proie à des turbulences dans le sillage de la crise du SME de 1992-1993 et du processus laborieux de ratification du traité de Maastricht (Maes, 2002). Pourtant, la deuxième étape de l'UEM débute comme prévu le 1er janvier 1994, et l'IME est créé à la date convenue. Lamfalussy en restera président jusqu'au 30 juin 1997.

Les tâches de l'IME sont globalement de deux ordres : il s'agit d'une part de renforcer la coordination des politiques monétaires des États membres de l'UE, et d'autre part d'organiser les préparatifs de la phase finale de l'UEM, en particulier pour la conduite de la politique monétaire unique et l'introduction de la monnaie unique.

À l'époque, l'une des grandes questions en suspens concerne le scénario concret du passage à la monnaie unique. La problématique est très complexe et délicate, puisqu'elle touche le système bancaire, les marchés financiers, les entreprises et le grand public. La Commission européenne publie en mai 1995 un « Livre vert » qui focalise l'attention sur le sujet. L'IME publie son scénario en novembre 1995 (IME, 1995). Les documents de la Commission et de l'IME constituent la base du scénario finalement adopté par le Conseil européen de Madrid en décembre 1995. Le Conseil de Madrid prend des décisions capitales : il arrête la date du 1er janvier 1999 pour le lancement de la troisième étape,

[12] Comme on l'a déjà dit, Lamfalussy avait été fortement marqué par la vive appréciation du dollar des États-Unis au début des années 1980, due notamment au dosage des politiques aux États-Unis.

choisit la dénomination « euro » pour la future monnaie unique, et adopte le scénario de passage à la monnaie unique.

Le scénario proposé décrit trois phases distinctes : la première commence au moment où le Conseil européen décide quels pays satisfont aux critères de convergence. La création de la Banque centrale européenne constitue à cet égard un événement crucial. La deuxième débute au 1er janvier 1999, avec l'avènement de l'euro comme monnaie officielle, les monnaies nationales devenant des subdivisions non décimales de l'euro. Elle se termine par l'introduction des billets et pièces en euros. Dès le début de cette période, les taux de change entre les pays participants sont irrévocablement fixés, et c'est la BCE qui mène la politique monétaire unique en euros. En outre, les pays participants émettent leurs nouveaux emprunts en euros. L'objectif du scénario est de créer une « masse critique » afin que les marchés financiers passent à l'euro. La troisième période, qui commence le jour où les billets et pièces de monnaie d'euros sont mis en circulation, doit être bouclée en six mois tout au plus.

Les décisions prises au Sommet de Madrid renforcent la confiance dans le processus de l'UEM. Elles marquent par ailleurs le moment où la communauté financière internationale commence à prendre le processus de l'UEM au sérieux.

Pendant ce temps, l'IME s'attache également à préparer la politique monétaire unique. Toutefois, puisque, selon les termes du traité de Maastricht, la politique monétaire unique incombe à la BCE, les décisions officielles ne peuvent être prises que dans la seconde moitié de 1998. Aussi l'IME se charge-t-il, pour la conduite de la politique monétaire unique, de préparer la stratégie de même que les instruments de la politique monétaire. Il s'agit par ailleurs de mettre sur pied le cadre réglementaire, organisationnel et logistique requis. La tâche est ardue, non pas uniquement pour des raisons techniques, mais parce que le sujet est également délicat sous l'angle politique, puisqu'il touche la compétitivité des différents marchés et établissements financiers. *Last but not least*, l'IME prépare les billets en euros.

Dans une série de discours et d'articles, Lamfalussy aborde également les avantages et les coûts de l'UEM. Il estime que l'UEM permettra des bénéfices substantiels, mais reconnaît que cela implique aussi des coûts. Il souligne que pour s'assurer « des bénéfices nets importants et durables », les pays doivent, avant d'entrer dans l'UEM, assurer une convergence macroéconomique durable et améliorer le fonctionnement de leurs marchés du travail.

Fidèle à ses opinions de longue date sur les taux de change, Lamfalussy fait valoir que l'un des avantages capitaux de l'UEM serait de supprimer le risque de graves déséquilibres des taux de change réels. À son avis, l'UEM devrait stabiliser les taux de change réels,

> la fixité des taux de change nominaux s'accompagnant d'une égalisation des taux d'inflation : dans un marché unique doté d'une politique monétaire unique, les gros écarts d'inflation entre les « régions » ne sont tout simplement pas viables. Naturellement, les hausses de salaire peuvent différer, mais uniquement dans la mesure où elles se justifient par des écarts de croissance de la productivité. Sans cela, les lois du marché écartent ipso facto la région inflationniste du marché unique (Lamfalussy, 1998)[13].

Cela dit, Lamfalussy souligne également qu'il faut encore, pour faire fonctionner l'UEM, d'importants ajustements au niveau des politiques. L'un des domaines à prendre à bras le corps est celui de la politique budgétaire :

> sur le plan budgétaire, les déficits enregistrés en 1996 dans la plupart des États membres ont été largement supérieurs à l'objectif défini par le traité, et ce en dépit des efforts d'assainissement consentis. Les ratios d'endettement agrégés ont continué d'augmenter [...], la politique d'assainissement s'appuie encore trop sur l'augmentation des recettes et pas assez sur la modération des dépenses. En outre, l'on a assisté à des mesures ponctuelles, qui ne sauraient contribuer à une convergence durable (Lamfalussy, 1997).

Mais pour Lamfalussy, le premier défi concerne le marché du travail.

> Comme je l'ai déjà fait remarquer, la flexibilité des salaires et des prix est essentielle pour faciliter l'ajustement économique à différents types de chocs qui peuvent, à un moment ou à un autre, frapper l'une ou l'autre économie au sein de l'UE. Avec ou sans l'UEM, les politiques en matière d'emploi doivent être au centre des préoccupations des décideurs politiques européens. Les derniers chiffres en matière d'emploi dans l'Union sont lamentables… Ils nous rappellent à quel point il est important, dans tous les États membres, de maintenir la modération des coûts du travail, et de renforcer les réformes du marché du travail, y compris en matière de régimes fiscaux et de sécurité sociale. Car il va de soi que le redressement de la productivité ne suffira pas à lui seul à résoudre les problématiques structurelles profondes dont souffre l'emploi. Il est permis d'être optimiste à cet égard, dans la mesure où le regain de concurrence que va créer l'UEM, conjugué au marché unique, constituera un terrain fertile pour ceux qui prônent la déréglementation du marché du travail et la réforme des modalités de négociation salariale.

---

[13] Rétrospectivement, toutefois, il convient d'admettre que les déséquilibres de la balance des paiements et les questions de compétitivité n'ont pas fait l'objet de suffisamment d'attention dans le cadre de la gouvernance économique de l'UEM. Cela constituera également un facteur important dans la crise de la zone euro au tournant des années 2010.

Dans l'allocution qu'il a prononcée au terme du mandat d'Alexandre Lamfalussy à la tête de l'IME, son successeur Wim Duisenberg a magnifiquement résumé la contribution de Lamfalussy :

> L'un de vos maîtres atouts a été de réussir à combiner la nature typiquement conservatrice et prudente du banquier central, obsédé par les questions de fond, avec une foi inébranlable en l'intégration monétaire européenne… Vous n'avez jamais cru qu'un véritable marché unique pourrait à long terme être compatible avec un système de taux de change quasi flottants. Tout au long des trois années et demie de votre mandat, vous avez agi comme un missionnaire dévoué de l'UEM et, plus largement, de l'intégration européenne. À ce titre, vous êtes parvenu à convertir une partie au moins des banquiers centraux européens qui doutaient. Et comme tout bon missionnaire, vous avez également répandu la parole de l'UEM auprès du monde extérieur.

Alexandre Lamfalussy a exercé une influence notoire sur le processus d'intégration monétaire européenne. Sa renommée est née surtout des fonctions qu'il a exercées en tant que premier président de l'Institut monétaire européen, précurseur de la Banque centrale européenne.

Nous avons exposé dans le présent article une analyse de la pensée de Lamfalussy et de sa contribution à l'intégration monétaire européenne de 1961 à 1997. Ce fut une période de bouleversements, marquée en particulier par le rapport Werner, les turbulences monétaires des années 1970, le Système monétaire européen, le rapport Delors, le traité de Maastricht et la création de l'Institut monétaire européen.

Lamfalussy a mené trois carrières : banquier commercial (à la Banque de Bruxelles de 1955 à 1975), banquier central (à la BRI de 1976 à 1993, puis à l'IME de 1994 à 1997) et chercheur. Ses premiers travaux théoriques s'inscrivent dans la tradition keynésienne. Ils portent sur la théorie de la croissance et de l'investissement, et sur le schéma de la croissance dans la Belgique et l'Europe de l'après-guerre, en particulier sous l'angle des cycles vertueux et vicieux. Plus tard, Lamfalussy, qui, à l'instar de Tobin, est resté sceptique quant au fonctionnement des marchés financiers, devient le maître architecte de l'approche macroprudentielle adoptée par la BRI. Sa conception des marchés financiers s'étend à ses idées sur les marchés des changes et témoigne une profonde méfiance à l'égard des systèmes de taux de change flottants.

Sous l'influence notamment de Triffin, Lamfalussy s'intéresse rapidement aux questions monétaires internationales et européennes. La forte appréciation du dollar des États-Unis au début des années 1980, alimentée par les différences de dosage macroéconomique (*policy mix*) entre l'Europe et les États-Unis, va le marquer profondément. Lamfalussy y voit de bonnes raisons de ne plus se fier aux taux de change flexibles dans la lutte contre les déséquilibres externes. D'autant que la flexibilité des changes entraîne des risques significatifs, en particulier sous la forme de fortes menaces protectionnistes.

Lamfalussy a toujours défendu le renforcement de l'intégration européenne, notamment mais non uniquement sur le plan monétaire. Au début des années 1960, il a favorisé la création d'un fonds de réserve européen sur la base d'une proposition de Triffin. Toutefois, dans le débat opposant les tenants du monétarisme à ceux de l'économisme, il a adopté une position plus équilibrée que Triffin, soulignant la nécessité de renforcer également la coordination des politiques. Comme le rapport Werner, il a défendu l'idée d'une évolution parallèle de l'union économique et de l'union monétaire. Ainsi, il a plaidé non seulement pour un système européen de banques centrales, mais aussi pour un gouvernement économique européen, impliquant d'importants transferts de souveraineté.

Lorsqu'il est à la BRI, de 1976 à 1993, il prend part aux réunions des gouverneurs du G10 et du Comité des gouverneurs CEE, au cœur des discussions sur le système monétaire international et l'intégration monétaire européenne. Lamfalussy a également fait partie du comité Delors. Dans une contribution très remarquée au sujet de la coordination des politiques budgétaires, il concluait que « la coordination des politiques budgétaires semble être un élément essentiel de toute union économique et monétaire européenne ». Cette position s'inscrivait dans la logique de sa vision de banquier central et défenseur de la symétrie entre unions économique et monétaire. En outre, la scène monétaire internationale du début des années 1980 avait clairement mis en lumière les menaces que représentaient pour l'économie mondiale d'éventuels déséquilibres en matière de dosage macroéconomique.

Du 1er janvier 1994 au 30 juin 1997, Alexandre Lamfalussy a été le premier président de l'Institut monétaire européen, précurseur de la Banque centrale européenne. Il y a joué un rôle crucial dans les préparatifs pour la phase finale de l'UEM, en ce qui concerne plus particulièrement la conduite de la politique monétaire unique et l'introduction de la monnaie unique. L'adoption par le Conseil européen de Madrid, en décembre 1995, du scénario concret du passage à la monnaie unique, grâce notamment au rôle crucial de l'IME et de Lamfalussy, a contribué de manière significative à renforcer la crédibilité du processus de l'UEM.

Le plaidoyer de Lamfalussy en faveur de l'intégration monétaire européenne tenait principalement à sa profonde conviction européenne, marquée par les dévastations de la Seconde Guerre mondiale et par le rideau de fer, et à sa méfiance à l'égard des taux de change flottants. Comme l'a fait observer Wim Duisenberg : « Vous n'avez jamais cru qu'un véritable marché unique pourrait à long terme être compatible avec un système de taux de change quasi flottants ».

Références

Archives : Banque des règlements internationaux, Bâle (BISA).

Banque nationale de Belgique, Bruxelles (NBBA).

Baer, G., 1979, « Some technical implications of pegging exchange rates against a basket of currencies », *The Economist*, 127, n° 3.

Crafts, N. & Toniolo, G., 1996, « Postwar growth : an overview », in N. Crafts & G. Toniolo (eds.), *Economic growth in Europe since 1945*, Cambridge, C.U.P., pp. 1-37.

Commission des Communautés européennes, 1966, *Le développement d'un marché européen des capitaux*, Rapport Segré, Bruxelles.

Dupriez, L.H., 1960, « Préface », in C. Reuss, É. Koutny & L. Tychon, *Le progrès économique en sidérurgie. Belgique, Luxembourg, Pays-Bas 1830-1955*, Louvain, Nauwelaerts.

Institut monétaire européen (1995), *Le passage à la monnaie unique*, Francfort, novembre.

Kaiser, W., 2007, *Christian Democracy and the Origins of the European Union*, Cambridge, C.U.P.

Lamfalussy, A., 1963, *The United Kingdom and the Six. An Essay on Economic Growth in Western Europe*, London, Macmillan.

Lamfalussy, A., 1971, *Le système monétaire international, l'intégration européenne et le régime des taux de change*, Centre d'études bancaires et financières, Cahiers des conférences, n° 183, pp. 3-28.

Lamfalussy, A., 1976, « Monetary and fiscal integration », in F. Machlup (ed.), *Economic integration worldwide, regional, sectoral*, London, The Macmillan Press, pp. 218-245.

Lamfalussy, A., 1979, « The possible consequences of the establishment of the European Monetary System (EMS) for the working of the international monetary system », Meeting of the Consultative Group on International Economic and Monetary Affairs in Bermuda, 17-19 février 1979, BISA, file 7.17 – Speeches.

Lamfalussy, A., 1988, « The ECU banking market », *Collection of Papers. Committee for the Study of Economic and Monetary Union*, Luxembourg, 1989, pp. 201-208.

Lamfalussy, A., 1989a, « Macro-coordination of fiscal policies in an economic and monetary union in Europe », *Collection of Papers. Committee for the Study of Economic and Monetary Union*, Luxembourg, janvier 1989, pp. 91-126.

Lamfalussy, A., 1989b, « A proposal for stage two under which monetary policy operations would be centralized in a jointly-owned subsidiary », *Collection of Papers. Committee for the Study of Economic and Monetary Union*, Luxembourg, janvier 1989, pp. 213-220.

Lamfalussy, A., 1993, « International Central Bank Co-operation : What It Can – and Cannot – Achieve », in A. Steinherr et D. Weiserbs (eds.), *Evolution of the International and Regional Monetary Systems, Essays in honour of Robert Triffin*, New York, St. Martin's Press.

Lamfalussy, A., 1997, « Securing the benefits of EMU », London School of Economics, 10 mars.

Lamfalussy, A., 1998, « Back to Fundamentals : Why a Monetary Union for Europe ? », in *Global Monetary and Economic Convergence*, On the occasion of the fiftieth anniversary of the Marshall Plan, Báger G. and Szabó-Pelsöczi M. (eds.), Ashgate, pp. 35-41.

Maes, I., 2002, *Economic Thought and the Making of European Monetary Union*, Cheltenham : Edward Elgar, février 2002.

Maes, I., 2007, *Half a century of European financial integration. From the Rome Treaty to the 21st century*, Préface de Ph. Maystadt, Bruxelles, Mercatorfonds.

Maes, I., 2009, « The young Lamfalussy : an empirical and policy-oriented growth theorist », *Revue bancaire et financière/Bank- en Financiewezen*, juillet 2009, vol. 73, n° 5, pp. 286-300.

Moitroux, J.-M., 1995, *Une banque dans l'histoire*, Bruxelles, BBL.

Toniolo, G. (avec la coopération de P. Clement), 2005, *Central Bank Cooperation at the Bank for International Settlements, 1930-1973*, Cambridge, Cambridge University Press.

Deuxième partie

Les politiques européennes et les problématiques du marché intérieur

L'Euro est-il un échec ?

Michel DÉVOLUY

Les Européens méritent mieux que la récession économique, la défiance envers les États partenaires et la faiblesse des ambitions pour un avenir commun. Face à une crise qui fragilise en profondeur la zone euro et qui fait resurgir, comme toujours en pareil cas, des peurs et des mouvements politiques radicaux, des réponses fortes s'imposent dans le court terme.

Trois directions sont identifiables : persister dans les politiques de rigueur, favoriser les replis nationalistes ou actionner une relance concertée.

La première a montré ses limites en termes de chômage, de croissance atone, de colères sociales, d'humiliations et de pressions peu démocratiques sur les États mal notés. La deuxième malmène le poids de soixante années d'histoire commune et néglige la densité de l'interdépendance des économies. Reste la troisième, la seule éligible selon nous.

Les appels à réaliser sans tarder une relance puissante s'expriment diversement. Certains sont indignés, d'autres sont atterrés, d'autres encore suggèrent un plan à la Roosevelt pour 2012. Ces protestations expriment des tonalités différentes et n'ont pas le même écho selon les États. Qu'importe. Elles vont toutes dans le même sens. Il s'agit de changer, et très vite, la matrice des politiques économiques actuelles. Les résultats des diverses élections nationales sont (et seront) déterminants en la matière. Mais le temps presse car la colère et le désenchantement grondent.

Pour engager une relance concertée, l'Europe doit se réapproprier les enseignements du keynésianisme plutôt que de rester calée sur un libéralisme obstiné. Il suffit d'ailleurs d'observer le déroulement de l'histoire économique et sociale depuis la crise de 1929 pour se convaincre du bien-fondé d'un interventionnisme massif pour contrer une grande récession.

Mais ce n'est pas tout. L'Europe souffre également de ne pas avoir pris toutes les dimensions *politiques* de la création d'une monnaie unique. En effet, l'euro implique une forme de fédération politique. Pour assurer la pérennité de la construction monétaire, il faut donc initier une méthode et un projet allant résolument dans ce sens. L'urgence provoquée par la crise ne doit pas occulter cette question de fond.

Une monnaie unique impose une politique monétaire unique. C'est pour cela que l'Europe a choisi, dans le traité fondateur de Maastricht, une BCE indépendante des pouvoirs politiques, focalisée sur la stabilité des prix. L'objectif est critiquable, mais l'impératif de l'unicité de la politique monétaire est incontournable. Cette indispensable cohérence institutionnelle fait défaut pour d'autres politiques nécessaires au pilotage de l'économie européenne.

Avec Maastricht, la politique de change de l'euro comme celle de la stabilité du système financier ne sont pas devenues uniques. Elles ont été partagées entre les États et l'UE. Il s'en est suivi des options molles qui tentent de ménager les souverainetés nationales et les ambitions des instances communautaires. Au total, rien de bien lisible et de fort. La politique de change de l'euro a été délaissée et les réformes sur la stabilité financière sont entravées par la variété des décideurs. Bref, l'Europe s'est mal armée pour affronter une crise.

De même, l'Europe n'a pas franchi le pas vers le fédéralisme budgétaire qui se traduit par un budget unique digne de ce nom et une vraie solidarité financière. Maastricht se contente d'édifier un mécanisme de surveillance multilatérale des finances publiques nationales. Ce choix contribue à désarmer la zone euro et les États en cas de crise économique majeure. La zone euro, avec une BCE indépendante et un budget dérisoire, n'a pratiquement aucun instrument à sa disposition. Chaque État se trouve amputé de la possibilité de combiner librement ses politiques monétaire et budgétaire en fonction de sa propre conjoncture économique. Ce *policy mix* interdit réduit les marges de manœuvre des États et place l'Europe dans un rôle punitif.

Par ailleurs, l'absence de solidarités financières entre des économies nationales hétérogènes mais qui restent souveraines conduit, tôt ou tard, à des écarts de taux d'intérêt (les *spread*) sur les dettes publiques. À partir de là, se déclenchent des phénomènes de contagion qui menacent l'ensemble du système monétaire et financier de la zone et qui, ensuite, se déversent sur la sphère réelle.

La zone euro en est à ce stade. Sa gestion face à la crise est entravée par le choix d'un libéralisme extrême qui refuse tout véritable fédéralisme budgétaire.

Naturellement, l'Europe a réagi, surtout depuis 2010. Les principales décisions sont connues : « Pacte pour l'euro plus, Mécanisme européen de stabilité, Paquet de six, Traité sur la stabilité la coordination et la gouvernance, Règle d'or, Paquet supervision financière, Directive sur le redressement et la résolution des défaillances d'établissement de crédit ». Même la BCE est allée jusqu'à s'engager sur des actions qu'elle qualifie de « non conventionnelles ». Mais comme toutes ces mesures sont en droite ligne des traités et de la doctrine libérale, elles sont insuffisantes et laissent les économies s'enfoncer dans la récession.

L'appel à l'urgence d'une politique de relance concertée pour l'ensemble de la zone euro ne doit pas nous divertir de la prise en compte du plus long terme. Si rien ne change en profondeur, c'est-à-dire si la question de l'intégration politique reste pendante, d'autres situations disruptives réapparaîtront inéluctablement. Revisiter le projet européen est devenu une impérieuse nécessité.

Le plus compliqué, et le plus enthousiasmant, est donc devant nous. Il s'agit de penser collectivement la zone euro d'après la crise. Nos réflexions admettent par conséquent une Europe à deux vitesses.

L'espace politique européen à dessiner sera celui des citoyens et des États. Jusqu'à maintenant, l'Europe semble lointaine. Elle est surtout identifiée à Bruxelles. En réalité, elle est dominée par l'intergouvernemental à travers la place de plus en plus écrasante du Conseil européen. Certes le Parlement européen est là, mais les choix stratégiques pour l'Europe résultent avant tout de la rencontre des chefs d'État et de gouvernement. L'Europe dépend ainsi beaucoup trop de la confrontation des personnalités au sein du Conseil européen et de leurs situations nationales respectives.

La préparation du futur de l'Europe doit contourner la centralité du Conseil européen, faire une plus grande place aux citoyens et poser des échéances claires. Pour fixer le cap, le prochain parlement européen, qui sera élu à la mi-2014, pourrait avoir pour mission de préparer un texte fondateur sur l'Europe politique. Ce texte de nature constitutionnelle serait soumis à référendum, le même jour, dans chacun des États membres, début 2015. Ainsi, les États choisiraient soit le cercle de l'euro et sa logique résolument fédérale, soit un second cercle qui refuse, pour le moment, l'intégration politique.

Une telle méthode offrirait un réel enjeu aux élections européennes et induirait probablement une forte mobilisation citoyenne tout au long de la campagne. De plus, les partis politiques seraient conduits à clarifier leurs positions sur une Europe politique.

Fixer des échéances ne suffit pas. Cette démarche entraînera l'adhésion des Européens et des États si, et seulement si, un projet attractif et fédérateur émerge. Pour convaincre, l'Europe politique devra apporter une plus-value tangible sur plusieurs grands thèmes tels que la croissance soutenable, la stabilisation conjoncturelle, la protection face à une mondialisation débridée, les biens publics européens, les services publics fédéraux, le budget et l'impôt européen, la convergence vers le haut des modèles sociaux nationaux, la mise en place d'un système bancaire et financier solide. Pour être complet, les politiques extérieures et de défense devraient être également abordées. Vaste programme ! Il n'est pas très éloigné de l'idée de sédimenter l'Europe grâce à une « planification fédératrice ».

Si l'ambition d'une fédération politique reste au stade de l'utopie, la zone euro se délitera lentement. Ce serait alors une piteuse issue au regard de l'histoire et des défis d'un monde en mouvement rapide. Pour être crédible et désiré, le chemin vers l'Europe fédérale que nous souhaitons passe par une étape indispensable en ce temps de crise aiguë. Il est urgent d'accomplir une relance économique concertée et ouvertement attentive à la situation sociale et aux respects des États. Sans ce sursaut, les Européens seront désenchantés et peu accessibles aux perspectives de dessiner un avenir commun.

L’accord sur le budget européen 2014/2020

La fin d’un (petit) suspense budgétaire ?[1]

Nicolas-Jean BRÉHON

Le Conseil européen des 7 et 8 février 2013 devrait se conclure sur un accord sur le prochain cadre financier pluriannuel (CFP) sur la période 2014/2020. Cet accord mettra un terme à dix-huit mois de négociation, quel est le compromis envisageable, sinon prévisible ? Quelles leçons tirer de cette négociation ?

I. Les étapes de la négociation : vers quel compromis budgétaire ?

Il s’agit du cinquième exercice de ce type[2] et la procédure est désormais bien rodée. Elle se déroule en cinq temps.

1. La proposition de la Commission

La négociation budgétaire a été lancée officiellement par une proposition de la Commission, le 29 juin 2011, ajustée en juillet 2012 après une révision des prévisions de croissance et la prise en compte de l’adhésion prochaine de la Croatie[3]. La Commission s’est montrée beaucoup plus crédible que lors de la préparation de l’actuelle CFP (2007/2013)[4] [3], en prévoyant un niveau de dépenses, certes plus élevé que ne le voulaient les principaux financeurs du budget, mais sans excès, à un peu plus de 1 000 milliards d’euros sur sept ans

---

1 Ce texte est paru initialement dans *Question d’Europe* n° 266 du 4 février 2013, édité par la Fondation Robert Schuman. Le directeur de la publication la remercie, ainsi que l’auteur de cette contribution, pour avoir accepté qu’elle soit reproduite dans le présent ouvrage.

2 Après les perspectives financières – appellation initiale – de 1988/1992, 1993/1999, 2000/2006 et le cadre financier pluriannuel de 2007/2013.

3 (COM [2011] 398 final) et sa modification en date du 6 juillet 2012 (COM [2012] 388 final.

4 La Commission avait alors présenté une proposition de niveau de dépenses qui correspondait à 1,24 % du RNB européen, soit le plafond maximal théorique fixé pour les ressources propres.

(1 033 milliards en crédits d'engagement – CE[5] – soit 1,05 % du RNB de l'UE en moyenne annuelle). Cette proposition s'accompagnait d'une forte hausse des dépenses de compétitivité, d'une légère augmentation des dépenses de cohésion et d'une stabilisation des dépenses agricoles, maintenues à leur niveau de 2013 sur la durée de la programmation, c'est-à-dire sans réévaluation avec l'inflation.

La Commission parvenait à contenir les CE et à tenir le seuil symbolique des 1 % en crédits de paiement (CP) grâce à une habilité de présentation consistant à multiplier les dépenses hors CFP, telles que les grands programmes d'investissements – GMES, ITER, etc. – ou le programme d'aide alimentaire aux plus démunis[6]. À budget inchangé, la révision des perspectives de croissance en Europe conduit toutefois la Commission à relever la part du budget dans le RNB européen (de 1,05 % à 1,08 % en CE).

2. La phase de négociation budgétaire entre États membres

La négociation budgétaire est une négociation entre États. Elle se déroule en trois temps.

– *Une phase de positionnement politique*. En décembre 2010, et avant même que la négociation budgétaire soit ouverte, cinq États – Allemagne, France, Royaume-Uni, Pays-Bas, Finlande – s'étaient positionnés sur le sujet en réclamant que « le niveau global [...] des crédits d'engagement soit fixé à un niveau compatible avec la stabilisation nécessaire des contributions budgétaires des États membres [...] avec une correction (sur la période) inférieure à l'inflation ». Malgré le souhait de la France de fixer un plafond inférieur à 1 % du RNB, aucun chiffre n'était alors mentionné.

– *Une phase d'observation*[7]. Avant les arbitrages politiques, la position budgétaire nationale tient compte de la contribution de l'État au budget européen, de sa contribution nette, des dépenses dont il bénéficie jusqu'à présent ainsi que des dépenses dont il pourrait bénéficier demain et, bien entendu, de la situation budgétaire de l'État. Sans nier la nécessaire solidarité entre États membres et les politiques qu'il convient de soutenir, chaque État a tendance à privilégier les rubriques qui lui assurent des retours (la PAC pour la France, la politique de cohésion

---

5 Les crédits d'engagements – CE – correspondent à des autorisations de dépenses, qui peuvent être échelonnées sur plusieurs exercices. Les crédits de paiements – CP – correspondent à des décaissements.

6 Les dépenses hors CFP atteignaient 28 milliards d'euros, sans compter les crédits du fonds européen de développement qui sont, depuis toujours, hors budget.

7 Cette phase commence par des échanges techniques entre ministères du Budget. La position officielle est présentée toutefois en Conseil des affaires générales par les ministres des Affaires européennes.

pour la Pologne, etc.) et à éviter une dégradation de son solde budgétaire vis-à-vis du budget européen[8].

– *Une phase de positionnement budgétaire.* Après cette phase d'observation, certains États ont exprimé, à l'été 2012 (après la proposition actualisée de la Commission), des positions de négociation beaucoup plus tranchées, des sortes de « lignes rouges » symboliques et intouchables. Quelques États refusaient catégoriquement de baisser les dépenses dont ils bénéficiaient jusqu'alors (la Pologne par exemple). Quelques-uns, parmi les contributeurs nets, demandaient soit des coupes (100 milliards) dans le montant du budget (demande du Royaume-Uni, de la Suède et de la Finlande), soit une limitation du budget en proportion du RNB (demande de l'Allemagne, de la Finlande et du Danemark). L'Allemagne fit alors connaître officieusement son objectif sur la période : 960 milliards d'euros « tout compris », au lieu des 1 033 annoncés par la Commission hors CFP.

3. Les propositions de compromis

Un compromis autour du CFP a pour but de trouver un équilibre entre, d'une part, une ambition politique européenne et une cohérence avec des engagements publics (stratégie 2020, compétitivité, relance, etc.), et, d'autre part, le maintien de dépenses historiques considérées par les États comme acquises et des contraintes budgétaires qui s'appliquent à l'Union comme dans les États. Les positions commençaient à se figer avec d'un côté « les amis de la cohésion », emmenés par la Pologne, et de l'autre les « amis du *better spending* » appellation aimable de ceux qui voulaient contenir le budget, animé par l'Allemagne.

Après une première tentative de la présidence tournante de l'Union (en l'espèce Chypre), la présidence du Conseil européen tenta un compromis. La présente négociation a été marquée par le rôle décisif qu'a tenu le président Herman Van Rompuy, président du Conseil européen. Le fait d'être libre de tout engagement national lui a permis de formuler une proposition budgétaire cohérente avec les discours politiques. La première proposition (dite HVR1) ramenait le montant du budget à

---

8 Un positionnement assez différent de la notion de 'juste retour'. Aucun État ne demande un 'équilibre budgétaire' avec des dépenses européennes dans l'État à hauteur de ses contributions au budget européen, en revanche, les États ne veulent pas de 'déséquilibre excessif' et se comparent volontiers entre eux, ils ne veulent pas qu'un État à prospérité comparable soit mieux loti qu'eux. Dans le passé, la France qui bénéficiait d'une position privilégiée en raison des retours de la PAC a été souvent prise à partie. La décision sur les ressources propres de 2007 qui fait reposer une grosse partie de la charge des rabais budgétaires sur la France a mis fin à ce décalage. La France compte aujourd'hui parmi les principaux contributeurs nets au budget européen.

973,1 milliards d'euros, alors même qu'il faisait remonter dans le CFP une partie des dépenses jusque-là en dehors. Cette proposition tablait sur une hausse des dépenses de compétitivité compensée par une baisse légère des dépenses agricoles (-20 milliards par rapport à la proposition de la Commission) et une baisse massive des dépenses de cohésion (-70 milliards). Devant le tollé de certains États membres, une nouvelle proposition dite HVR 2 ramenait les baisses des deux rubriques à -10 et -60 milliards pour un volume total de 971,8 milliards d'euros sur sept ans.

4. La phase d'arbitrage du Conseil européen

En marge de la procédure officielle prévue par le traité de Lisbonne (art. 312) qui prévoit une « procédure législative spéciale » – une adoption par le Conseil à l'unanimité après approbation du Parlement européen –, l'accord repose, de fait, sur un arbitrage décisif au plus haut niveau des États lors d'un Conseil européen dédié à cette négociation. L'accord est adopté par consensus, c'est-à-dire à l'unanimité sans vote explicite.

C'est cette dernière proposition HVR2 qui fut débattue et finalement rejetée au Conseil européen des 22 et 23 novembre 2012. Il y a une part d'affichage dans ce refus collectif. Les États veulent montrer qu'ils se battent jusqu'au bout, qu'ils ne cèdent pas. C'est aussi une occasion de retrouver des boucs émissaires et de renouer avec les vieux débats budgétaires (PAC contre recherche, le chèque britannique, le financement des rabais, etc.), parfaitement vains à ce stade de la négociation, mais utiles pour une communication interne. En réalité, l'accord était proche, imminent même. Mais la logique politique était plus forte. Il n'y eut pas d'accord. Deux pays – le Royaume-Uni et l'Allemagne – souhaitaient d'ailleurs toujours une baisse supplémentaire du budget.

Ces différentes étapes sont présentées dans le tableau en annexe préparé par la Commission des affaires européennes du Sénat.

II. Un accord prévisible

1. Quel accord possible ?

Le prochain Conseil européen va reprendre la négociation là où elle s'est terminée. Le socle est toujours la proposition HVR 2, ajustée à son tour pour tenir compte des blocages exprimés en novembre 2012, notamment de la part de l'Allemagne et du Royaume-Uni qui évoquent alors les gabegies de la Commission et l'hypothèse d'une sortie de l'Union.

L'accord est imminent. Outre une image désastreuse pour l'Union européenne, aucun État – sauf peut-être le Royaume-Uni – n'a intérêt au blocage. Ni les principaux bénéficiaires du budget, ni même les principaux contributeurs. En particulier ni l'Allemagne, car le dispositif sur les rabais dont elle bénéficie s'achève avec le cadre financier actuel, ni la France, car la forte association franco-allemande sur les questions budgétaires éclaterait et l'Allemagne obtiendrait alors une baisse radicale des dépenses agricoles chères à la France.

L'accord a toutes les chances de se faire sur les bases suivantes.

– Au niveau global, l'accord se fera vraisemblablement entre 965 et 968 milliards d'euros. L'Allemagne, le Royaume-Uni et quelques autres États contributeurs demandent une baisse du budget proposé (971,8 milliards). Ils l'obtiendront. À l'inverse, le seuil des 1 % du RNB, soit 960 milliards d'euros, marquerait trop l'influence de l'Allemagne qui, pour éviter d'être le gendarme de tous, doit se montrer conciliante. L'accord se fera entre les deux, à un niveau un peu inférieur à 1,01 % du RNB.

– Au niveau des rubriques, il faut économiser 5 à 8 milliards d'euros. Le Royaume-Uni exigera une baisse des dépenses administratives (-2 milliards). Le mécanisme pour l'interconnexion en Europe (MIE), assez peu défendu et doté de 41,2 milliards au sein de la rubrique compétitivité, sera revu à la baisse. Il y a très peu de marge sur les dépenses de cohésion. Le montant consacré aux régions en convergence est intouchable, ce serait un casus belli pour la Pologne. En revanche, la dotation affectée aux régions intermédiaires sera discutée ainsi que celle du fonds européen aux plus démunis, toujours très contesté par plusieurs États membres. La marge sur les dépenses agricoles paraît aussi quasi nulle et une baisse éventuelle du deuxième pilier serait symbolique. Il en va de même sur les dépenses extérieures.

– Comme pour le CFP 2007/2013, l'accord comportera inévitablement quelques dérogations, soit sur le financement (application de taux réduits de TVA, etc.) soit sur les dépenses avec des affectations de dotations spécifiques. L'unanimité est à ce prix. En application de cette « logique des cadeaux », l'accord sur le CFP 2007-2013 s'était traduit par quarante dérogations.

– Sur le financement, il y a peu de bouleversement à attendre à l'exception de l'avancée du projet de taxe sur les transactions financières, en coopération renforcée et d'un possible ajustement du calcul du rabais britannique, tout à fait modeste[9]. La révision des différents rabais

9 Selon la proposition HVR 2, il s'agit de faire participer le Royaume-Uni au financement de son propre rabais, en répartissant la charge du rabais entre 28 États membres – Royaume-Uni inclus – et non entre 27 – Royaume-Uni exclu.

(rabais britannique et « rabais sur le rabais » pour l'Allemagne, la Suède, les Pays-Bas et l'Autriche) n'est pas pour cette fois-ci.

2. Les suites

Le CFP, tel qu'il résultera de l'accord du Conseil européen, n'est cependant pas le cadre définitif. Aux termes de l'article 312 du traité sur le Fonctionnement de l'UE (TFUE), l'adoption du règlement final requiert l'approbation du Parlement européen. Pour obtenir cette approbation, le Conseil devra vraisemblablement accepter de rajouter quelques milliards (entre 3 et 4 milliards d'euros). Il en avait été ainsi lors de la précédente négociation[10].

Le Parlement européen avait certainement plus d'ambitions au départ. Il avait exigé de débattre du volet ressource en en faisant une condition de son approbation. La réforme sera de bien moindre ampleur que prévue, néanmoins, le projet de taxe sur les transactions financières, même seulement en coopération renforcée et avec une application décalée, crée une dynamique. L'influence du Parlement européen sur le volet dépenses reste très faible. Cette désillusion prévisible face au primat de la logique purement budgétaire sera compensée par l'ajout de dispositions qui permettront de faire oublier la déconvenue du Parlement. On peut s'attendre à ce qu'il exige – et obtienne – une révision du CFP à mi-parcours ou bien encore un engagement – ferme cette fois – des États sur une réforme du financement du budget.

Après ces ajustements budgétaires, le règlement définitif sur le CFP devrait être adopté entre avril et juin 2013. L'accord final devrait se situer un peu au-dessus de 1,01 % du RNB, en CE.

III. Les leçons de la négociation

1. L'effet de la crise

La spécificité de la négociation du CFP 2014/2020 réside dans le fait que les États ont débattu, avant tout, du montant global du budget et de leur contribution brute, ainsi que du montant des CE.

En temps de crise, c'est le montant global du budget qui compte plus que la répartition elle-même. Il ne faut pas oublier que, dès lors que le financement du budget repose principalement sur des contributions nationales prélevées sur les recettes fiscales des États membres, toute dépense européenne, *a fortiori* toute augmentation du budget européen,

---

[10] L'accord au Conseil européen du 19 décembre 2005 s'était conclu à 862,36 milliards d'euros pour 2007/2013. L'accord interinstitutionnel [Conseil/PE/Commission] du 11 mai 2006 avait été de 864,32 milliards d'euros.

pèse d'abord sur les comptes nationaux et sur l'équilibre budgétaire. Toute dépense européenne commence par un prélèvement sur les recettes fiscales des États. Ainsi, même les États bénéficiaires du budget, voire très bénéficiaires comme la Grèce, n'étaient pas opposés à un budget de rigueur. Contrairement aux cycles de négociation précédents, très focalisés sur les soldes nets, l'attention des États s'est concentrée sur leur contribution brute.

Les négociations antérieures avaient été centrées sur les CP – qui vont se traduire par des prélèvements sur les recettes fiscales nationales –, bien d'avantage que sur les CE qui relèvent plus de l'affichage politique. Le décalage qui en résulte – avec des CE manifestement gonflées par rapport aux CP – s'est traduit par des restes à liquider considérables (240 milliards d'euros). L'accord se fera cette année sur les CE. Le montant des CP sera encore plus contraint, autour de 0,98 %, de telle sorte que les contributions réelles des États membres seront stabilisées. La négociation du CFP 2014/2020 marque incontestablement la victoire de la logique budgétaire défendue par les États membres.

2. L'influence décisive des contributeurs nets

La notion de compromis est au cœur de la construction européenne. Dans le domaine budgétaire, il faut avoir la lucidité de reconnaître que le terme est inadapté. Il y a certes une part de compromis entre attentes différentes, mais il y a surtout le poids inégal des parties dans la négociation. L'influence des principaux contributeurs bruts et des principaux contributeurs nets[11] est déterminante. La voie du compromis réside moins dans un mix entre contraires que dans la façon de faire accepter par tous ce qui a été demandé – décidé ? – par quelques-uns.

La phrase est brutale, et même inacceptable, mais elle correspond aux faits. Tel un magicien de cabaret qui met une carte dans une enveloppe qu'il révèle à la fin, tout bon connaisseur du fonctionnement des finances européennes aurait pu mettre le chiffre sur le papier dès décembre 2010, avant même la proposition de la Commission. Pourquoi cette date ? Parce que les principaux États contributeurs avaient donné leur limite et que cette position a été entendue. Il en fut de même en 2005 lors de la négociation du CFP 2007-2013.

Peut-il en être autrement ? Quels sont les signataires de la lettre du 18 décembre 2010 ? Il s'agit de l'Allemagne (20 % du financement du budget en 2012, et une contribution nette de -9 d'euros en 2011), de la

---

11 La notion de contributeurs nets s'apprécie soit en volume, par le montant net versé [cas de l'Allemagne avec un solde net de –9 milliards en 2011, le plus important de l'UE], soit en proportion de la richesse du pays [cas de la Finlande ou des Pays-Bas avec un solde net de –0,36 % du RNB du pays, le plus élevé d'Europe].

France (respectivement 16,7 % et -6,4 milliards), du Royaume-Uni (12,1 % et -5,5 milliards), des Pays-Bas (4,8 %, et -2,2 milliards) et de la Finlande (1,6 % et -0,6 milliard). Soit au total de 55 % des ressources du budget et une contribution nette totale de 24 milliards d'euros (redistribués aux bénéficiaires nets via le budget européen). La limite a été donnée au départ par des États qui financent plus de la moitié du budget et qui représentent les ¾ des contributions nettes des États membres. Peut-on éviter qu'ils soient dominants dans la négociation ?

Si le quasi-blocage du Royaume-Uni est bien connu, la détermination allemande à contrôler le budget européen aura été très ferme dans la dernière phase de négociation. L'Allemagne prudente au départ, et refusant même de suivre la proposition française d'afficher un plafond de 1 % en début de négociation, fut l'un des pays les plus déterminés par la suite, le ministre allemand des Affaires européennes refusant qu'on « utilise abusivement leur argent ».

3. Un certain embarras français

Si tout se passe comme il est indiqué dans cette note, les deux États vainqueurs seront le Royaume-Uni et l'Allemagne. Les deux pays avaient un objectif clair : le premier voulait garder le rabais et le second limiter le budget. Ils obtiendront gain de cause. La France aura été embarrassée par le manque de priorité simple. Au temps de l'ancienne majorité, la France visait deux objectifs : limiter le budget et garder la PAC « à l'euro près ». La nouvelle majorité a gardé ces deux anciens objectifs en leur adjoignant deux nouveaux : majorer les fonds structurels au bénéfice des régions françaises (les régions dites « intermédiaires ») et orienter le budget vers la relance. En dépit de contorsions de présentation, il s'agit de priorités contradictoires. La France ne peut, tout à la fois, avoir autant pour la PAC, plus pour les régions et plus encore pour la compétitivité tout en limitant le budget européen.

Mais, dans cet éventail, les priorités n'ont pas le même poids. Il y a les priorités politiques, thématiques, officielles, et la priorité budgétaire et presque comptable, mais plus officieuse. La France est le pays de l'Union dont la dégradation du solde net a été la plus rapide de l'Union : autour de -2 milliards d'euros au début des années 2000, -6,4 milliards en 2011. Dès lors que la France ne pouvait renégocier le système de financement des rabais – une illusion bien naïve un temps caressée, la France craignait par-dessus tout une augmentation de sa contribution brute. Sans le dire trop ouvertement, la France est assez satisfaite de la tournure de la négociation budgétaire. D'abord, la France n'a pas eu à « défendre la PAC » comme elle pouvait le craindre. Elle n'est plus seule contre tous, loin s'en faut. Ensuite, un budget contenu à 1,01 % en CE, et encore moins en CP, lui donne la garantie que sa contribution au budget européen via son prélèvement sur recettes n'augmentera pas (19,6 milliards d'euros en 2013). Elle a d'ores et déjà un des prélèvements par habitant les plus élevés d'Europe (300 d'euros par habitant). Même si cela ne se dira guère, la priorité officieuse, budgétaire, l'a emporté sur les priorités officielles.

4. *L'évolution du budget européen : entre inertie et transformation lente*

La négociation budgétaire qui arrive à son terme peut laisser un goût d'amertume à tous ceux qui pensaient que ce serait une occasion pour innover et changer enfin le budget européen. Il n'y a guère de changement.

La PAC n'a pas été renégociée. Le budget de la PAC a été beaucoup moins contesté qu'on pouvait s'y attendre. La PAC, c'est la politique historique de l'Union et celle qui est historiquement, la plus contestée. Préemptée lors des négociations d'adhésion de 2004, elle n'avait pas été débattue lors du CFP 2007/2103 et la France pouvait craindre – à ce qu'elle le soit cette fois-ci. Cela n'a pas été le cas : les nouveaux États membres sont des soutiens de la PAC, le commissaire européen Dacian Ciolos défend son budget (il y eut dans le passé des commissaires chargés de l'agriculture beaucoup moins entriste !) ; avec la crise alimentaire des années 2007/2008 même les plus libéraux ont admis l'utilité d'un soutien à l'agriculture européenne ; enfin, la Commission présenta d'emblée une position très raisonnable avec une reconduction du budget de la PAC à son niveau de 2013 en euros courants, sans indexation sur l'inflation. Cette proposition fut satisfaisante, voire inespérée. Certes, la proposition de la Commission a été amputée de -10 milliards (HVR2), mais la PAC qui devrait atteindre 361,5 milliards d'euros sur la période reste à plus de 50 milliards par an.

Le deuxième constat est celui d'une incroyable inertie budgétaire. Les rubriques demeurent presque inchangées. Les discours et les ambitions affichées butent sur une inertie due au fait que tous les États privilégient les dépenses qu'ils ont actuellement à celles qu'ils pourraient avoir demain. En d'autres termes, les États préfèrent conserver la PAC et les fonds de cohésion dont on connaît à l'avance la répartition, parfois à l'euro près, à d'hypothétiques dépenses de compétitivité, dont on ne sait qui en bénéficiera. Certes, il faut davantage de dépenses de recherche et de compétitivité, mais pas trop. Une ligne de crédits crée une relation politique entre le budget européen et le bénéficiaire. Cette relation est alors ancrée et très difficile à faire évoluer. Ce qui explique, par exemple, l'attention et l'appétence figée des régions pour les fonds structurels.

Et pourtant, peu à peu, le budget se transforme. Sans révolution fracassante et sans heurt. Une coupe brutale de la PAC aurait été inacceptable, une évolution douce, en maintenant le budget à son niveau de 2013, est acceptée. L'absence d'indexation conduit à une baisse progressive de la part de la PAC dans le budget total. À l'échéance, en 2020, le budget de la PAC ne représentera plus qu'un tiers du budget européen. Un niveau qui n'est plus contestable. Accepter cette baisse, c'est probablement sauver le budget de la PAC pour toujours. À l'inverse, les dépenses de recherche et de compétitivité, même si elles ne marquent pas un bond exceptionnel, prennent une place incontestable dans le budget européen.

Touche après touche CFP après CFP, le budget européen se transforme. À l'image de la construction européenne elle-même. Ce que l'on présente souvent comme des crises ne sont en fait que des crises de croissance.

Annexe

LES ÉTAPES DE LA NÉGOCIATION BUDGÉTAIRE DU CFP 2014/2020
ÉVOLUTION DES PROPOSITIONS (EN MILLIARDS D'EUROS 2011, CHIFFRES ARRONDIS)

Rubriques	Lettre des contributeurs 18 déc. 2010	PP initiale Commission 29 juin 2011	PP révisée Commission 6 juillet 2012	Position d'EM été 2012	PP Psdce Chypre 29 oct.2012	PP Psdce du Conseil 13 nov.2012	2° PP Psdce du Conseil 22 novembre 2012	Accord Conseil européen Janv. / Fév. 2013 ?	Accord définitif après approb. du PE (mai 2013 ?)
1. Croissance intell. et inclusive		490,9	494,7		472,8	462,1	459,6		
1a compétitivité		*114,9*	*115,5*		*146,3 **	*152,6*	*139,5*		
1b cohésion		*376*	*379,2*		*326,5*	*309,5*	*320,1*		
2. Croissance durable et ress. naturelles		382,9	386,5		379 *	364,5	372,2		
dont paiements directs		*281,8*	*283*		*277,4*	*269,9*	*277,9*		
dont 2ᵉ pilier		*89,9*			*90,8*	*83,7*	*83,7*		
Sous-total PAC		*371,7*	*372,9*		*368,2 **	*353,5*	*361,5*		
3. Sécurité citoyenneté		18,5	18,8		18,1	18,3	16,7		
4. UE dans le monde		70	70		64,6	65,6	60,7		
5. Administration		62,6	63,2		nd	62,6	62,6		
Total CE	Stabilisation budgétaire: reconduction niveau 2013 + correction inférieure à l'inflation	**1025**	**1 033,2**	RU, SE, Aut, PB : - 100 Mds	**997,5 ****	**973,1**	**971,8**		
Moyenne annuelle CE en % RNB		1,05 %	1,08 %	All, Finl, DK : 1 %	1,04 %	1,02 %	1,01 %		
Total CP		972,2	987,6		np	np	np		
Moyenne annuelle CP en % RNB		1 %	1,03 %		np	np	np		
Hors CFP et hors FED		*28,3*	*28,3*		*10,4*	*10,6*	*11,8*		
Total général		***1 053***	***1 061***		***1 008***	***983,7***	***983,6***		

Légende : CE : crédits d'engagement ; CP : crédits de paiement ; CFP : cadre financier pluriannuel ; FED : Fonds européen de développement ; RNB : revenu national brut
PP : Proposition ; EM : Etat membre
* une partie des crédits hors CFP de la proposition de la Commission sont remontés dans le CFP
** sur la base de 63 Mds de crédits d'administration

La conciliation entre intérêts économiques et non économiques sur le marché intérieur

Laurence POTVIN-SOLIS

Introduction

Le marché intérieur se réalise-t-il exclusivement par l'intégration économique ? Que recouvre l'économique en droit de l'Union et sur le marché intérieur ? Comment le droit et le droit de l'Union peuvent-ils en saisir et en exprimer la forte dimension politique, sociale, environnementale, culturelle ? Dans le contexte des débats actuels liés à la crise financière et économique qui sévit l'Europe, on peut partir d'une confrontation entre le marché intérieur et les valeurs de l'Union pour marquer d'autres perspectives, fondamentales, dans lesquelles le marché intérieur doit être situé.

Dans le préambule du TUE, les États se déclarent inspirés « des héritages culturels, religieux et humanistes de l'Europe, à partir desquels se sont développées les valeurs universelles que constituent les droits inviolables et inaliénables de la personne humaine, ainsi que la liberté, la démocratie, l'égalité et l'État de droit ». Ils confirment leur attachement aux principes de la liberté, de la démocratie et du respect des droits de l'homme et des libertés fondamentales, de l'État de droit et aux droits sociaux fondamentaux.

Aux termes de l'article 3-3 de ce traité

> L'Union établit un marché intérieur. Elle œuvre pour le développement durable de l'Europe fondé sur une croissance économique équilibrée et sur la stabilité des prix, une économie sociale de marché hautement compétitive, qui tend au plein emploi et au progrès social, et un niveau élevé de protection et d'amélioration de la qualité de l'environnement. Elle promeut le progrès scientifique et technique.

Dans cet article, l'objectif du marché intérieur est visé après celui de « l'espace de liberté, de sécurité et de justice sans frontières intérieures », que l'Union vise à offrir à ses citoyens et « au sein duquel est assurée la libre circulation des personnes, en liaison avec des mesures appropriées en matière de contrôle des frontières extérieures, d'asile, d'immigration ainsi que de prévention de la criminalité et de lutte contre ce phénomène » (article 3-2) et après l'affirmation du but de l'Union tenant à « promouvoir la paix, ses valeurs et le bien-être de ses peuples » (article 3-1). Ces valeurs sont énoncées à l'article 2 du TUE selon lequel

> L'Union est fondée sur les valeurs de respect de la dignité humaine, de liberté, de démocratie, d'égalité, de l'État de droit, ainsi que de respect des droits de l'homme, y compris des droits des personnes appartenant à des minorités. Ces valeurs sont communes aux États membres dans une société caractérisée par le pluralisme, la non-discrimination, la tolérance, la justice, la solidarité et l'égalité entre les femmes et les hommes.

Ces valeurs ont vocation à inhiber toutes les politiques et actions de l'Union sur les plans interne et externe, comme l'indique l'article 21-1 du TUE selon lequel

> l'action de l'Union sur la scène internationale repose sur les principes qui ont présidé à sa création, à son développement et à son élargissement et qu'elle vise à promouvoir dans le reste du monde : la démocratie, l'État de droit, l'universalité et l'indivisibilité des droits de l'homme et des libertés fondamentales, le respect de la dignité humaine, les principes d'égalité et de solidarité et le respect des principes de la charte des Nations unies et du droit international.

Elles doivent guider l'exercice par l'Union de ses compétences et enrichissent la lecture des objectifs de l'Union et de ses politiques et actions. Elles contribuent à caractériser la construction européenne et marquent le lien entre ses dimensions économique, sociale, culturelle, environnementale. Elles ne peuvent être ignorées lorsqu'il s'agit d'identifier les intérêts qui se développent et se diversifient sur le marché intérieur et de doser les termes de leur conciliation. Le marché intérieur est donc un marché situé et doit l'être pour apprécier les principes fondamentaux et les libertés économiques fondamentales qui gouvernent son fonctionnement interne et ses progrès.

L'intérêt économique qui anime le marché de libre échange et de libre concurrence apparaît lui-même comme étant un intérêt composite ou composé, dès l'origine de la construction européenne, et décelable dans l'influence de l'ordo-libéralisme. Tout particulièrement, le thème de « la conciliation entre intérêts économiques et non économiques sur le marché intérieur » appelle des réflexions sur le concept « d'économie sociale de marché hautement compétitive », qui provient aussi du droit allemand, et sur l'articulation entre les compétences des États et celles de l'Union. Cette conciliation s'est imposée dès l'origine par les exceptions et dérogations aux règles du libre-échange et de la libre concurrence prévues par le traité de Rome pour la protection d'intérêts publics essentiels et de motifs non économiques permettant de protéger les droits des personnes et des opérateurs économiques sur le marché. Elle se développe du fait de l'imbrication toujours plus importante entre les politiques de l'Union et leurs objectifs. Cette imbrication apparaît dans le préambule du TUE dans lequel les États se déclarent

> déterminés à promouvoir le progrès économique et social de leurs peuples, compte tenu du principe du développement durable et dans le cadre de l'achèvement du marché intérieur, et du renforcement de la cohésion et de la protection de l'environnement, et à mettre en œuvre des politiques assurant des progrès parallèles dans l'intégration économique et dans les autres domaines.

Dans chaque cas, le résultat de la conciliation est lié à la préservation des caractères généraux du marché intérieur et à l'enrichissement et à la diversification des compétences de l'Union. C'est par l'autonomie de l'ordre juridique de l'Union que se dessinent les termes d'appréciation de la conciliation des intérêts sur le marché intérieur. Il convient ainsi de montrer dans un premier temps que la conciliation des intérêts économiques et non économiques gouverne la définition même du champ des grandes libertés fondamentales économiques sur le marché et pose la question de l'articulation entre les compétences des États et celles de l'Union. Dans un second temps, il s'agira d'envisager la conciliation de ces intérêts dans l'appréciation des motifs de dérogation ou de limitation des règles de ces grandes libertés économiques fondamentales sur le marché en la rapportant à l'évolution du système de valeurs dans l'Union qui s'enrichit globalement, se déplace progressivement hors du marché intérieur et dévoile ses défis dans l'espace de liberté, de sécurité et de justice. Dans les deux cas, la conciliation est marquée par la fondamentalité de ses termes. Elle place le marché intérieur face à l'intérêt des citoyens de l'Union et des États membres et met en rapport l'identité des États et le respect de leur diversité avec l'identité de l'Union.

La conciliation entre intérêts économiques et non économiques sur le marché intérieur alimente le processus d'intégration européenne et celui de fédéralisation de l'Union. Elle est à lier aux méthodes de la construction européenne et à leur diversification. Elle intègre l'enrichissement des valeurs de l'Union et de ses objectifs qui produisent leur effet sur le marché intérieur. Si la première partie de cette étude permet de souligner le caractère fondamental de la conciliation dans la différenciation des intérêts sur le marché (I), la seconde partie vise à mettre l'accent sur la portée fondamentale de l'intégration des intérêts sur le marché par la conciliation (II), exprimant des données partagées entre l'Union et ses États ou propres à la première ou aux seconds, et contribuant à identifier les mutations de l'Union qui se lisent dans l'enrichissement progressif et constant des termes de l'équilibre recherché.

I. Le caractère fondamental de la conciliation dans la différenciation des intérêts sur le marché

La conciliation peut exprimer une certaine convergence entre les intérêts mais elle résulte aussi et surtout d'une tension de ces intérêts selon qu'ils se manifestent au sein des États ou dans l'Union. Cette tension domine la frontière entre l'économique et le non économique sur le marché intérieur dont les termes de la définition varient entre le droit de l'Union et celui des États membres. Les États n'ont plus la maîtrise des concepts qui gouvernent la frontière entre l'économique et le non économique sur le marché intérieur et entre les politiques et actions de l'Union en lien avec celui-ci. L'identification de leur substance est le fruit d'une conciliation des intérêts menée par le droit de l'Union qui produit son effet et peut agir directement sur le droit et les compétences des États membres. Ces intérêts eux-mêmes sont situés. Ils sont alors définis par le marché, dans le contexte du marché et orientés sur les objectifs du marché et son bon fonctionnement. Leur lecture autonome s'impose aux États, dans des domaines parfois traditionnellement réservés à l'action publique. Le droit de l'Union peut s'en approprier le sens quand il dégage une notion autonome qui s'impose aux États ou venir encadrer strictement le contenu matériel des notions dont la définition s'opère par renvoi aux droits nationaux. Dans les deux cas, les États perdent la maîtrise de ces concepts départiteurs et l'apport du droit de l'Union marque la conciliation des intérêts recherchée sur le marché intérieur comme marché de libre échange caractérisé par un principe de mobilité (A) et de libre concurrence (B).

A. La conciliation entre intérêts économiques et non économiques liés à la mobilité sur le marché

Les notions qui permettent de définir le champ des libertés fondamentales de circulation, des marchandises, des personnes et des sociétés, des services et des capitaux, sont des notions autonomes dont la définition relève du droit de l'Union. La tension entre intérêts économiques et non économiques en présence évolue avec les avancées matérielles de ces libertés fondamentales (1), conçues à l'origine essentiellement dans leur substance économique et marquées toujours davantage par leur dimension sociale et culturelle. Elle concerne toujours davantage le champ de compétence des États et les législations nationales qui, pour certaines libertés telles que celles attachées au droit d'établissement, sont encore déterminantes pour le bénéfice effectif de la mobilité (2).

1. L'extension continue du champ de la mobilité

Chaque concept permettant de définir le champ des libertés fondamentales de circulation fait l'objet d'une interprétation extensive. La notion de marchandise bénéficiant du libre-échange vise « tout produit appréciable en argent et susceptible, comme tel, de former l'objet de transactions commerciales » et peut correspondre à des biens immatériels tels que l'électricité ou le gaz[1], à des biens essentiels tels que l'eau, à des biens intéressant l'environnement tels que les déchets[2] ou encore à des biens culturels tels que des œuvres d'art[3] et des produits dans le domaine de la presse, du cinéma et de l'audiovisuel[4], de l'enseignement[5] ou encore des produits de première importance pour l'économie nationale tels que les produits pétroliers[6]. Dans la mesure où ces biens relèvent par principe de la libre circulation, les États ne peuvent taxer ou causer des entraves non justifiées à leur importation ou leur exportation sur leur territoire. De même, les bénéficiaires de la libre circulation des personnes ont été constamment élargis. Comme l'observent Christine Kaddous et Diane Grisel, la liberté de circulation des personnes concernant les travailleurs salariés et indépendants, les étudiants, les retraités et les autres inactifs « a ainsi été étendue pour comprendre aussi bien l'agent économique que le citoyen non actif » et « le rattachement des personnes à la notion de citoyenneté constitue une étape importante dans le processus d'intégration européenne »[7]. Cette extension du champ des personnes bénéficiaires de la libre circulation repose sur des interprétations dynamiques menées par la Cour de justice de l'Union et sur les

---

[1] CJCE, 15 juillet 1964, *Costa c/ENEL*, 6/64, *Rec.*, 1141 et 27 avril 1994, *Commune d'Almelo*, C-393/92, *Rec.*, I-1477.

[2] Sans qu'il y ait lieu de distinguer selon qu'ils sont ou non recyclables, car la Cour considère que la gestion de tout déchet génère une activité de nature économique et, partant, la production de richesses : CJCE, 9 juillet 1992, *Commission c/Belgique*, C-2/90, *Rec.*, I-4431.

[3] CJCE, 10 décembre 1968, Commission c/Italie, 7/68, *Rec.*, 617 qui juge que « la République italienne, en continuant à percevoir, après le 1er janvier 1962, à l'exportation vers les autres États membres de la Communauté d'objets présentant un intérêt artistique, historique, archéologique ou ethnographique, la taxe progressive prévue par l'article 37 de la loi du 1er juin 1939, n° 1089, a manqué aux obligations qui lui incombent en vertu de l'article 16 du traité instituant la Communauté économique européenne ».

[4] Pour l'édition des livres et la presse écrite : CJCE, 10 janvier 1985, *Leclerc*, C-229/83, *Rec.*, 1 et 26 juin 1997, *Familiapress*, 308/95, *Rec.*, I-3689 ; pour la création d'œuvre cinématographique : CJCE, 11 juillet 1985, *Cinéthèque c/Fédération nationale des cinémas français*, 60/84 et 61/84, *Rec.*, I-2605.

[5] CJCE, 19 mai 1989, *Buet*, 382/87, *Rec.*, 1235.

[6] CJCE, 10 juillet 1984, *Campus Oil*, 72/83, *Rec.*, 2727.

[7] *Libre circulation des personnes et des services*, Éditions H. Lichtenhahn, Dossiers de droit européen n° 26, 2012, pp. 5-6.

avancées du droit dérivé[8] et intéresse également les ressortissants des États tiers.

En particulier, la notion de travailleur repose sur une définition autonome dégagée par la Cour de justice et sur l'existence d'une prestation économique, d'un lien de subordination et d'une rémunération, sans qu'il y ait lieu de prendre en considération son montant[9]. Le droit à la mobilité et au séjour présentent une double dimension économique et sociale et se réalisant par l'égalité de traitement avec les nationaux de l'État d'accueil devant les droits et avantages sociaux liés à la résidence et au séjour. La citoyenneté européenne a conforté de façon substantielle cet enrichissement et a contribué à transformer les termes de l'équilibre dans la conciliation des intérêts en présence. Les droits et avantages sociaux ainsi que les droits en matière de santé sont la condition d'une mobilité effective mais ne doivent pas devenir une charge trop lourde pour les finances de l'État d'accueil et l'équilibre financier des régimes de sécurité sociale des États, considérés comme intérêts légitimes à protéger par le droit de l'Union (*infra*). Les développements matériels du statut de la citoyenneté européenne permettent au national d'obtenir la garantie des droits qu'il tient de son statut d'européen et du droit de l'Union à l'égard de son propre État. Ils transforment la nature de la relation entre mobilité et droit de séjour et permettent d'étendre toujours davantage le champ du contrôle européen de proportionnalité dans des domaines de compétence des États et non économiques.

2. *La conciliation dans les intérêts protégés par les législations nationales*

La conciliation des intérêts domine notamment la définition du champ de la mobilité des sociétés qui bénéficient du droit d'établissement. Comme l'observe la Cour dans l'arrêt du 27 septembre 1988, *Daily Mail*[10], « contrairement aux personnes physiques, les sociétés sont des entités créées en vertu d'un ordre juridique et, en l'état actuel du droit communautaire, d'un ordre juridique national. Elles n'ont d'existence qu'à travers les différentes législations nationales qui en déterminent la constitution et le fonctionnement ». Le bénéfice du droit d'établissement dépend donc d'une condition de rattachement de la

---

[8] Marquant une volonté d'unification des régimes, la directive 2004/38/CE du Parlement européen et du Conseil du 29 avril 2004, relative au droit des citoyens de l'Union et des membres de leurs familles de circuler et de séjourner librement sur le territoire des États membres, modifie le règlement (CEE) n° 1612/68 et abroge les directives 64/221/CEE, 68/360/CEE, 72/194/CEE, 73/148/CEE, 75/34/CEE, 75/35/CE, 90/364/CE, 90/365/CEE et 93/96/CE.

[9] CJCE, 3 juillet 1986, *Lawrie-Blum*, 66/85, *Rec.*, 2121.

[10] Aff. 81/87, *Rec.*, 548.

société à un droit national et d'une constitution en conformité à la législation d'un État membre. Il n'existe pas de système commun de reconnaissance des sociétés en droit de l'Union. Si le droit d'établissement peut produire un effet direct dans les États[11], il rencontre les obstacles qui tiennent à la diversité des droits nationaux des sociétés et des règles applicables en matière de reconnaissance[12] et de transferts de siège, scissions et fusions transfrontalières.

La mobilité sur le marché intérieur peut alors être facteur d'une mise en concurrence des droits nationaux et connaître des freins liés à la diversité des législations nationales. La recherche de son effectivité doit concilier le principe de mobilité posé par le traité avec la défense d'intérêts visés par ces législations nationales, tels que la protection de la sécurité juridique et celle des droits des associés et des tiers. La disparité entre les législations nationales correspond aux variations dans le système de valeur propre à chaque État et ces valeurs sont aussi directement concernées par l'interprétation de la notion de services au sens de la libre prestation de service en droit de l'Union, qui produit également un effet direct sur le marché intérieur[13]. Les problèmes de délimitation que posent cette notion, notamment au regard du champ d'application de la directive services dans le domaine social et dans celui de la santé[14], traduisent la tension entre intérêts économiques et non économiques et des rapports de compétence entre l'Union et ses États membres que l'on retrouve avec des enjeux semblables en droit de la concurrence.

B. L'effet de la libre concurrence sur la frontière entre intérêts économiques et non économiques

La notion d'entreprise soumise aux règles de concurrence fait l'objet d'une définition matérielle, autonome et extensive, pour désigner « toute entreprise exerçant une activité économique » sur le marché, indépendamment de son statut juridique et de son mode de financement. Il s'agit de « toute activité qui est ou pourrait être exercée par une entreprise privée selon la logique du marché ou qui se trouve en concurrence avec une activité comparable exercée par des entreprises privées ». Elle se caractérise par le fait d'offrir des biens ou des services sur un marché

---

11 CJCE, 21 juin 1974, *Reyners*, 2/74, *Rec.*, 631.

12 CJCE, 5 novembre 2002, *Überseering*, C-208/00, *Rec.*, I-9919, au sujet de la reconnaissance de la capacité d'ester en justice d'une société après transfert de son siège. Voir aussi : CJCE, 30 septembre 2003, *Inspire Art*, C-167/01, *Rec.*, I-10155.

13 CJCE, 3 décembre 1974, *Van Binsbergen*, 33/74, *Rec.*, 1299.

14 Directive n° 2006/123, du Parlement européen et du Conseil, du 12 décembre 2006, relative aux services dans le marché intérieur.

donné[15]. L'extension continue des activités soumises aux règles de concurrence (1) rend d'autant plus fondamentale la prise en compte positive de notions, telles que celle de service d'intérêt économique général (SIEG), permettant de protéger des intérêts généraux non économiques au bénéfice des États et des ressortissants sur leur territoire (2).

1. L'extension continue de la notion d'entreprise soumise au droit de la concurrence

La notion d'entreprise peut être appliquée à des activités relevant du domaine social et prises en charge traditionnellement par les États, comme les activités de placement[16] ou certains régimes d'assurance ou de pension[17]. La différenciation est établie en droit de l'Union sur la base du critère de solidarité conduisant à faire échapper aux règles de concurrence les « activités fondées sur le principe de solidarité nationale et dépourvues de tout but lucratif », comme en a jugé la Cour à propos de l'activité des caisses primaires d'assurance maladie françaises[18], d'un régime d'assurance contre les accidents du travail et les maladies professionnelles gérées par l'Institut national italien (INAIL)[19], pour des groupements de caisses d'assurance maladie allemands lors de la fixation des montants de prix maximum pour la prise en charge des médicaments[20], pour des conditions de paiement imposées aux fournisseurs de matériel sanitaire par des organismes gestionnaires d'un système

---

[15] CJCE, 18 juin 1998, *Commission c/Italie*, C-35/96, *Rec.*, I-3851.

[16] CJCE, 23 avril 1991, *Höfner c/Macroton*, 41/91, *Rec.*, I-1979 et 17 décembre 1997, *Job Centre Coop.*, 55/96, *Rec.*, I-7119.

[17] CJCE, 16 novembre 1995, *Fédération française des sociétés d'assurance*, C-244/94, *Rec.*, I-4013, qui qualifie d'entreprise la caisse nationale d'assurance vieillesse mutuelle agricole dans la gestion du régime complémentaire d'assurance vieillesse institué au profit des exploitants agricoles par la loi française. Voir aussi, les arrêts de la Cour du 21 septembre 1999, *Albany*, C-67/96, *Rec.*, I-5751, (à propos d'un fonds sectoriel de pension néerlandais chargé de la gestion d'un régime complémentaire fondé sur une convention collective) et, *Brentjens'*, C-115/97 à C-117/97 (*Rec.*, I-6025) et *Drijvende Bokken C*-219/97, (*Rec.*, I-6121), selon lesquels « un fonds de pension chargé de la gestion d'un régime de pension complémentaire, instauré par une convention collective conclue entre les organisations représentatives des employeurs et des travailleurs d'un secteur déterminé et auquel l'affiliation a été rendue obligatoire par les pouvoirs publics pour tous les travailleurs de ce secteur, est une entreprise au sens des articles 85 et suivants du traité ». Voir aussi : CJCE, 12 septembre 2000, *Pavlov*, C-180/98 à C-184/98, *Rec.*, I-6451, à propos d'un fonds de pension gérant un régime de pension complémentaire de médecins néerlandais.

[18] CJCE, 17 février 1993, *Poucet et Pistre*, C-159/91 et C-160/91, *Rec.*, I-637.

[19] CJCE, 22 janvier 2002, *Cisal*, C-218/00, *Rec.*, I-691.

[20] CJCE, 16 mars 2004, *AOK-Bundesverband*, C-264/01, C-306/01, C-354/01 et C-355/01, *Rec.*, I-2493.

national de santé[21] ou encore, pour une caisse professionnelle « auprès de laquelle les entreprises relevant d'une branche d'activité et d'un territoire déterminés ont l'obligation de s'affilier au titre de l'assurance contre les accidents du travail et les maladies professionnelles »[22], ou enfin, pour « la décision des organisations représentatives des employeurs et des salariés d'un secteur professionnel de désigner un organisme chargé de la gestion d'un régime de remboursement complémentaire de frais de soins de santé et de demander aux pouvoirs publics de rendre obligatoire l'affiliation à ce régime de tous les salariés de ce secteur »[23].

La Cour prend en compte dans l'appréciation du champ de l'exclusion des règles de concurrence « l'objectif consistant à assurer l'équilibre financier d'une branche de la sécurité sociale » en renvoyant cette appréciation à la juridiction nationale[24]. Ces exemples de jurisprudence montrent que la délimitation en droit de l'Union du champ des règles de concurrence est le fruit d'une conciliation et d'un équilibre entre l'intérêt concurrentiel sur le marché et la protection d'intérêts publics et de droits sociaux, obéissant à une logique de solidarité sur le plan national ou dans une branche d'activité. Dans le même esprit, il résulte d'une jurisprudence constante que « les accords conclus dans le cadre de négociations collectives entre partenaires sociaux destinés à améliorer les conditions d'emploi et de travail doivent être considérés, en raison de leur nature et de leur objet, comme ne relevant pas » des règles de concurrence[25]. Une prise en compte toujours plus positive est apparue

---

[21] CJCE, 11 juillet 2006, *Federación Española de Empresas de Tecnología Sanitaria (FENIN)*, C-205/03P, *Rec.*, I-6295. Confirmant l'arrêt du TUE ayant jugé que les entités gestionnaires du SNS espagnol « n'agissent pas en tant qu'entreprises lorsqu'elles achètent le matériel sanitaire vendu par les membres de FENIN aux fins d'offrir des services de santé gratuits aux affiliés du SNS » et rappelant que « le SNS fonctionne conformément au principe de solidarité dans son mode de financement par des cotisations sociales et d'autres contributions étatiques ainsi que dans sa prestation gratuite de services auxdits affiliés sur la base d'une couverture universelle » et que « les entités gestionnaires du SNS n'agissent donc pas en tant qu'entreprises dans leur activité de gestion du système de santé ».

[22] CJCE, 5 mars 2009, *Kattner Stahlbau GmbH*, C-350/07, *Rec.*, I-1513, selon lequel un tel organisme « ne constitue pas une entreprise au sens de ces dispositions, mais remplit une fonction à caractère exclusivement social dès lors qu'un tel organisme opère dans le cadre d'un régime qui met en œuvre le principe de solidarité et que ce régime est soumis au contrôle de l'État, ce qu'il appartient à la juridiction de renvoi de vérifier ».

[23] Selon la Cour de justice, cette décision n'est pas susceptible de relever de la notion d'accord entre entreprises, de décisions d'associations d'entreprises ou de pratiques concertées tels que prohibés à l'article 101, paragraphe 1, TFUE : CJUE, 3 mars 2011, *AG2R Prévoyance*, C-437/09, *Rec.*, I-973.

[24] CJCE, 5 mars 2009, *Kattner Stahlbau GmbH*, C-350/07, *précité*.

[25] Cette jurisprudence est rappelée par la Cour dans son arrêt du 3 mars 2011, *AG2R Prévoyance*, précité, citant les arrêts du 21 septembre 1999, *Albany*, *Brentjens'*, et

dans l'interprétation de la notion de service d'intérêt économique général qui permet de déroger, en vertu du TFUE, aux règles de concurrence.

2. *La dualité de nature des intérêts compris dans le concept de service d'intérêt économique général*

La même recherche d'équilibre caractérise l'appréciation de l'effet dérogatoire des services d'intérêt économique général (SIEG) sur le marché[26] et qui traduit une réception croissante de la nature d'intérêt général de ces activités par la jurisprudence[27] et le droit dérivé. L'œuvre de conciliation s'est enrichie et son champ s'est étendu avec la prise en compte grandissante d'intérêts publics de nature sociale dont témoignent le régime des activités d'intérêt économique général et les obligations de service public correspondantes. On retrouve cette même conciliation dans la démarcation entre ces activités et celles couvertes par la directive de libéralisation des services. Les problèmes de délimitation traduisent les difficultés d'articulation entre les compétences de l'Union et celles de ses États, qui s'observe dans la lettre même des traités. Le droit primaire a été enrichi de façon substantielle avec l'article 14 du TFUE[28],

---

Drijvende Bokken, *précités*, ainsi que les arrêts du 12 septembre 2000, *Pavlov*, *précité* et du 21 septembre 2000, *Van der Woude*, C-222/98, *Rec.*, I-7111 (qui juge compatibles avec les règles de concurrence « les dispositions d'une convention collective de travail relatives à l'assurance maladie de travailleurs couverts par cette convention et selon lesquelles la partie des cotisations incombant à l'employeur n'est versée qu'en ce qui concerne les assurances conclues auprès de l'assureur ou des assureurs choisis dans le cadre de l'exécution de cette même convention »).

26 Prévu à l'article 106, paragraphe 2 du TFUE selon lequel : « Les entreprises chargées de la gestion de services d'intérêt économique général ou présentant le caractère d'un monopole fiscal sont soumises aux règles des traités, notamment aux règles de concurrence, dans les limites où l'application de ces règles ne fait pas échec à l'accomplissement en droit ou en fait de la mission particulière qui leur a été impartie. Le développement des échanges ne doit pas être affecté dans une mesure contraire à l'intérêt de l'Union ».

27 À partir des arrêts du 19 mai 1993, *Corbeau*, C-320/91, *Rec.*, I-2533 (la Cour prend en compte dans son appréciation sur la portée du monopole postal belge « l'équilibre économique du service d'intérêt économique général assumé par le titulaire du droit exclusif ») et du 27 avril 1994, *Commune d'Almelo*, C-393/92, *Rec.*, I-1477, selon lequel l'application par une entreprise régionale de distribution d'énergie électrique, d'une clause d'achat exclusif échappe aux interdictions posées par les règles de concurrence « dans la mesure où cette restriction à la concurrence est nécessaire pour permettre à cette entreprise d'assurer sa mission d'intérêt général ».

28 Selon lequel : « Eu égard à la place qu'occupent les services d'intérêt économique général parmi les valeurs communes de l'Union ainsi qu'au rôle qu'ils jouent dans la promotion de la cohésion sociale et territoriale de l'Union, l'Union et ses États membres, chacun dans les limites de leurs compétences respectives et dans les limites du champ d'application des traités, veillent à ce que ces services fonctionnent sur la base de principes et dans des conditions, notamment économiques et financières, qui leur permettent d'accomplir leurs missions. Le Parlement européen et le Conseil, sta-

l'article 36 de la Charte des droits fondamentaux de l'Union qui prévoit l'accès aux SIEG[29] et ceux qui prévoient l'accès aux services de placement, aux prestations en matière de sécurité sociale, d'aide sociale et de santé[30] et le protocole 26 spécifiquement consacré aux Services d'intérêt général (SIG) et qui prévoit dans son article premier que :

> Les valeurs communes de l'Union concernant les services d'intérêt économique général au sens de l'article 14 du traité sur le fonctionnement de l'Union européenne comprennent notamment : – le rôle essentiel et le large pouvoir discrétionnaire des autorités nationales, régionales et locales pour fournir, faire exécuter et organiser les services d'intérêt économique général d'une manière qui réponde autant que possible aux besoins des utilisateurs ; – la diversité des services d'intérêt économique général et les disparités qui peuvent exister au niveau des besoins et des préférences des utilisateurs en raison de situations géographiques, sociales ou culturelles différentes ; – un niveau élevé de qualité, de sécurité et, quant au caractère abordable, l'égalité de traitement et la promotion de l'accès universel et des droits des utilisateurs

et qui prend soin de rappeler dans son article 2 que « les dispositions des traités ne portent en aucune manière atteinte à la compétence des États membres pour fournir, faire exécuter et organiser des services non économiques d'intérêt général ».

La conciliation des intérêts dont les SIG sont les vecteurs et la prise en compte de la spécificité des activités de SIEG tenant à l'intérêt général qu'elles représentent pour les États et pour l'Union, présentent ainsi un caractère fondamental. Elles conduisent à affiner et à différencier, au sein d'un même SIEG, le régime des différentes activités selon qu'elles présentent ou non une nature économique et selon une méthode similaire à celle mise en œuvre pour la qualification des activités d'organismes investis d'une mission de puissance publique[31]. Le droit primaire de l'Union pose ainsi des éléments d'appréciation de l'équilibre entre les libertés économiques fondamentales qui gouvernent le marché intérieur et la protection des droits des usagers, consommateurs, clients et la préservation de la mission des organismes qui ont en charge une telle

---

tuant par voie de règlements conformément à la procédure législative ordinaire, établissent ces principes et fixent ces conditions, sans préjudice de la compétence qu'ont les États membres, dans le respect des traités, de fournir, de faire exécuter et de financer ces services ».

[29] Selon cet article : « L'Union reconnaît et respecte l'accès aux services d'intérêt économique général tel qu'il est prévu par les législations et pratiques nationales, conformément au traité instituant la Communauté européenne, afin de promouvoir la cohésion sociale et territoriale de l'Union ».

[30] Articles 29, 34 et 35 prévus dans le chapitre IV de la Charte consacré à la solidarité.

[31] CJCE, 19 janvier 1994, *SAT Fluggesellschaft*, C-364/92, *Rec.*, I-43 et 16 juillet 2009, *Selex Sistemi Integrati*, C-481/07P, *Rec.*, I-127.

activité d'intérêt général. Les termes de la problématique de la conciliation se sont déclinés dans les différentes libéralisations sectorielles intervenues dans le domaine de l'énergie, des communications, des transports… La conciliation s'impose dans la détermination du champ d'application de la concurrence et dans la définition sur le territoire de l'Union d'un contenu minimum de service public impliquant un accès à un minimum de prestations de qualité semblable et à un prix abordable, ce que recouvre le concept de service universel, autre concept emprunt de proportionnalité et de recherche d'équilibre entre les intérêts économiques et non économiques sur le marché intérieur et marquant la nature fondamentale des exigences en présence.

II. La portée fondamentale de l'intégration des intérêts sur le marché par la conciliation

La conciliation entre intérêts économiques et non économiques sur le marché intérieur, qui repose sur des termes définis de manière autonome dans l'Union, est le fruit des avancées de la construction européenne. Il en est tout particulièrement ainsi lorsqu'il s'agit de prendre en compte des activités de puissance, de souveraineté des États et la protection d'exigences de sécurité protégées par le traité dont l'article 4 paragraphe 2 du TUE qui prévoit que l'Union respecte « l'identité nationale » des États, « inhérente à leurs structures fondamentales politiques et constitutionnelles, y compris en ce qui concerne l'autonomie locale et régionale » ainsi que « les fonctions essentielles de l'État, notamment celles qui ont pour objet d'assurer son intégrité territoriale, de maintenir l'ordre public et de sauvegarder la sécurité nationale. En particulier, la sécurité nationale reste de la seule responsabilité de chaque État membre ». L'interprétation de ces motifs légitimes par la conciliation s'observe tant pour les motifs visés par les traités (A) que pour ceux dégagés et développés par la jurisprudence de la Cour de justice de l'Union (B).

A. Une portée induite par le cadre fondamental posé par les traités

La conciliation entre intérêts économiques et non économiques sur le marché intérieur est ancrée dans les dispositions des traités, les objectifs et valeurs qu'ils poursuivent et leur confrontation. Elle dévoile une portée fondamentale tant au regard de l'imbrication entre les objectifs et les politiques de l'Union qui lui donne une dimension transversale (1) que dans l'appréciation de l'étendue de l'effet dérogatoire des motifs légitimes prévus par le traité comme pouvant justifier des entraves aux libertés économiques sur le marché intérieur (2).

1. L'imbrication entre les objectifs et les politiques de l'Union

La conciliation obéit à une exigence générale de proportionnalité et de cohérence. L'exigence de cohérence est prévue par le traité de même que le principe de proportionnalité qui guide l'exercice par l'Union de ses compétences. La conciliation des intérêts s'observe dans l'imbrication entre le marché intérieur de libre échange et de libre concurrence avec d'autres politiques de l'Union qui reposent généralement sur une logique de subsidiarité et sur la compétence première des États et qui poursuivent des intérêts non économiques. Ainsi, les politiques en matière sociale[32] de protection des consommateurs[33], de protection de l'environnement[34] pour lesquelles une clause horizontale impose à l'Union de prendre en compte leurs exigences dans toutes ses politiques et actions. La conciliation entre les intérêts s'impose au-delà de ces politiques, ainsi que le montre, par exemple, la politique de la culture qui intègre, dans le cadre de la libéralisation, la protection de la diversité culturelle des États et la défense d'un patrimoine culturel européen commun, tant sur le plan interne de l'Union que sur le plan extérieur. Plus largement, il n'est pas inutile de rappeler que l'article 3 paragraphe 3 du TUE relatif à l'établissement du marché intérieur précise que l'Union « combat l'exclusion sociale et les discriminations, et promeut la justice et la protection sociales, l'égalité entre les femmes et les hommes, la solidarité entre les générations et la protection des droits de l'enfant », qu'elle « promeut la cohésion économique, sociale et territoriale, et la solidarité entre les États membres » et qu'elle « respecte la richesse de sa diversité culturelle et linguistique, et veille à la sauvegarde et au développement du patrimoine culturel européen ». À cela s'ajoute l'exigence, pour l'Union, de satisfaire à la poursuite d'objectifs de nature transversale, ainsi qu'en témoignent l'égalité entre les citoyens de l'Union ou l'égalité entre les femmes et les hommes[35].

---

32 Selon l'article 9 TFUE : « Dans la définition et la mise en œuvre de ses politiques et actions, l'Union prend en compte les exigences liées à la promotion d'un niveau d'emploi élevé, à la garantie d'une protection sociale adéquate, à la lutte contre l'exclusion sociale ainsi qu'à un niveau élevé d'éducation, de formation et de protection de la santé humaine ».

33 Selon l'article 12 TFUE : « Les exigences de la protection des consommateurs sont prises en considération dans la définition et la mise en œuvre des autres politiques et actions de l'Union ».

34 Selon l'article 11 TFUE : « Les exigences de la protection de l'environnement doivent être intégrées dans la définition et la mise en œuvre des politiques et actions de l'Union, en particulier afin de promouvoir le développement durable ».

35 Selon l'article 9 compris dans le titre II du TUE sur les dispositions relatives aux principes démocratiques, « dans toutes ses activités, l'Union respecte le principe de l'égalité de ses citoyens, qui bénéficient d'une égale attention de ses institutions, or-

2. La conciliation dans l'appréciation des motifs de dérogation prévus par les traités

La Cour de justice retient de la participation à l'autorité publique une interprétation stricte à partir de critères d'appréciation dégagés par la Cour dans l'arrêt du 21 juin 1974, *Reyners*[36] : seules sont visées « les activités qui, prises en elles-mêmes, constituent une participation directe et spécifique à l'exercice de l'autorité publique » ; doivent être en cause « des prérogatives exorbitantes du droit commun, des privilèges de puissance publique, des pouvoirs de coercition qui s'imposent aux citoyens »[37] et leur prise en compte doit être limitée « à ce qui est strictement nécessaire pour sauvegarder les intérêts que cette disposition permet aux États membres de protéger ». Par ailleurs, la présence de telles activités n'entraîne pas l'exclusion du régime de liberté pour la profession dans son ensemble. Dans l'arrêt du 29 avril 2004, *Commission c/Portugal*[38], la Cour indique clairement que « le fait que les activités de sécurité privée sont exercées dans le cadre d'une relation de complémentarité et de collaboration avec le système de sécurité publique » ne permet pas de justifier une restriction à la liberté de prestation de services. La Cour de justice s'est prononcée dans une série d'arrêts sur l'activité des notaires et a condamné la condition de nationalité posée pour l'accès à cette profession par les législations néerlandaise, française, grecque, allemande, autrichienne, portugaise, luxembourgeoise, belge, comme constituant un obstacle à la liberté d'établissement dans ces États[39]. Elle rappelle qu'elle se prononce sur « la nature des activités en cause, prises en elles-mêmes », et non pas au regard du statut particulier des notaires dans chacun des ordres juridiques nationaux. Elle définit ainsi une jurisprudence perturbatrice des droits nationaux et des valeurs développées autour du concept d'autorité publique dans ces États, tout comme elle a pu, par le passé, imposer sa conception auto-

---

ganes et organismes ». Selon l'article 8 du TFUE, « pour toutes ses actions, l'Union cherche à éliminer les inégalités, et à promouvoir l'égalité, entre les hommes et les femmes ». Selon l'article 10 TFUE, « dans la définition et la mise en œuvre de ses politiques et actions, l'Union cherche à combattre toute discrimination fondée sur le sexe, la race ou l'origine ethnique, la religion ou les convictions, un handicap, l'âge ou l'orientation sexuelle ».

[36] CJCE, 21 juin 1974, *Reyners*, 2/74, *précité*, concernant la profession des avocats.

[37] Conclusions de H. Mayras sur l'arrêt *Reyners* cité ci-après.

[38] C-171/02, *Rec.*, I-05645. Voir aussi : 7 octobre 2004, *Commission c/Pays-Bas*, C-189/03, *Rec.*, I-09289 ; 13 décembre 2007, *Commission c/Italie*, C-465/05, *Rec.*, I-11091.

[39] CJUE, 24 mai 2011, *Commission c/Belgique*, C-47/08, *Commission c/France*, C-50/08, *Commission c/Portugal*, C-52/08, *Commission c/Luxembourg*, C-51/08, *Commission c/Autriche*, C-53/08, *Commission c/Allemagne*, C-54/08 et *Commission c/Grèce*, C-61/08.

nome de l'administration publique, excluant de la faire dépendre d'un renvoi aux contours institutionnels de chaque administration nationale, variables d'un État à l'autre. Le concept même d'administration publique ne peut faire l'objet d'un consensus en raison des différences entre les traditions juridiques nationales. Le caractère autonome de la notion d'administration publique est une restriction directe à la souveraineté des États et marque le poids des libertés fondamentales du marché intérieur et de la libre circulation dans la conciliation des intérêts en présence. Il conduit à ne prendre en compte comme tel que les

> emplois qui comportent une participation, directe ou indirecte, à l'exercice de la puissance publique et aux fonctions qui ont pour objet la sauvegarde des intérêts généraux de l'État ou des autres collectivités publiques, et supposent ainsi, de la part de leurs titulaires, l'existence d'un rapport particulier de solidarité à l'égard de l'État, ainsi que la réciprocité des droits et devoirs qui sont le fondement du lien de nationalité[40].

La prise en compte, sur le marché, des intérêts dérogatoires liés à la protection de l'ordre public, de la sécurité publique et de la santé publique est aussi le fruit d'une conciliation qui part cependant d'un renvoi au contenu matériel de ces notions d'un État membre à l'autre pour ensuite en encadrer strictement le recours et les effets. Le raisonnement mené par la Cour de justice est sensiblement identique pour l'ensemble des libertés de circulation pour évaluer la compatibilité avec les libertés fondamentales sur le marché intérieur des restrictions justifiées par de tels motifs légitimes, qui ne doivent en aucun cas être détournés pour des motifs purement économiques. Il résulte de la jurisprudence de la Cour de justice que

> la notion d'« ordre public » dans le contexte communautaire et, notamment, en tant que justification d'une dérogation à la liberté fondamentale de prestation des services doit être entendue strictement, de sorte que sa portée ne saurait être déterminée unilatéralement par chacun des États membres sans contrôle des institutions de la Communauté et il en découle que l'ordre public ne peut être invoqué qu'en cas de menace réelle et suffisamment grave, affectant un intérêt fondamental de la société[41].

---

40 CJCE, 17 décembre 1980, *Commission c/ Belgique*, 149/79, *Rec.*, 3881 ; 26 mai 1982, *Commission c/Belgique*, 149/79, *Rec.*, 1845 ; 3 juillet 1986, *Deborah Lawrie-Blum*, 66/85, *Rec.*, 2121 ; 30 mai 1989, *Coonan*, 33/88, *Rec.*, 1591 ; Voir aussi : CJCE, 2 juillet 1996, *Commission c/Luxembourg*, C-473/93, *Rec.*, I-3207 ; 2 juillet 1996, *Commission c/Belgique*, C-173/94, *Rec.*, I-3265 ; 2 juillet 1996, *Commission c/République hellénique*, C-290/94, *Rec.*, I-3285 ou encore CJCE, 29 octobre 1998, *Commission c/Royaume d'Espagne*, C-114/97, *Rec.*, I-6717.

41 CJCE, 14 mars 2000, *Église de Scientologie*, C-54/99, *Rec.*, 1335.

La Cour mène un raisonnement analogue à celui défini dans le cadre de la liberté de circulation des travailleurs[42]. Elle admet que des « circonstances spécifiques qui pourraient justifier d'avoir recours à la notion d'ordre public peuvent varier d'un pays à l'autre et d'une époque à l'autre » et que les autorités nationales compétentes doivent disposer d'une marge d'appréciation « dans les limites imposées par le traité ». C'est ainsi que la Cour a été amenée à juger que

> le droit communautaire ne s'oppose pas à ce qu'une activité économique consistant en l'exploitation commerciale de jeux de simulation d'actes homicides fasse l'objet d'une mesure nationale d'interdiction adoptée pour des motifs de protection de l'ordre public en raison du fait que cette activité porte atteinte à la dignité humaine[43].

Ces motifs doivent respecter les principes de nécessité et de proportionnalité : des mesures restrictives de la libre prestation des services ne peuvent être justifiées par des motifs liés à l'ordre public que si elles sont nécessaires pour la protection des intérêts qu'elles visent à garantir et seulement dans la mesure où ces objectifs ne peuvent pas être atteints par des mesures moins restrictives. Dans l'appréciation de proportionnalité menée, les données fondamentales pèsent de tout leur poids. Ainsi, lorsque la Cour vérifie si des mesures restrictives de liberté sont nécessaires pour la protection des intérêts qu'elles visent à garantir et si ces objectifs ne peuvent être atteints par des mesures moins restrictives, elle précise qu'il « n'est pas indispensable, à cet égard, que la mesure restrictive édictée par les autorités d'un État membre corresponde à une conception partagée par l'ensemble des États membres en ce qui concerne les modalités de protection » et que « la nécessité et la proportionnalité des dispositions prises en la matière ne sont pas exclues au seul motif qu'un État membre a choisi un système de protection différent de celui

---

[42] CJCE, 4 décembre 1974, *Van Duyn*, 41/74, *Rec.*, 1337 et 27 octobre 1977, *Bouchereau*, 30/77, *Rec.*, 1999, selon lequel « l'existence de condamnations pénales ne peut être retenue que dans la mesure où les circonstances qui ont donné lieu à ces condamnations font apparaître l'existence d'un comportement personnel constituant une menace actuelle pour l'ordre public » et « en tant qu'il peut justifier certaines restrictions à la libre circulation des personnes relevant du droit communautaire, le recours, par une autorité nationale, à la notion d'ordre public suppose, en tout cas, l'existence, en dehors du trouble pour l'ordre social que constitue toute infraction à la loi, d'une menace réelle et suffisamment grave, affectant un intérêt fondamental de la société ».

[43] CJCE, 14 octobre 2004, *Omega*, C-36/02, Rec., I-9609, selon lequel une activité peut être considérée comme menaçant l'ordre public « en raison du fait que, selon la conception prévalant dans l'opinion publique, l'exploitation commerciale de jeux de divertissement impliquant la simulation d'actes homicides porte atteinte à une valeur fondamentale consacrée par la constitution nationale, à savoir la dignité humaine » (*Rec.*, I-) et qui applique une méthode similaire à celle dégagée dans le cadre de la libre circulation des marchandises par l'arrêt de la Cour du 12 juin 2003, *Schmidberger*, C-112/00, *Rec.*, I-5659.

adopté par un autre État »[44]. Cette même recherche d'équilibre par la proportionnalité s'observe dans l'appréciation des motifs jurisprudentiels de dérogation introduits par la Cour de justice avec la catégorie des raisons impérieuses d'intérêt général.

B. Les mutations dans la conciliation par le caractère fondamental des avancées de la jurisprudence de l'Union

La Cour a étendu la liste des intérêts dérogatoires visés par les traités en dégageant des raisons impérieuses d'intérêt général (1) pouvant justifier des entraves aux libertés fondamentales sur le marché intérieur alors même qu'elles ne sont pas prévues par les traités et qu'elles s'inscrivent dans des rapports d'identité et de légitimité entre l'Union et ses États, tout particulièrement quand elles permettent d'assurer la protection des droits fondamentaux des personnes sur ce marché (2).

1. La diversification des intérêts à concilier par les raisons impérieuses d'intérêt général

Cette diversification permet de prendre en compte des intérêts non économiques variés ainsi qu'en témoigne la jurisprudence de la Cour de justice qui considère comme constituant une raison impérieuse d'intérêt général à même de justifier des entraves aux libertés sur le marché intérieur des exigences liées à la reconnaissance mutuelle des diplômes et les conditions d'exercice des professions[45], des exigences fiscales telles que l'efficacité des contrôles fiscaux[46], la lutte contre le risque d'évasion fiscale[47], la cohérence du système fiscal national[48], la loyauté des transactions commerciales[49], la protection de la propriété industrielle et commerciale, dans son objet spécifique[50], la garantie de la qualité de travaux d'artisanat et la protection des destinataires de ces travaux[51], la

---

[44] CJCE, 14 octobre 2004, *Omega*, *précité.*

[45] CJCE, 7 mai 1991, *Vlassopoulou*, Aff. C-340/89, *Rec.*, I-2357 ; 25 juillet 1991, *Gouda*, Aff. C-353/89, *Rec.*, I-4007 ; 31 mars 1993, *Kraus*, Aff. C-19/92, *Rec.*, I-1663 ; 30 novembre 1995, *Gebhard*, Aff. C-55/94, *Rec.*, I-4165 ; 26 février 1991, *Commission c/France*, Aff. C-154/89, *Rec.*, I-659, et même jour, *Commission c/Italie*, Aff. C-180/89, *Rec.*, I-709 et *Commission c/République hellénique*, Aff. C-198/89, *Rec.*, I-727, *affaire dite des guides touristiques.*

[46] CJCE, 15 mai 1997, *Futura Participations*, Aff. C-250/95, *Rec.*, I-2471 et 8 juillet 1999, *Baxter*, Aff. C-254/97, *Rec.*, I-4809.

[47] Not. CJCE, 16 juillet 1998, *ICI*, Aff. C-264/96, *Rec.*, I-04695 et 12 septembre 2006, *Cadbury Schweppes*, Aff. C-196/04, *Rec.*, I-7995.

[48] CJCE, 28 janvier 1992, *Bachmann*, Aff. C-204/90, *Rec.*, I-249 et 13 décembre 2005, *Marks et Spencer*, Aff. C-446/03, *Rec.*, I-10837.

[49] CJCE, 30 septembre 2003, *Inspire Art*, Aff. C-167/01, *précité.*

[50] CJCE, 11 mai 1999, *Pfeiffert*, Aff. C-255/97, *Rec.*, I-2835.

[51] CJCE, 3 octobre 2000, *Corsten*, Aff. C-58/98, *Rec.*, I-7919.

protection des consommateurs[52], la sécurité de la navigation ou la politique nationale des transports et la protection de l'environnement[53], l'aménagement du territoire[54], le droit pour les travailleurs de mener une action collective[55] et des objectifs de protection sociale des travailleurs[56] ou encore des exigences de sécurité routière[57]. Dans le domaine des jeux de hasard et des loteries, qui entrent dans le champ de la libre prestation de service et de la liberté d'établissement[58], la Cour de justice a admis que la liberté d'établissement et la libre prestation de services peuvent être restreintes par des motifs légitimes tels que la protection des consommateurs, la sécurité juridique, la lutte contre la fraude, l'addiction aux jeux et l'incitation à une dépense excessive liée aux jeux[59]. Le caractère fondamental des intérêts en présence ressort encore davantage de la jurisprudence par laquelle la Cour de justice recourt aux raisons impérieuses d'intérêt général pour assurer le respect de droits fondamentaux garantis dans les États membres.

2. *L'étendue des intérêts compris dans la protection des droits fondamentaux des personnes*

Comme le souligne l'arrêt *Schmidberger* du 12 juin 2003, « le respect des droits fondamentaux s'imposant tant à la Communauté qu'à ses États membres, la protection desdits droits constitue un intérêt légitime de nature à justifier, en principe, une restriction aux obligations imposées par le droit communautaire, même en vertu d'une liberté fondamentale

---

52 Et de bonne administration de la justice : CJCE, 5 décembre 2006, *Cipolla et Capodarte*, Aff. jointes C-94/04 et C-204/04, *Rec.*, I-11421 ; dans le domaine des assurances : CJCE, 4 décembre 1986, *Commission c/France*, Aff. 220/83, *Rec.*, 3663, et *Commission c/Allemagne*, Aff. 205/84, *Rec.*, 3755 ; dans le domaine des services bancaires : CJCE, 5 octobre 2004, *Caixabank c/France*, Aff. C-442/02, *Rec.*, I-8961.

53 CJCE, 17 mai 1994, *Corsica Ferries Italia*, Aff. C-18/93, *Rec.*, I-1783.

54 CJCE, 1er juin 1999, *Konle*, Aff. C-302/97, *Rec.*, I-03099.

55 CJCE, 18 décembre 2007, *Laval un Partneri*, Aff. C-341/05, *Rec.*, I-11767.

56 CJCE, 3 avril 2008, *Rüffert*, Aff. C-346/06, *Rec.*, I-1989.

57 CJCE, 22 octobre 2009, *Commission c/Portugal*, Aff. C-438/08, *Rec.*, I-10219 et 11 mars 2010, *Attanasio*, Aff. C-384/08, *Rec.*, I-02055.

58 CJCE, 24 mars 1994, *Schindler*, Aff. C-275/92, *Rec.*, I-01039, qui juge que « les dispositions du traité relatives à la libre prestation des services ne s'opposent pas à une législation du type de la législation britannique sur les loteries compte tenu des préoccupations de politique sociale et de prévention de la fraude qui la justifient ». Voir aussi le Livre vert de la Commission sur les jeux en ligne du 24 mars 2011, COM (2011) 128 Final.

59 Notamment : CJCE, 8 septembre 2010, *Carmen Media Group*, Aff. C-46/08, *Rec.*, I-8149. Voir aussi : CJUE, 3 juin 2010, *Sporting Exchange Ltd*, Aff. C-203/08, *Rec.*, I-04695, et même jour, *Ladbrokes Betting*, Aff. C-258/08, *Rec.*, I-04757 ; 30 juin 2011, *Zeturf*, Aff. C-212/08 et 15 septembre 2011, *Dickinger*, Aff. C-347/09 (non encore publiés au Recueil).

garantie par le traité telle que la libre circulation des marchandises »[60]. Dans l'arrêt du 14 octobre 2004, *Omega*[61], elle souligne que « l'ordre juridique communautaire tend indéniablement à assurer le respect de la dignité humaine en tant que principe général du droit » et qu'il « ne fait donc pas de doute que l'objectif de protéger la dignité humaine est compatible avec le droit communautaire »[62]. Dans l'arrêt du 18 décembre 2007, *Laval Un Partneri*, c'est « le droit de mener une action collective ayant pour but la protection des travailleurs de l'État d'accueil contre une éventuelle pratique de dumping social » qui est considéré comme constituant « une raison impérieuse d'intérêt général, au sens de la jurisprudence de la Cour, de nature à justifier, en principe, une restriction à l'une des libertés fondamentales garanties par le traité »[63]. Cette jurisprudence met l'accent sur la dimension sociale du marché intérieur et la nécessité d'y protéger des valeurs et intérêts non économiques fondamentaux. Dans les prolongements de cette jurisprudence, la Commission a adopté une proposition de règlement du Conseil, relatif à l'exercice du droit de mener des actions collectives dans le contexte de la liberté d'établissement et de la libre prestation des services[64], mais, face à l'opposition de douze parlements nationaux dénonçant une violation du principe de subsidiarité (ainsi que le leur permet de traité de Lisbonne pour imposer le retrait d'un projet d'acte législatif), de nombreuses délégations au Conseil et des partenaires sociaux, le commissaire européen en charge de l'emploi, des affaires sociales et de l'inclusion a annoncé, mi-septembre 2012, le retrait de cette proposition de règlement.

Selon l'article 6-1 du TUE, l'Union reconnaît les droits, les libertés et les principes énoncés dans la Charte des droits fondamentaux de l'Union européenne du 7 décembre 2000, telle qu'adaptée le 12 dé-

---

[60] Aff. C-112/00, *Rec.*, I-05659, qui posait à la Cour « la question de la portée respective des libertés d'expression et de réunion, garanties par les articles 10 et 11 de la CEDH, et de la libre circulation des marchandises, lorsque les premières sont invoquées en tant que justification d'une restriction à la seconde » et qui conclut qu'en laissant des manifestants occuper l'autoroute du Brenner, empêchant ainsi la circulation routière pendant une durée de près de 30 heures, les autorités nationales n'ont pas causé une restriction injustifiée et disproportionnée à la libre circulation des marchandises.

[61] Aff. C-36/02, *Rec.*, I-09609.

[62] Puis, elle applique sa jurisprudence constante selon laquelle « le respect des droits fondamentaux s'imposant tant à la Communauté qu'à ses États membres, la protection desdits droits constitue un intérêt légitime de nature à justifier, en principe, une restriction aux obligations imposées par le droit communautaire, même en vertu d'une liberté fondamentale garantie par le traité telle que la libre prestation de services ».

[63] Aff. C-341/05, *Rec.*, I-11767.

[64] Proposition du 21 mars 2012, COM (2012) 130 Final.

cembre 2007 à Strasbourg, laquelle a la même valeur juridique que les traités. Cet article précise immédiatement que « les dispositions de la Charte n'étendent en aucune manière les compétences de l'Union telles que définies dans les traités ». En vertu de la Charte, l'Union et ses institutions doivent en assurer le respect dans le champ d'application du droit de l'Union et donc au sein du marché intérieur et de l'espace de liberté, de sécurité et de justice. Et cette question de compétence vaut naturellement pour l'opération de conciliation des intérêts que cette protection implique. Même quand les termes de la conciliation sont définis par renvoi au droit national d'un État ou de plusieurs États, la définition de l'équilibre de ces intérêts, et donc du résultat de la conciliation, relève du droit de l'Union et d'une appréciation autonome. L'œuvre de la Cour de justice de l'Union est caractéristique de cette recherche d'équilibre et la valeur juridique désormais reconnue à la Charte des droits fondamentaux de l'Union influe certainement sur le poids de la protection des droits fondamentaux dans l'opération de conciliation et l'appréciation de proportionnalité. Le champ de la conciliation progresse en lien avec l'enrichissement des droits fondamentaux des personnes et des entreprises sur le marché intérieur.

Enfin, il importe de rappeler que les variations dans l'appréciation des motifs légitimes de restriction des libertés peuvent tenir à la prise en compte de l'identité nationale et constitutionnelle des États, bien illustrée par l'arrêt du 22 décembre 2010, *Sayn-Wittgenstein*, qui fait entrer l'interdiction par le droit constitutionnel autrichien du port de titre de noblesse en Autriche, expression du principe général d'égalité en droit des citoyens autrichiens et de la forme républicaine de l'État autrichien, dans le champ des motifs légitimes de restriction à la libre circulation[65]. Le principe général d'égalité est certes un principe partagé entre les États membres et fait partie des valeurs communes de l'Union[66]. Il peut néanmoins présenter une substance constitutionnelle variable d'un État à l'autre, qui doit être reçue par le droit de l'Union. La portée fondamentale des termes de la conciliation des intérêts sur le marché dévoile ainsi son ampleur quand il s'agit de concilier les intérêts du citoyen de l'Union et ceux du citoyen national et de protéger les éléments essentiels sur statut de la citoyenneté européenne, considéré comme « statut fondamental du ressortissant de l'Union » et participant à la définition

---

[65] Aff. C-208/09, *Rec.*, I-13693.

[66] Reprenant un raisonnement similaire à celui des arrêts *Schmidberger* et *Omega*, la Cour constate que « l'ordre juridique de l'Union tend indéniablement à assurer le respect du principe d'égalité en tant que principe général du droit. Ce principe est également consacré à l'article 20 de la Charte des droits fondamentaux. Il ne fait donc pas de doute que l'objectif de respecter le principe d'égalité est compatible avec le droit de l'Union ».

d'une identité matériellement « constitutionnelle » pour l'Union[67]. La fondamentalité des termes de la conciliation domine alors l'équilibre et les avancées du contrôle européen de proportionnalité qui dévoilent leurs enjeux au-delà du marché intérieur, dans l'espace de liberté, de sécurité et de justice.

Conclusion

Le champ de la conciliation des intérêts économiques et non économiques sur le marché intérieur s'étend sous l'effet d'un double facteur concernant toujours davantage des données fondamentales de l'Union et de ses États membres. La conciliation des intérêts s'observe dans les rapports de souveraineté et de légitimité entre les ordres juridiques qui se dessinent quand sont en cause des intérêts essentiels à chacun d'eux. Elle évolue à la mesure de la progression des compétences de l'Union et de ses interventions dans le champ de la compétence nationale des États. L'intérêt du bon fonctionnement du marché intérieur produit cet effet intégrateur autonome, face auquel les termes et le contenu de la conciliation se sont progressivement enrichis. Les mutations dans la recherche de l'équilibre des intérêts pourraient contribuer à repenser ce que doit être et recouvrir l'intérêt général commun aux États sur marché de libre échange et de libre concurrence. Derrière la démarche consensuelle centrée sur l'idée de conciliation, se profilent des évolutions dans la hiérarchisation des intérêts sur le marché intérieur, face à la prévalence des intérêts économiques, par une interprétation enrichie des termes du principe de proportionnalité et de subsidiarité et par les progrès de la prise en compte de leur portée fondamentale pour l'Union et ses États.

---

[67] CJUE, 8 mars 2011, *Zambrano*, C-34/09, 5 mai 2011, *McCarthy*, C-434/09, et 15 novembre 2011, *Dereci*, C-256/11, (non encore publiés au Recueil). En dernier lieu : CJUE, 6 décembre 2012, *OS*, C-356 et C-357/11 dans lequel la cour de justice juge que : « L'article 20 TFUE doit être interprété en ce sens qu'il ne s'oppose pas à ce qu'un État membre refuse à un ressortissant de pays tiers un titre de séjour au titre du regroupement familial, alors que ce ressortissant cherche à résider avec sa conjointe, également ressortissante de pays tiers résidant légalement dans cet État membre et mère d'un enfant, issu d'un premier mariage et qui est citoyen de l'Union, ainsi qu'avec l'enfant issu de leur propre union, également ressortissant de pays tiers, pour autant qu'un tel refus n'entraîne pas, pour le citoyen de l'Union concerné, la privation de la jouissance effective de l'essentiel des droits conférés par le statut de citoyen de l'Union, ce qu'il appartient à la juridiction de renvoi de vérifier » (non encore publié au Recueil).

La politique agricole commune 2014-2020 face aux enjeux économiques du XXIe siècle

Yves PETIT

La PAC est née le 14 janvier 1962 après l'adoption d'un premier paquet législatif par le Conseil. Elle est donc cinquantenaire et sa physionomie a profondément évolué au fil des réformes d'envergure qu'elle a connues. En 1962, dans la CEE à six États membres, on dénombrait 6,5 millions d'agriculteurs, 69 millions d'hectares cultivés et 20 milliards d'euros (Écus) de production ; en 2012, dans l'UE à 27 États membres, 13,7 millions d'agriculteurs cultivent 172 millions d'hectares et le montant de leur production s'élève à 350 milliards d'euros[1]. Lors de l'instauration de la PAC en 1962, la préoccupation principale de la CEE était de combler ses déficits agricoles et d'assurer son autosuffisance alimentaire dans de nombreux domaines. Certes, la sécurité alimentaire reste toujours une question clé, mais d'autres sujets plus contemporains comme le changement climatique ou l'utilisation durable des ressources naturelles occupent maintenant également le devant de la scène.

Le visage de la PAC a été modifié par le changement de cap de 1992, puis par les réformes de 1999, 2003, et le bilan de santé de 2008, qui est en quelque sorte une réforme qui ne dit pas son nom[2]. Une nouvelle réforme est en préparation. Elle est destinée à couvrir la durée septennale du prochain cadre financier, soit les années 2014-2020. La Commission européenne a en effet présenté le 12 octobre 2011 son « paquet législatif » consacré à la PAC après 2013. Il se compose de sept propositions de règlements de 615 pages et de plus de 850 pages d'études d'impact[3]. La philosophie de la réforme proposée doit être appréhendée à la lumière du titre de sa communication du 18 novembre 2010 : « La PAC à l'horizon 2020 : alimentation, ressources naturelles et territoire –

[1] Source : DG Agri et Europolitique 24 janvier 2012, p. 7.

[2] Sur ces éléments, voir C. Blumann (dir.), *Politique agricole commune et politique commune de la pêche*, Commentaire J. Mégret, 3e édition, Éditions de l'Université de Bruxelles, 2011, pp. 9 et suiv.

[3] Ces textes sont disponibles sur http://ec.europa.eu/agriculture/cap-post-2013/legal-proposals/index_fr.htm.

relever les défis de l'avenir »[4], titre inconcevable en 1962, quand la PAC a été portée sur les fonts baptismaux. Titre qui fait également ressortir le chemin parcouru par cette politique reposant à ses débuts sur une approche essentiellement productiviste.

En 2012, la PAC n'est plus – et de loin – le colosse budgétaire qu'elle a été. Durant les années 1979 à 1983, la part du budget communautaire consacrée aux dépenses agricoles a oscillé entre 63 et 76 %, la PAC étant alors la principale politique commune, mais également « la plus chère et la plus controversée »[5]. Dans le budget 2012 de l'UE d'un montant de 147 milliards d'euros en crédits d'engagement et de 129 milliards d'euros en crédits de paiements, la PAC n'occupe plus la première place, comme elle l'a fait pendant de nombreuses années, car elle est devancée par la politique de cohésion. Les deux piliers de la PAC représentent un peu plus de 40 % des dépenses du budget (30 % pour le premier pilier pour un montant de 44 milliards d'euros ; 10,8 % pour le deuxième pilier pour un montant de 13 milliards d'euros), alors que les dépenses consacrées à la croissance durable (qui comprennent celles de la politique de cohésion) atteignent un peu moins de 46 % du budget. Avec la préparation du cadre financier pluriannuel (CFP) pour 2014-2020, la part des dépenses agricoles devrait poursuivre sa décrue et diminuer à nouveau, car des coupes d'un montant de 6,8 milliards amputant le budget la PAC ont été proposées par l'actuelle présidence chypriote, qui a suggéré de diminuer le volume global du CFP de 50 milliards d'euros. Alors que les ministres allemand et français de l'Agriculture ont publié une déclaration commune prônant le gel du budget de la PAC au niveau nominal de 2013 pour la période 2014-2020, le ministre français chargé des Affaires européennes, B. Cazeneuve, a déclaré que « la France ne saurait soutenir un budget pluriannuel qui ne maintiendrait pas les crédits de la PAC », sachant que des États membres comme le Royaume-Uni, la Suède ou le Danemark sont favorables à des coupes budgétaires plus radicales[6]. Avant l'échec du Conseil européen des 22-23 novembre 2012, le président du Conseil européen avait choisi d'amputer davantage encore le budget de la future PAC, en proposant une réduction drastique d'environ 21,49 milliards d'euros, dont une première coupe de 13,19 milliards pour les paiements directs (premier pilier de la PAC) et une seconde de 8,3 milliards d'euros pour le développement rural (deuxième pilier de la PAC). Au total, il a proposé de diminuer le montant des crédits d'engagements du cadre financier 2014-2020 de 75 milliards d'euros, pour le ramener à 957 milliards d'euros,

---

[4] COM (2010) 672 final, 18 novembre 2010.

[5] F. Snyder, *Droit de la politique agricole commune*, Paris, Economica, 1987, p. 4.

[6] Voir notice Europolitique, 30 octobre 2012, pp. 1 et 4 ; 31 octobre 2012, p. 5 ; 5 novembre 2012, p. 11 ; Bulletin de l'Agence Europe, 1er novembre 2012, p. 5.

soit 135 milliards de moins que la proposition de la Commission de fin juin 2011[7].

À l'évidence, le contexte financier de la PAC est appelé à évoluer, de même que son contenu, car la Commission entend que cette politique s'oriente vers les grands objectifs de l'UE. À cette fin, elle a proposé un « nouveau partenariat entre l'Europe et les agriculteurs », afin de « renforcer la compétitivité, la durabilité et l'ancrage de l'agriculture sur l'ensemble des territoires pour garantir aux citoyens européens une alimentation saine et de qualité, préserver l'environnement et développer les zones rurales »[8]. Pour sa part, en présentant la réforme pour les années 2014-2020, le commissaire D. Ciolos a évoqué la nécessité d'« établir un nouvel équilibre dans le cadre d'un véritable partenariat entre la société, qui offre les ressources financières d'une politique publique, et les agriculteurs, qui font vivre les zones rurales, qui sont au contact des écosystèmes et qui produisent notre nourriture »[9]. Il est convaincu que la PAC peut apporter son expérience à la Stratégie économique de l'UE pour 2020, qui prend la suite de la Stratégie de Lisbonne de 2000 et est dénommée Europe 2020 (I). Compétitivité économique et compétitivité écologique allant de pair, il estime encore que la PAC « doit également être à la hauteur du défi de la durabilité à la fois sur le plan économique et environnemental », qu'elle doit par conséquent permettre de mieux préserver et protéger l'environnement (II).

I. La contribution de la politique agricole commune à la stratégie Europe 2020

Comme l'indique l'intitulé de la Communication de la Commission, Europe 2020 est une stratégie pour une croissance intelligente, durable et inclusive[10]. La croissance « intelligente » vise à développer une économie fondée sur la connaissance et l'innovation ; la croissance « durable » à promouvoir une économie plus efficace dans l'utilisation des ressources ; la croissance « inclusive » à encourager une économie à fort taux d'emploi favorisant la cohésion économique, sociale et territoriale. Cette nouvelle stratégie européenne pour l'emploi et la croissance est un remède envisagé contre les faiblesses structurelles de l'UE, mises

---

7 Europolitique, 15 novembre 2012, pp. 1 et 6 (la réduction atteint même 81 milliards d'euros si l'on prend en compte l'ensemble des éléments que les États membres veulent laisser en dehors du cadre financier pluriannuel).

8 Communiqué de presse IP/11/1181, 12 octobre 2011.

9 Speech/11/653, 12 octobre 2011.

10 Commission, Europe 2020 – Une stratégie pour une croissance intelligente, durable et inclusive, COM (2010) 2020, 3 mars 2010.

en évidence et exacerbées par la crise économique actuelle. L'UE doit faire face aux contraintes de la mondialisation, de la raréfaction des ressources et du vieillissement de la population. La Commission estime de ce fait qu'elle doit se transformer en un marché plus innovant, respectueux de l'environnement, et favorisant le bien-être social.

La question de la contribution de la PAC à Europe 2020 se pose, car on peut relever une certaine ambiguïté à ce sujet, qu'il convient de lever. La communication de la Commission sur la stratégie Europe 2020 mentionne le marché intérieur, la politique budgétaire, ou encore la politique de cohésion parmi les politiques et actions au service de la Stratégie Europe 2020, mais pas la PAC, « hormis le fait qu'ont été mentionnés, au même titre que les fonds structurels, les fonds agricoles et de développement rural parmi les instruments financiers préconisés »[11]. Toutefois, le Conseil européen des 25-26 mars 2010 a été plus explicite et a précisé que « toutes les politiques communes, y compris la politique agricole commune et la politique de cohésion, devront appuyer la stratégie. Un secteur agricole viable, productif et compétitif apportera une contribution importante à la nouvelle stratégie, compte tenu du potentiel de croissance et d'emploi que possèdent les zones rurales, tout en assurant des conditions de concurrence loyales »[12].

De même, la Commission a levé les doutes existants, en reconnaissant qu'il importait que la future PAC pour l'après 2013

> soit constituée d'un premier pilier plus axé sur l'écologie et plus équitable et d'un second pilier davantage orienté vers la compétitivité et l'innovation, les changements climatiques et l'environnement. Cela permettrait à l'agriculture de l'UE d'exploiter son potentiel de productivité latent [...] et, partant, de contribuer à la réalisation des objectifs de la stratégie Europe 2020[13].

Sa proposition de règlement relative au financement, à la gestion et au suivi de la PAC reconnaît également que « l'innovation, le développement d'entreprises compétitives et la mise à disposition des citoyens de l'UE de biens publics sont considérés comme des moyens d'aligner la PAC sur la stratégie Europe 2020 »[14]. Parmi les moyens retenus pour y parvenir, on relèvera une programmation stratégique des fonds structurels, ce qui inclut le Fonds européen agricole pour le développement rural (FEADER), pour mieux assurer le financement des priorités de la stratégie Europe 2020 (A), ainsi qu'un partenariat européen d'innovation consacré à l'agriculture (B).

---

[11] G. Rochdi, Nouvelle donne pour l'agriculture européenne à l'horizon 2013, Revue de l'Union européenne, juin 2011, p. 365.

[12] Conclusions de la présidence, point 5 g).

[13] COM (2010) 672 final, *op. cit.*, p. 3.

[14] COM (2011) 628 final/2, 19 octobre 2011, p. 6.

A. Une programmation stratégique des fonds structurels au service d'Europe 2020

Pour la durée de chaque CFP, non seulement la Commission propose une réforme de la PAC, mais elle entreprend également une réforme de la politique de cohésion (huit règlements et une communication sur l'avenir du fonds de solidarité de l'UE), qui oppose d'ailleurs deux groupes d'États membres : « Les Amis du mieux dépenser » et « Les Amis de la cohésion »[15]. Le premier groupe d'États membres, qui est constitué d'États contributeurs nets, comprend l'Allemagne, la France, le Royaume-Uni, les Pays-Bas, la Finlande, la Suède et l'Autriche. Le second regroupe quatorze États membres bénéficiaires nets, conduits par la Pologne. Outre cet État membre, il se compose de l'Espagne, de la Hongrie, de la Roumanie, du Portugal, de la République tchèque, de la Grèce, de la Bulgarie, de la Slovaquie, de la Slovénie, des trois États baltes et de Malte. « Les Amis du mieux dépenser » veulent opérer des coupes dans cette masse budgétaire importante, alors que « Les Amis de la cohésion » souhaitent qu'elle conserve le même niveau que celui de la programmation actuelle 2007-2013. Cette situation est paradoxale, car non seulement une diminution trop forte des crédits de la cohésion risque de pénaliser les régions les moins prospères de l'Union mais, de surcroît, le Conseil européen de juin 2012[16] a confirmé que la politique de cohésion économique, sociale et territoriale est la principale politique au service de l'emploi et de la croissance au niveau européen.

Plusieurs innovations ont ainsi été proposées par la Commission, afin de maximiser l'impact des fonds structurels dans le but de permettre de réaliser les priorités de l'Union européenne arrêtées dans la stratégie Europe 2020. Les fonds agricoles (le Fonds européen agricole de garantie, FEAGA et le FEADER), au même titre que les fonds structurels, figurant parmi les instruments préconisés dans la communication de la Commission sur Europe 2020, elle a suggéré qu'une série de principes communs soient applicables à tous les fonds à caractère structurel : les principes de partenariat et de gouvernance multi-niveaux, de conformité aux législations européennes et nationales applicables, de promotion de l'égalité entre les hommes et les femmes, de non-discrimination et de développement durable. Une programmation stratégique renforcée est également prévue, afin de parvenir à une concentration des interventions des fonds sur les thèmes de la stratégie Europe 2020[17]. Les deux instru-

---

[15] Bulletin de l'Agence Europe, 31 octobre 2012, p. 3.

[16] Conclusions de la présidence, Annexe « Pacte pour la croissance et l'emploi », point 3, f).

[17] Voir proposition de règlement du Parlement européen et du Conseil portant dispositions communes relatives au Fonds européen de développement régional, au Fonds

ments retenus pour parvenir à cette concentration sont le Cadre stratégique commun (CSC) et les contrats de partenariats[18].

Le CSC est appelé à définir les principales actions à mettre en œuvre pour concrétiser les priorités de l'UE, à fournir des indications relatives à la programmation applicable à l'ensemble des fonds, y compris le FEADER, et à contribuer à une meilleure coordination des différents instruments structurels de l'Union. L'article 177 TFUE évoque en effet « les règles générales applicables aux fonds, ainsi que les dispositions nécessaires pour assurer leur efficacité et la coordination des fonds entre eux et avec les autres instruments financiers existants ». Le CSC sera adopté par la Commission et est destiné à transposer les objectifs d'Europe 2020 en actions auxquelles les fonds européens (y compris le FEADER) devront apporter leur soutien. Il contient les dispositions communes aux différents fonds et des dispositions portant plus spécifiquement sur les trois fonds de la cohésion (FEDER, FSE et Fonds de cohésion). Ces dispositions communes aux différents fonds doivent leur permettre de poursuivre des objectifs stratégiques complémentaires. Ils devraient ainsi pouvoir mettre en œuvre une liste d'objectifs thématiques communs définis à partir de la stratégie Europe 2020. Leur coordination devrait s'en trouver améliorée, ainsi que leur valeur ajoutée. Cette innovation en termes de programmation peut s'expliquer, en se référant au bilan à mi-parcours de la stratégie de Lisbonne effectué en 2004-2005. À l'époque, on est arrivé à la conclusion que les politiques publiques européennes et nationales n'étaient pas suffisantes pour réaliser ce projet européen dans le domaine de la croissance et de l'emploi. De ce fait, en 2006, lors de l'élaboration de la politique régionale pour les années 2007-2013, il a été décidé de procéder à un ciblage des interventions des fonds structurels, qui ont été conçues selon un « fléchage Lisbonne », ce qui a permis de faire de la politique de cohésion une politique de compétitivité. Si l'on prend en considération la réorientation intervenue après le plan de relance de l'économie européenne de la fin de l'année 2008, durant la période de programmation 2007-2013, la politique régionale consacre un peu plus de 100 milliards d'euros à

---

social européen, au Fonds de cohésion, au Fonds européen agricole pour le développement rural et au Fonds européen pour les affaires maritimes et la pêche relevant du Cadre stratégique commun, portant dispositions générales applicables au Fonds européen de développement régional, au Fonds social européen et au Fonds de cohésion, et abrogeant le règlement (CE) n° 1083/2006, articles 4 et suiv., COM (2011) 615 final, 6 octobre 2011.

[18] Voir notice P. Forgues et P. Gruny, Rapport n° 4292 sur la politique de cohésion 2014-2020, Assemblée nationale, Commission des affaires européennes, 1er février 2012, pp. 28 et suiv. ; Union européenne, Politique de cohésion 2014-2020 – Investir dans la croissance et l'emploi, OPOCE, 2011, 16 p.

l'économie verte et à la préservation de l'environnement, soit 30 % de son budget[19].

Les États membres concluront également des contrats de partenariats avec la Commission, dans lesquels ils évalueront leurs besoins en développement et définiront leurs priorités nationales. Ces besoins et ces priorités seront bien entendu liés aux objectifs de la stratégie Europe 2020, et aux programmes nationaux de réforme que les États membres doivent développer et mettre en œuvre dans le cadre de cette stratégie. Cette procédure s'explique par le fait que les États membres n'avaient pas joué le jeu pour appliquer la stratégie de Lisbonne ; avec la nouvelle programmation 2014-2020, ils seront contraints de le faire, sous peine de ne pas obtenir de crédits. Afin de mieux cibler et absorber les fonds européens, le contrat de partenariat permettra le financement d'objectifs thématiques que les États membres pourront choisir parmi une liste de 11 objectifs conformes à la stratégie Europe 2020[20]. Plusieurs d'entre eux concernent l'agriculture et le développement rural : renforcer la compétitivité des PME et du secteur agricole ; soutenir la transition vers une économie à faibles émissions de carbone ; promouvoir l'adaptation aux changements climatiques et à la prévention et la gestion des risques ou encore protéger l'environnement et promouvoir l'utilisation rationnelle des ressources. Le contrat de partenariat constitue un accord ferme entre la Commission et les États membres pour l'utilisation des fonds et les performances à réaliser car, sur ce plan, la réforme prévoit l'instauration d'une conditionnalité renforcée afin d'obtenir des performances accrues. Il est ainsi question de prévoir une conditionnalité macro-économique établissant un lien entre la politique de cohésion et la gouvernance économique de l'Union, afin de garantir l'efficacité des dépenses.

L'intégration ou la réintégration du FEADER dans la politique de cohésion n'est pas réellement surprenante, car l'article 174 TFUE relatif à la cohésion économique, sociale et territoriale prévoit qu'« une attention particulière est accordée aux zones rurales, etc. ». Alors que les orientations prises au fil des différentes réformes par la PAC ont accentué son exposition aux forces du marché (avec pour conséquences une concentration géographique de la production au bénéfice des régions les plus riches), il est probable que la cohérence entre la politique agricole commune et la politique de cohésion soit moins forte qu'auparavant. Or l'article 7 TFUE précise que « L'Union veille à la cohérence entre ses différentes politiques et actions, en tenant compte de l'ensemble de ses

[19] Y. Petit, *L'économie verte, un défi pour l'Europe, L'actu facile*, La Documentation française – France Info, 2009, p. 36.

[20] Voir article 9 de la proposition de règlement portant dispositions communes relatives aux fonds structurels, COM (2011) 615 final, *op. cit.*, pp. 37-38.

objectifs et en se conformant au principe d'attribution des compétences ». L'Union a cependant certainement intérêt à cette cohérence, à un deuxième pilier proche de la cohésion, car « un lien plus étroit entre la PAC et les politiques de cohésion permettrait de renforcer la complémentarité des différents budgets communautaires et d'éviter les conflits entre les différentes mesures incitatives »[21].

B. Un partenariat européen d'innovation pour l'agriculture

Dans la stratégie Europe 2020, le rôle de premier plan de la recherche et de l'innovation est souligné. Il est précisé dans une communication spécifique de la Commission, intitulé « Une Union de l'innovation »[22]. Ce document introduit le concept de partenariats européens d'innovation (PEI), qui constituent un nouveau moyen d'encourager l'innovation. Ils ont « pour objet de tester une nouvelle approche en matière de recherche et d'innovation dans l'UE ». Composante de la stratégie Europe 2020, les PEI sont destinés à relever les défis de la société, à renforcer la compétitivité au sein de l'Union, et à contribuer à la création d'emploi et à la croissance. Ils s'appuient sur les politiques existantes de l'Union ; en l'occurrence, en matière agricole, la politique de développement rural invite les États membres à définir des objectifs en matière d'innovation, et la politique de recherche et d'innovation est appelée à soutenir des projets s'inscrivant dans le cadre d'« Horizon 2020 »[23], qui est un des principaux piliers de l'Union de l'innovation. Le PEI en matière agricole devrait ainsi permettre une meilleure concrétisation des actions innovantes que promeut l'UE en matière de développement rural, et de recherche et d'innovation.

Parmi les domaines sur lesquels peuvent porter les PEI, l'agriculture figure en bonne place. La Commission est en effet consciente que dans le domaine de l'agriculture, mais pas uniquement, il est indispensable de créer un lien entre la recherche scientifique et l'application pratique d'approches innovantes. *A priori*, elle fonde beaucoup d'espoirs sur une relation plus étroite entre la recherche et l'agriculture, car elle a déjà adopté une initiative de programmation conjointe de la recherche dans le domaine « agriculture, sécurité alimentaire et changement climatique »[24],

---

[21] J.-C. Bureau et L.-P. Mahé, *La réforme de la PAC au-delà de 2013. Une vision à plus long terme*, Notre Europe, décembre 2008, p. 45.

[22] Commission, Initiative phare Europe 2020 – Une Union de l'innovation, COM 2010 (546) final, 6 octobre 2010, spécialement, pp. 26 et suiv.

[23] Voir communiqué de presse IP/11/1475, 30 novembre 2011.

[24] Recommandation 2010/253/UE de la Commission du 28 avril 2010, JOUE n° L 111, 4 mai 2010, p. 27 (le recours à une recommandation s'explique sans doute par le caractère dérogatoire par rapport au régime général des compétences partagées de la

car elle « permettrait d'apporter une valeur ajoutée importante par rapport à l'éparpillement des efforts actuels des États membres en matière de recherche ».

La Commission est en effet consciente du fait que le changement climatique peut avoir des retombées sur les rendements agricoles, la gestion du bétail et l'implantation des lieux de production, par conséquent sur les revenus et les économies rurales. Pour ces raisons, elle encourage les États membres

> à élaborer une vision commune des modalités d'une coopération et d'une coordination à l'échelle européenne dans le domaine de la recherche, permettant de relever le défi de la sécurité alimentaire et de faire face à la menace liée au changement climatique, à la croissance de la population mondiale et à la demande tant alimentaire que non alimentaire.

Les États membres sont également incités « à définir un agenda commun de recherche stratégique impliquant les besoins et les objectifs de recherche à moyen et long terme dans le domaine de la sécurité alimentaire par l'adaptation au changement climatique et l'atténuation de ses effets dans l'agriculture »[25]. On rappellera ici que si les secteurs de l'agriculture et de la sylviculture absorbent des gaz à effet de serre grâce à leur fonction de puits de carbone, le secteur de l'agriculture représente 14 % des émissions globales de gaz à effet de serre dans l'Union.

Plusieurs projets pilotes en matière d'innovation ont été lancés fin février 2012 : trois PEI portant respectivement sur le « Vieillissement en bonne santé », l'« Approvisionnement en matières premières » et « Productivité et développement durable de l'agriculture »[26]. Un PEI axé sur l'eau a également été lancé au printemps 2012, afin d'élaborer des solutions pratiques aux défis de l'eau dans l'UE. Ce PEI ainsi que celui consacré à la productivité et à la viabilité agricoles sont à l'évidence confrontés à des défis communs, car le secteur agricole pratiquant l'irrigation est souvent un grand consommateur d'eau. L'innovation peut ainsi stimuler une utilisation plus efficace de l'eau dans l'agriculture[27]. Dans le cadre de la réforme pour 2014-2020, la Commission souhaite

---

compétence de l'Union en matière de recherche, comme le prévoit l'article 4-3 TFUE).

25 Voir JOUE n° L 111, 4 mai 2010, *op. cit.*

26 Voir communiqué de presse IP/12/196, 29 février 2012 ; MEMO 12/147, The European Innovation Partnership « Agricultural Productivity and Sustainability », 29 février 2012.

27 Voir Commission, DG Environnement, L'environnement pour les Européens, Supplément semaine verte 2012, « Chaque goutte compte », n° 48, septembre 2012, p. 16 ; Europolitique, 5 septembre 2012, p. 8.

d'ailleurs que la directive-cadre sur l'eau[28] devienne partie intégrante de la conditionnalité, ce qui fait ressortir l'acuité de ce sujet.

Pour s'en tenir au PEI « Productivité et développement durable de l'agriculture », un élément mis en avant par la Commission est d'assurer la sécurité alimentaire dans les années à venir car, selon la FAO, il s'agit d'un des grands défis planétaires d'ici 2050, car la demande alimentaire mondiale devrait connaître une augmentation de 70 %, et elle sera accompagnée d'une forte hausse de la demande mondiale en aliments pour animaux, fibres, biomasse et biomatériaux. Et la Commission est convaincue qu'« il ne sera possible d'augmenter la production agricole et de lui conférer un caractère durable qu'en déployant des efforts considérables en matière de recherche et d'innovation »[29] et, de surcroît, la durabilité écologique des exploitations agricoles passe inéluctablement par une meilleure rentabilité des exploitations agricoles. Or, on constate depuis plusieurs années un ralentissement de la croissance de la productivité en agriculture, ainsi qu'une pression croissante sur l'environnement et les ressources naturelles. Comme l'a déclaré le commissaire en charge de l'agriculture, « le principal défi que l'agriculture devra relever sera de trouver comment produire non seulement plus, mais également mieux »[30]. La recherche et l'innovation apparaissent donc essentielles.

Pour assurer la promotion d'une agriculture compétitive et durable, ainsi qu'une gestion appropriée des terres permettant l'atténuation et l'adaptation au changement climatique, deux indicateurs clés ont été définis pour le PEI relatif à l'agriculture dans les termes suivants : promouvoir la productivité et l'efficacité du secteur agricole, afin d'« inverser d'ici 2020 la récente tendance à la baisse des gains de productivité » ; le développement durable de l'agriculture, pour « assurer d'ici 2020 un niveau satisfaisant de fonctionnalité des sols en Europe »[31]. De plus, plusieurs domaines prioritaires de recherche et d'innovation ont été sélectionnés de manière indicative par la Commission européenne pour mettre en œuvre le PEI : augmenter la productivité et la production agricoles ; renforcer l'efficacité dans l'utilisation des ressources ; mettre l'innovation au service de la bioéconomie (bioraffinage, biomasse, biofermentation) ; biodiversité, services écosystémiques et fonctionnalité des sols ; produits et services innovants pour mettre en place une

---

[28] Directive 2000/60/CE du Parlement européen et du Conseil du 23 octobre 2000, JOCE n° L 327, 22 décembre 2000, établissant un cadre pour une politique communautaire dans le domaine de l'eau.

[29] COM (2012) 79 final, *op. cit.*, p. 3.

[30] Communiqué de presse IP/12/196, *op. cit.*

[31] COM (2012) 79 final, *op. cit.*, p. 5 (la fonctionnalité des sols « englobe la capacité de production des sols et leur rôle clé dans l'atténuation du changement climatique et l'adaptation à ce phénomène et dans la stabilité de l'écosystème »).

chaîne d'approvisionnement transparente et durable ; qualité et sécurité des aliments et de modes de vie sains[32].

Le Conseil a adopté des conclusions le 18 juin 2012 sur le PEI « Productivité et développement durable de l'agriculture »[33], dans lesquelles il souscrit à ses objectifs. Il se montre conscient des enjeux et des opportunités que comporte la demande mondiale future de produits agricoles, ainsi que des enjeux environnementaux. Il estime nécessaire « de libérer le potentiel du secteur agroalimentaire européen » et « de combler le fossé, qui existe actuellement entre la recherche et l'innovation, d'une part, et leurs applications pratiques en agriculture, d'autre part, afin d'augmenter la production de manière durable, avec une utilisation plus durable des ressources ; [...] ». Science et pratiques agricoles doivent donc pouvoir faire bon ménage et la PAC pourra alors apporter son écot à la préservation et à l'amélioration de l'environnement.

II. La contribution de la politique agricole commune à la préservation et à l'amélioration de l'environnement

Un des points les plus discutés de la réforme proposée par la Commission à l'automne 2011 est le verdissement de la PAC, tant au titre du premier pilier que du deuxième pilier. La mesure qui divise le plus les États membres est celle consistant à accorder 70 % des paiements directs (constituant un paiement de base) en fonction d'une conditionnalité simplifiée, et un paiement additionnel de 30 % du plafond national annuel qui serait versé aux agriculteurs hors plafonnement, à ceux d'entre eux qui recourent à des pratiques agricoles bénéfiques pour le climat et l'environnement[34]. Le Parlement européen, qui est devenu colégislateur en matière de PAC depuis l'entrée en vigueur du traité de Lisbonne, est du même avis que la Commission, car il s'est prononcé en faveur d'une PAC durable, en affirmant que

> le secteur agricole a un rôle de premier plan à jouer dans la lutte contre le changement climatique en réduisant ses émissions de gaz à effet de serre, en renforçant les capacités de stockage du dioxyde de carbone et en développant et utilisant davantage les sources d'énergie renouvelables et d'agromatériaux et en considérant que les mesures relevant de la PAC doivent éventuellement intégrer un volet relatif au climat[35].

---

[32] COM (2012) 79 final, *op. cit.*, pp. 9 et suiv.

[33] JOUE n° C 193, 30 juin 2012, p. 1.

[34] Voir Y. Petit, « Politique agricole commune et environnement », RAE 2011/4, pp. 704 et suiv.

[35] Résolution du Parlement européen du 8 juillet 2010 sur l'avenir de la PAC après 2013, JOUE n° C 351 E, p. 113, point 48.

Du fait que les objectifs fixés dans le cadre du plan « énergie-climat »[36] et de la stratégie sur la biodiversité[37] font partie intégrante de la stratégie Europe 2020, l'agriculture et les zones rurales doivent en bonne logique accroître leurs efforts dans ces domaines, le réchauffement climatique et la préservation de la biodiversité constituant les deux grands enjeux environnementaux du XXIe siècle. Si la PAC dispose de moyens financiers suffisants pour les années 2014-2020, elle peut apporter une contribution non négligeable – ce qu'elle fait déjà depuis de nombreuses années[38] – et, surtout, disposer d'une légitimité nouvelle et retrouver du sens[39], car son poids financier est l'objet de critiques récurrentes. L'agriculture européenne est par conséquent appelée à connaître certaines évolutions liées, d'une part, à la lutte contre le réchauffement du climat (**A**) et, d'autre part, à la préservation de la biodiversité (**B**).

A. L'agriculture et les évolutions liées à la lutte contre le réchauffement climatique

Les agriculteurs et les exploitants forestiers sont les principaux gestionnaires des terres. Puisque la PAC s'inscrit dans la stratégie Europe 2020, les zones rurales doivent contribuer à la croissance inclusive et à la cohésion, et les agriculteurs et les exploitants forestiers devront s'engager dans des systèmes et des pratiques agricoles bénéfiques au regard des objectifs en matière d'environnement et de climat. À ce titre, on se limitera à l'évocation de deux évolutions récentes, qui méritent d'être présentées. Elles découlent du plan « énergie – climat », qui est couramment résumé par la formule « 3 fois 20 en 2020 »[40] et entend faire évoluer l'UE vers une économie sobre en carbone et vers une utilisation durable de l'énergie. Ces évolutions législatives portent sur la prise en compte de l'utilisation des terres, du changement d'affectation des terres

---

[36] Voir notice Y. Petit, « Énergie et environnement », in C. Blumann (dir.), *Vers une politique européenne de l'énergie*, Bruylant, 2012, pp. 109-129 ; Y. Petit, « Politique européenne de l'énergie et lutte contre le changement climatique. Quelques observations sur le plan "énergie-climat" du 23 janvier 2008 », in C. Flaesch-Mougin (dir.), *La relance de l'Union européenne et la présidence française*, Bruylant, 2011, pp. 163-195.

[37] Commission, La biodiversité, notre assurance-vie et notre capital naturel – stratégie de l'UE à l'horizon 2020, COM (2011) 244 final, 3 mai 2011.

[38] C. Blumann (dir.), *Politique agricole commune et politique commune de la pêche*, *op. cit.*, pp. 267-295.

[39] N.-J. Brehon, La PAC en quête de légitimité, Questions d'Europe, n° 209, 20 juin 2011, Fondation Robert Schuman, 10 p.

[40] Voir Y. Petit (textes réunis et commentés par), Droit de l'environnement. 2 – Domaines et réglementations, Documents d'études, La Documentation française, 2011, pp. 22 et suiv.

et de la foresterie (UTCATF ou *LULUCF*, *Land use, land use change and forestry*), et sur la prise en compte du changement d'affectation des sols dans le bilan carbone des biocarburants. Elles font ressortir avec force que la future PAC des années 2014-2020 « ne sera donc pas une politique traitant seulement d'une petite partie, bien qu'essentielle, de l'économie de l'UE, mais également une politique d'importance stratégique pour la sécurité alimentaire, l'environnement et l'équilibre territorial »[41].

La Commission a proposé que le secteur UTCATF soit pris en compte dans la politique climatique de l'Union européenne, de manière progressive et en fonction de deux étapes. La première étape comporte la mise en place de règles communes rigoureuses pour la comptabilisation, la surveillance et la déclaration des émissions des secteurs agricole et forestier. Ces règles spécifiques s'expliquent par le profil particulier des émissions de ces secteurs et, de ce fait, la Commission n'a pas souhaité les inclure dans le système d'échange de quotas d'émission de gaz à effet de serre de l'Union européenne[42] ou dans la décision relative à la répartition de l'effort dans les secteurs non couverts par le système d'échange[43]. La deuxième étape « consisterait à inclure officiellement le secteur UTCATF dans l'objectif de réduction des gaz à effet de serre de l'UE » (diminution de 20 % en 2020 selon le plan « énergie – climat »). Le passage à cette seconde étape sera possible « lorsque les États membres auront mis en place le cadre comptable et prouvé sa fiabilité »[44].

À compter de 2013, les secteurs agricole et forestier vont donc être redevables de leurs émissions de gaz à effet de serre (GES). Cette évolution justifie l'importance croissante d'une politique de développe-

---

[41] Proposition de règlement du Parlement européen et du Conseil relatif au soutien au développement rural par le Fonds européen agricole pour le développement rural (Feader), COM (2011) 627 final/2, 19 octobre 2011, p. 3.

[42] Directive 2009/29/CE du Parlement européen et du Conseil du 23 avril 2009, JOUE n° L 140, 5 juin 2009, modifiant la directive 2003/87/CE afin d'améliorer et d'étendre le système communautaire d'échange de quotas d'émission de gaz à effet de serre.

[43] Décision n° 406/2009/CE du Parlement européen et du Conseil du 23 avril 2009, JOUE n° L 140, *op. cit.*, relative à l'effort à fournir par les États membres pour réduire leurs émissions de gaz à effet de serre afin de respecter les engagements de la Communauté en matière de réduction de ces émissions jusqu'en 2020.

[44] Commission, Prise en compte de l'utilisation des terres, du changement d'affectation des terres et de la foresterie (UTCATF) dans les engagements de l'Union en matière de changement climatique, COM (2012) 94 final, 12 mars 2012, p. 3 ; Document de travail de la Commission, synthèse de l'analyse d'impact, Le rôle de l'utilisation des terres, du changement d'affectation des terres et de la foresterie (UTCATF) dans les engagements de l'UE en matière de lutte contre le changement climatique, SWD (2012) 40 final, 12 mars 2012.

ment rural comportant des mesures favorisant la réduction des émissions de CO_2 dans ces secteurs. Une proposition de décision élaborée par la Commission[45] précise les règles comptables applicables pour l'évaluation des émissions de GES dues à l'utilisation des sols, aux changements d'affectation des sols et aux activités forestières. Elle a pour but d'appliquer en droit de l'Union européenne une décision adoptée par la Conférence des Parties agissant comme réunion des Parties au Protocole de Kyoto (COP-MOP) sur la réduction des émissions de gaz à effet de serre, lors de la conférence de Durban de novembre/décembre 2011. Après l'industrie et le secteur aérien[46], l'agriculture est donc également invitée à contribuer aux efforts de réduction des émissions de GES. Les secteurs agricole et forestier sont des puits de carbone, le secteur UTCATF ayant absorbé en 2009 un volume de carbone présent dans l'atmosphère d'environ 9 % du total des émissions de gaz à effet de serre de l'UE dans les autres secteurs. Les émissions résultant des activités du secteur UTCATF ne sont pas encore prises en compte aux fins de l'objectif de réduction de 20 % des émissions de GES à l'horizon 2020, comme le prévoit le plan « énergie – climat ». Elles le sont cependant dans le cadre des engagements de l'UE au titre du Protocole de Kyoto, qui comprend un objectif global de réduction imposé à l'UE de -8 % entre 1990 et 2012, au titre de son article 3.

La proposition de la Commission couvre le dioxyde de carbone (CO_2), le méthane (CH_4) et l'oxyde nitreux (N_2O). Elle définit des règles et une méthodologie de comptabilisation obligatoires des émissions applicables aux activités forestières (boisement, reboisement, déboisement) et aux activités agricoles et au changement d'affectation des terres (gestion des terres cultivées et des pâturages, restauration du couvert végétal, drainage et remise en eau des zones humides). Les États membres devront établir des plans d'action UTCATF destinés à limiter ou à réduire les émissions et à entretenir ou renforcer les absorptions résultant des émissions des différentes activités agricoles et forestières du secteur UTCATF[47].

---

[45] Proposition de décision du Parlement européen et du Conseil relative aux règles comptables et aux plans d'action concernant les émissions et les absorptions de gaz à effet de serre résultant des activités liées à l'utilisation des terres, au changement d'affectation des terres et à la foresterie, COM (2012) 93 final, 12 mars 2012.

[46] Directive 2008/101/CE du Parlement européen et du Conseil du 19 novembre 2008, JOUE n° L 8, 13 janvier 2009, modifiant la directive 2003/87/CE afin d'intégrer les activités aériennes dans le système communautaire d'échange de quotas d'émission de gaz à effet de serre.

[47] Voir articles 3 à 10 de la proposition de la Commission, COM (2012), *op. cit.*, pp. 19-27 ; Europolitique, 1er mars 2012, p. 12.

En ce qui concerne la prise en compte du changement d'affectation des sols dans le bilan carbone des biocarburants, les directives 2009/30/CE et 2009/28/CE[48] définissent des critères de durabilité comprenant des niveaux minimaux de réduction des émissions de GES, mais l'obligation de notification des émissions de GES liées aux changements dans le stock de carbone des terres résultant de changements indirects dans l'affectation des sols n'est pas prévue par la législation de l'Union. Les deux directives invitent également la Commission européenne à « analyser l'impact du changement indirect de l'affectation des sols sur les émissions de gaz à effet de serre et, le cas échéant, à proposer des pistes pour réduire au minimum cet impact tout en respectant les investissements existants dans la production de biocarburants »[49]. En effet, un des objectifs du plan « énergie – climat » est d'atteindre une proportion de 20 % d'énergies renouvelables dans la consommation d'énergie, avec une proportion minimale de 10 % de biocarburants. Dans une communication procédant à une synthèse des consultations et travaux menés, la Commission[50] a fait état de la difficulté à quantifier les changements indirects[51] dans l'affectation des sols, tout en admettant qu'ils peuvent annuler une partie des réductions de GES découlant de l'utilisation des biocarburants et des bioliquides.

Pour cette raison, la Commission a finalement décidé de ne pas rendre obligatoire l'introduction de critères ILUC (*Indirect Land Use Change*) pour déterminer le caractère durable des biocarburants produits dans l'Union ou importés. Sa proposition de directive comporte toutefois en annexes des critères ILUC que les États membres, au titre de la directive sur les énergies renouvelables, et les fournisseurs de carburants, au titre de la directive sur la qualité des carburants, devront inclure dans leurs rapports au titre des deux directives. Les annexes de la proposition de directive contiennent également des dispositions permettant de

---

48 JOUE n° L 140, 5 juin 2009, *op. cit.*

49 Proposition de directive du Parlement européen et du Conseil modifiant la directive 98/70/CE concernant la qualité de l'essence et des carburants diesel et modifiant la directive 2009/28/CE relative à la promotion de l'énergie produite à partir de sources renouvelables, COM (2012) 595 final, 17 octobre 2012 ; voir articles 7 *quinquies*, paragraphe 6, de la directive 2009/30/CE et 19, paragraphe 6, de la directive 2009/28/CE.

50 Rapport de la Commission sur les changements indirects d'affectation des sols liés aux biocarburants et aux bioliquides, COM (2010) 811 final, 22 décembre 2010.

51 Le changement d'affectation des sols a lieu indirectement, par exemple, lorsque des pâturages ou des terres agricoles destinées aux marchés de l'alimentation humaine ou animale ou à la production de fibres sont convertis à la production de biocarburants. La conversion de ces terres pour assurer une production de biocarburants peut entraîner des émissions importantes de GES, si elle concerne des zones présentant un important stock de carbone.

calculer la durabilité des biocarburants de deuxième et troisième générations (algues, paille, marcs de raisins et lies de vin, ou encore écorces, branches, feuilles, sciure de bois et éclats de coupe, soit des déchets de bois) que la Commission veut promouvoir, car ils n'entrent pas en concurrence avec les matières premières destinées à l'alimentation qui servent également à fabriquer des biocarburants de première génération[52].

L'industrie européenne des carburants a vivement protesté contre la proposition de la Commission, bien que son but soit à la fois d'entamer la transition vers des biocarburants assurant d'importantes réductions de GES et de protéger les investissements existants jusqu'en 2020. La Filière française du bioéthanol juge « inacceptable » la proposition de la Commission et l'estime « fondée sur une fausse opposition : manger ou rouler »[53]. Le principal reproche porte sur le plafonnement – arbitraire ? – à 5 % de la part des biocarburants de première génération dans les transports, soit la moitié de ce que prévoit la directive sur les énergies renouvelables. Bien que le taux d'incorporation actuel soit de 4,5 %, il ne devrait pas geler la production des biocarburants à ce niveau de 5 %. Pour autant qu'ils respectent les critères de durabilité, les fabricants européens pourront continuer à produire des biocarburants au-delà de ce seuil de 5 %, mais ce surplus ne pourra pas être comptabilisé par les États membres dans le calcul de leurs objectifs en matière d'énergies renouvelables[54].

B. L'agriculture et les évolutions liées à la préservation de la biodiversité

Si la PAC est avant tout une politique à dominante économique dont l'objectif principal est la compétitivité de l'agriculture européenne, sa pérennité se justifie sans doute par la fourniture de « biens publics » lui garantissant une nouvelle légitimité[55]. Récent et novateur, ce concept signifie que l'agriculture peut rendre des services environnementaux et qu'il est envisageable de rémunérer les agriculteurs pour les services

---

[52] Les biocarburants de première génération sont des combustibles obtenus à partir de produits agricoles et utilisés dans le secteur des transports. Le maïs, le blé, la canne à sucre et la betterave sucrière permettent de produire de l'éthanol. Le colza, l'huile de palme et l'huile de soja sont utilisés pour produire du biodiesel.

[53] Filière française du bioéthanol, Communiqué de presse du 17 octobre 2012 (la filière relève de manière habile qu'en France 1 % seulement des surfaces cultivables est consacré à la production de bioéthanol, alors que la Commission a proposé dans le cadre de la réforme pour 2014-2020 que la jachère couvre dans le cadre du verdissement du premier pilier de la PAC au moins 7 % des terres).

[54] Voir Europolitique, 18 octobre 2012, p. 10.

[55] Voir Y. Petit, « Politique agricole commune et environnement », *op. cit.*, pp. 700-701.

rendus, notamment car le nombre important des services collectifs fournis par l'agriculture ne l'est pas par le fonctionnement normal des marchés.

Dans sa communication sur « La PAC à l'horizon 2020 », la Commission propose de développer le rôle de la politique de développement rural pour soutenir la fourniture de « biens publics ». Mettant en exergue le lien entre changement climatique et biodiversité, elle insiste sur le fait que « l'agriculture et la foresterie jouent un rôle clé dans la production de biens publics, et notamment de biens environnementaux que constituent, entre autres, les paysages, la biodiversité des terres agricoles, la stabilité du climat et une résilience accrue aux inondations, à la sécheresse et aux incendies »[56]. La Commission européenne entend instituer un principe majeur pour la PAC des années 2014-2020 : « des fonds publics pour des biens publics », dans le but d'instaurer « un système dans lequel les agriculteurs ne percevront plus d'aides de manière automatique, mais devront, pour bénéficier d'aides substantielles, contribuer au bien public »[57]. Le secteur agricole est en effet

> idéalement positionné pour fournir un éventail de biens publics hautement valorisés dans les sociétés européennes. La quête de biens publics comme la stabilité climatique, la gestion durable des ressources naturelles et la préservation de la biodiversité et de paysages précieux devraient constituer un objectif essentiel de l'intervention publique et faire partie intégrante de la politique de l'Union européenne axée sur le développement rural et agricole[58].

En dépit de ce discours tout de même un peu lénifiant, les relations entre la PAC et la préservation de la biodiversité sont difficiles et l'agriculture se retrouve régulièrement en position d'accusée, parce que les États membres se montrent peu enclins à progresser sur cette voie, soutenus par un fort lobbying agricole mettant en avant la perte de compétitivité de l'agriculture européenne si cette direction est empruntée. Plusieurs États membres ont par exemple bloqué une proposition de directive de 2006 définissant un cadre pour améliorer la protection des sols, alors que le Parlement européen s'est prononcé favorablement en première lecture[59]. Dans sa prochaine réforme, la Commission propose donc à juste titre un verdissement de la PAC, car les recherches menées font ressortir sans ambiguïté que le déclin des populations d'oiseaux des champs « provient principalement des changements agricoles : l'évolu-

---

[56] COM (2010) 672 final, *op. cit.*, p. 5.

[57] C. Hedegaard, « Tribune libre », Europolitique, 24 octobre 2011, p. 36 (C. Hedegaard est en charge de l'action pour le climat au sein de l'actuelle Commission européenne).

[58] Revue rurale de l'UE, n° 7-2011, Biens publics et développement durable, p. 7.

[59] C. Blumann (dir.), *Politique agricole commune et politique commune de la pêche*, *op. cit.*, p. 287.

tion vers des méthodes intensives et spécialisées, la perte des haies et des jachères, l'utilisation accrue d'engrais et de pesticides »[60].

En mai 2011, la Commission a adopté une nouvelle stratégie pour la biodiversité dans l'Union européenne, dont l'un des six objectifs concrets sur lesquels elle va se concentrer est de « renforcer la contribution positive de l'agriculture, de la foresterie et de la pêche à la conservation de la biodiversité et à son utilisation durable »[61], sachant que l'agriculture et les forêts couvrent 72 % des terres de l'Union européenne. Pour l'agriculture, l'objectif est d'étendre au maximum les prairies, les terres arables et les cultures permanentes couvertes par des mesures de biodiversité au titre de la PAC, « afin d'assurer la conservation de la biodiversité et d'améliorer sensiblement l'état de conservation des espèces et des habitats tributaires de l'agriculture ou subissant ses effets, ainsi que la fourniture de services écosystémiques [...] en contribuant ainsi à une gestion plus durable »[62].

Le Comité des organisations professionnelles agricoles de l'Union (COPA) et la Confédération générale des coopératives agricoles de l'Union (COGECA) ont immédiatement attiré l'attention de la Commission sur le risque existant de « miner la compétitivité des agriculteurs » et déclaré que, du fait de l'absence de rémunération par le marché des efforts consentis par les agriculteurs pour enrayer la perte de biodiversité, « un soutien financier est nécessaire pour leur permettre de continuer leurs activités d'une manière positive pour la biodiversité, sans que leur viabilité, leur rentabilité et leur compétitivité ne soient mises en péril »[63]. Lors du Conseil « Environnement » du 19 décembre 2011, l'intégration de la sauvegarde de la biodiversité dans la PAC, spécialement dans la politique de développement rural, a divisé les États membres, qui font preuve d'un manque de volonté politique évident. Ils n'ont pas été en mesure de s'entendre sur une « *shopping list* » précise destinée à assurer le verdissement de la PAC, le *lobbying* agricole l'ayant emporté sur la protection de la biodiversité[64].

Le Conseil a tout de même retenu un certain nombre d'objectifs en matière de biodiversité qui concernent l'agriculture : mettre pleinement en œuvre les directives « oiseaux » et « habitats » qui ont permis la

---

60 C. Vincent, La biodiversité sacrifiée par la réforme de la politique agricole commune, Le Monde 26 juillet 2012.

61 Commission, La biodiversité, notre assurance-vie et notre capital naturel – Stratégie de l'Union européenne à l'horizon 2020, COM (2011) 244 final, 3 mai 2011, point 3.3 « Assurer la durabilité de l'agriculture, de la foresterie et de la pêche ».

62 COM (2011) 244 final, *op. cit.*, point 3.3, Encadré p. 6.

63 Bulletin de l'Agence Europe, 5 mai 2011, p. 13.

64 Europolitique, 21 décembre 2011, p. 9.

constitution du réseau Natura 2000[65] ; préserver et rétablir les écosystèmes et leurs services ; renforcer la contribution de l'agriculture et de la foresterie au maintien et à l'amélioration de la biodiversité. Malgré tout, ses conclusions[66] ont été fustigées et jugées « faiblardes » par le Parlement européen, qui critique également l'attitude du Conseil « Environnement », lequel abandonne au Conseil « Agriculture » la gestion de l'environnement sans même lui donner de véritables orientations[67]. Afin de porter ses fruits, la nouvelle stratégie en faveur de la biodiversité devrait pourtant s'efforcer de favoriser l'intégration de l'environnement dans les politiques et actions de l'UE, ainsi que le prévoit l'article 11 TFUE[68]. En l'occurrence, la PAC, la politique de cohésion, la politique commune de la pêche et la politique de coopération au développement sont concernées au premier chef. La PAC, avec le verdissement du premier pilier et le renforcement du volet environnemental du second pilier, est le point le plus névralgique pour œuvrer à la sauvegarde de la biodiversité, car elle fait trop peu pour l'instant. Les membres du Conseil devraient s'inspirer à bon escient de l'étude TEEB[69] (*The economics of ecosystems and biodiversity*, l'économie des écosystèmes et de la biodiversité) des Nations unies de 2010, selon laquelle l'inaction en termes de pertes de biodiversité entraîne pour la planète une perte de PIB de 3 %, ce coût augmentant à 7 % du PIB en 2050, si la tendance actuelle de disparition accélérée de la biodiversité n'est pas inversée. Le coût, parfois exorbitant, des pertes de biodiversité ne devrait donc pas rebuter les États membres de l'Union.

Pour reprendre le sous-titre de ces troisièmes journées d'études, la comparaison des projets initiaux relatifs à la PAC et des débats actuels qu'elle suscite permet de mesurer le chemin parcouru par cette politique. On peut le synthétiser de la manière suivante : d'une politique secto-

65 Le réseau « Natura 2000 » s'étendait à la fin de l'année 2011 sur près de 18 % du territoire terrestre de l'Union européenne et couvrait plus de 145 000 km^2 de ses mers et océans. Il constitue un élément central de la nouvelle stratégie de l'Union européenne en faveur de la diversité biologique.

66 Conclusions du Conseil sur la stratégie de l'Union européenne en faveur de la biodiversité à l'horizon 2020, 18862/11, 19 décembre 2011.

67 Europolitique, 25 janvier 2012, p. 12.

68 Article 11 TFUE : « Les exigences de la protection de l'environnement doivent être intégrées dans la définition et la mise en œuvre des politiques et actions de l'Union, en particulier afin de promouvoir le développement durable » (V. égal. L'article 37 de la Charte des droits fondamentaux de l'Union européenne).

69 Le rapport final consacré à l'évaluation comptable des services rendus par la Terre à l'humanité a été présenté lors de la dixième Conférence des Parties à la Convention sur la diversité biologique qui s'est tenue à Nagoya du 18 au 30 octobre 2010. Il est disponible sur http://www.teebweb.org.

rielle, la PAC s'est muée en une politique carrefour. Avec les transformations qui lui ont été imposées, en ce début de XXIe siècle, elle

> n'est pas seulement une politique sectorielle, expression qui a toujours un caractère péjoratif ou à tout le moins minorant, mais [...] il s'agit bien d'une politique carrefour, une politique qui se trouve à la croisée des chemins, qui a des ramifications, des interférences avec tous les autres politiques ou domaines d'action de l'Union européenne. Elle n'a point besoin d'une clause de transversalité pour se trouver au centre du jeu[70].

Elle a en effet partie liée avec l'environnement, l'énergie, le climat, la recherche et l'innovation, la cohésion économique, sociale et territoriale, la santé, l'alimentation, et sa cohérence avec les autres politiques de l'Union s'en trouve sans doute renforcée. Pour la durée du CFP 2014-2020, les objectifs du FEADER sont ainsi « 1) la compétitivité de l'agriculture, 2) la gestion durable des ressources naturelles ; des mesures en matière de climat, 3) un développement territorial équilibré des zones rurales »[71]. Les objectifs poursuivis par la PAC ont donc énormément évolué, mais il est loisible de constater à regret que ceux qui sont inscrits à l'article 39 TFUE demeurent inchangés depuis la rédaction du traité de Rome en 1957. Représentent-ils des « vaches sacrées » qu'il est impossible de toucher ? Lors de la rédaction du projet de traité établissant une Constitution pour l'Europe, la Commission et le Parlement européen avaient pourtant plaidé pour une nouvelle rédaction des objectifs de la PAC, prenant en compte le rôle multifonctionnel de l'agriculture[72]. Ils n'ont pas été entendus et le mandat des rédacteurs du traité de Lisbonne ne l'a pas prévu. Il convient de dénoncer cet immobilisme.

---

70 C. Blumann, *Politique agricole commune et marché intérieur*, RAE 2011/4, p. 683.

71 COM (2011) 627 final/2, *op. cit.*, art. 4, p. 34.

72 Voir Y. Petit, « La politique agricole commune, une politique mutante ! », *Europe*, février 2004, Chronique 2, p. 6.

Quel modèle de développement pour l'Europe centrale ?

Gilles LEPESANT

> La notion même de solidarité en Europe, entre l'Est et l'Ouest, entre les riches et les pauvres, entre les anciens et les nouveaux États membres est posée. Les réussites, des trente dernières années, du marché intérieur à l'euro en passant par l'élargissement vont être mises à l'épreuve comme elles ne l'ont jamais été.

Ce diagnostic, posé dès les débuts de la crise financière en 2008 par D. Miliband, alors ministre des Affaires étrangères britannique, s'est avéré pertinent. S'agissant de la seule politique d'élargissement, elle fut au centre des débats dans les premiers moments de la crise en raison des difficultés financières rencontrées par certains États baltes et par la Hongrie. Rapidement, l'attention s'est néanmoins déplacée vers les pays du sud de l'Europe, ceux qui avaient bénéficié certes de la politique d'élargissement mais en 1981 et en 1986.

Quel état des lieux dresser en 2013 ? L'Europe centrale n'apparaît plus comme le maillon faible du continent, le processus de rattrapage qu'elle a amorcé avec l'Ouest n'a pas été condamné. La crise aura néanmoins confirmé que pour s'éviter les déconvenues des pays du sud de l'Europe, les nouveaux États membres (NEM)[1] doivent repenser peu à peu leur modèle de développement tant certains de leurs atouts sont appelés à s'étioler. L'UE (Union européenne) peut ici jouer un rôle précieux, notamment à travers la politique de cohésion, laquelle absorbe environ un tiers du budget européen, principalement au profit de l'Europe centrale.

[1] Par commodité, nous entendons par NEM (nouveaux États membres) les pays d'Europe centrale ayant intégré l'Union européenne en 2004 et en 2007.

1. La crise révèle et approfondit la différenciation au sein de l'espace centre-européen

État des lieux de l'impact de la crise

En matière de politique intérieure, beaucoup évoquaient aux débuts de la crise un scénario sombre, inspiré des années 1930 mêlant crise économique, chômage, nationalisme et fragilisation des démocraties[2]. Si on considère que le regain de populisme est à ce jour l'une des conséquences les plus sérieuses de la crise même si les causes de ce dernier ne sont pas que conjoncturelles, force est de constater qu'il prospère avant tout à l'Ouest. Certes, la région n'a pas été épargnée par les crises gouvernementales mais aucun État de la région n'est resté sans gouvernement aussi longtemps que la Belgique en 2011 (540 jours). L'arrivée au pouvoir en Pologne d'un parti eurosceptique (PiS – Droit et Justice) en 2005 n'a pas détourné le pays de ses engagements européens. À Varsovie à l'époque comme en Hongrie en 2012, les règles de l'Union européenne ont montré leur utilité, la Commission rappelant à tout pays tenté par des options populistes le respect dû aux traités de l'Union européenne[3]. De ce point de vue, le cadre communautaire a réussi le test de la crise malgré l'ampleur du défi économique et financier posé par celle-ci.

À la différence d'autres pays émergents, l'Europe centrale a en effet abordé la crise de 2008 dans une situation de vulnérabilité due à sa forte dépendance à l'égard des capitaux étrangers. Lorsque la crise financière a atteint son paroxysme, les pays d'Europe centrale ont été parmi les premières victimes des rapatriements de capitaux. D'appréciables différences sont toutefois apparues d'un pays à l'autre. Ces différences ont tenu d'une part à l'état des finances publiques des pays concernés. Les pays entrés dans la crise avec des finances publiques dégradées se sont avérés fragiles, surtout lorsqu'il s'agissait de pays non encore membres

---

[2] « L'Europe centrale est l'homme malade des marchés émergents. Si la situation actuelle est globalement peu réjouissante, les perspectives de cette région sont particulièrement sombres. Les raisons d'être inquiet ne manquent pas. Les manifestations qui ont éclaté en Bulgarie, en Lettonie et en Lituanie ainsi que la démission du gouvernement letton laissent à penser que les pays d'Europe centrale pourraient connaître une période de grande instabilité et de tensions sociales à mesure que la crise économique va s'aggraver et que le chômage va augmenter ». Nouriel Roubini, « Will The Economic Crisis Split East And West In Europe ? », http://www.forbes.com/2009/02/25/eastern-europe-eu-banks-euro-opinions-columnists_nouriel_roubini.html, 26 février 2009.

[3] Le 1er janvier 2012, une nouvelle constitution (appelée « loi fondamentale ») et un certain nombre de lois organiques sont entrées en vigueur en Hongrie. La Commission européenne a procédé à une analyse juridique des nouvelles dispositions et de leur compatibilité avec les traités de l'Union européenne. Trois procédures d'infraction ont été lancées.

de la zone euro mais dotés de taux de change fixes (soit dans le cadre du MCII – Mécanisme de change II – soit par leur propre initiative).

Autre facteur de différenciation : la nature des échanges. Le commerce mondial qui connaissait une croissance annuelle de l'ordre de 10 % au cours des deux décennies précédentes s'est rétracté de 29 % entre février 2008 et février 2009. Les pays d'Europe centrale n'ont pas été épargnés. Au cours de la même période, la valeur de leurs exportations a chuté de 27 %. Cette évolution a eu des conséquences d'autant plus sérieuses que depuis les débuts de la transition, ils connaissent une forte dépendance à l'égard du commerce extérieur. En 2008, les exportations dépassaient 70 % du PIB en République tchèque, en Hongrie, en Slovaquie, en Estonie. Les économies tournées vers l'Europe occidentale et très spécialisées (par exemple dans l'industrie automobile) ont été pénalisées par la nouvelle conjoncture économique avant de bénéficier de la reprise de l'économie allemande. Moins dépendante à l'égard des exportations que ses voisins, la Pologne a mieux résisté à la crise.

Au final, une comparaison des taux de croissance témoigne à la fois de l'impact de la crise et des capacités de résilience de l'Europe centrale. En 2008, 8 des 10 NEM dépassaient la moyenne européenne (graphique 1). En revanche, au plus fort de la crise, un seul d'entre eux enregistrait un taux de croissance supérieur à cette moyenne (graphique 2). Dès 2011, la « hiérarchie » antérieure à la crise s'imposait de nouveau puisque 9 NEM connaissaient une croissance plus flatteuse (graphique 3). Jugés en situation délicate, voire désespérée, 2 ans plus tôt, les États baltes témoignaient d'appréciables capacités d'adaptation en enregistrant des taux de croissance supérieurs à 5 % alors que l'UE-27 plafonnait à 2 %. Au cours de la période 2008-2012, la Pologne a pu, de son côté, se flatter d'échapper à la récession et de connaître année après année des taux de croissance systématiquement supérieurs à ceux de l'UE-27.

Graphique 1. Taux de croissance en 2008

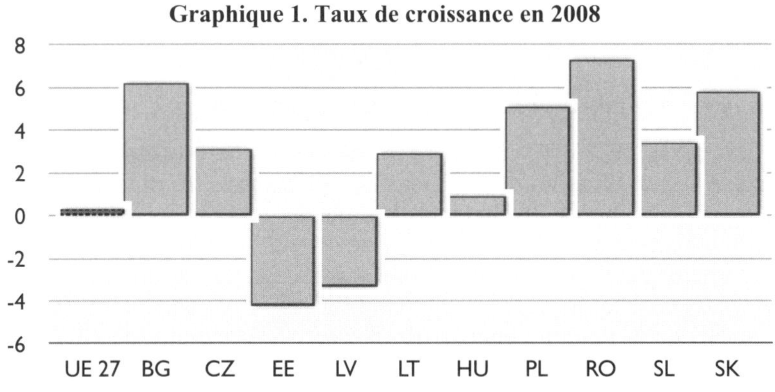

Source : eurostat

Graphique 2. Taux de croissance en 2009

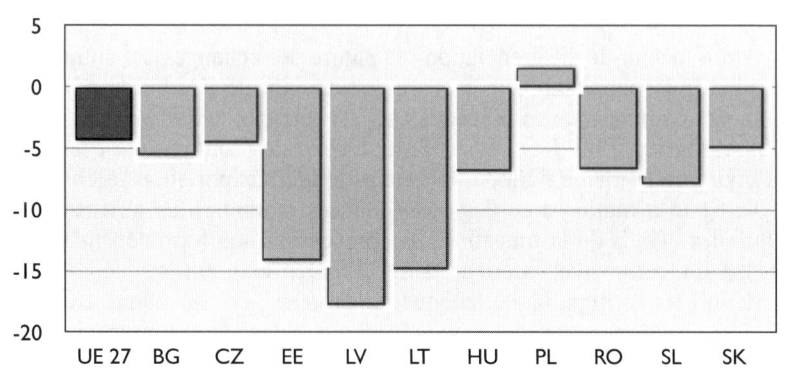

Source : eurostat

Graphique 3. Taux de croissance en 2011

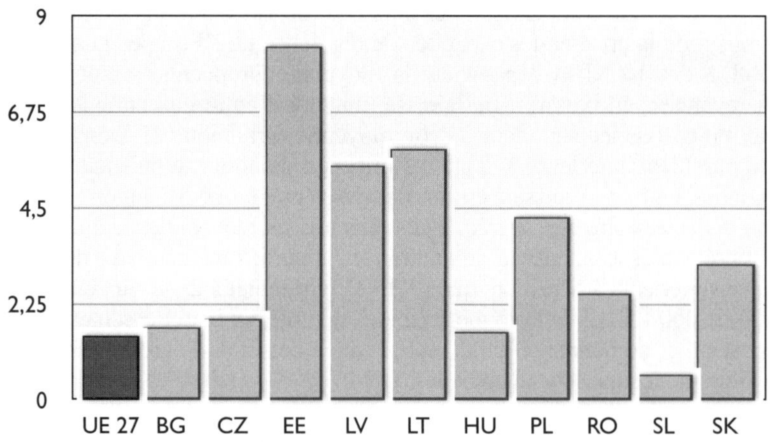

Source : eurostat

La crise n'a pas bloqué le processus de rattrapage

Au final, quel impact la crise a-t-elle eu sur le processus de rattrapage ? Début 1991, les deux pays d'Europe centrale les plus développés (République tchèque et Slovénie) se situaient en dessous des deux tiers du niveau moyen de développement de l'UE-27. En 2012, la Slovénie a quasiment atteint la moyenne européenne (92 %), la République tchèque 81 %. En 2000, le revenu par habitant en PPA (parités de pouvoir d'achat) de la Pologne était de l'ordre de 47 % de celui de l'UE-15 il était en 2012 de 59 %. Plus largement, la convergence est avérée entre l'UE-12 et l'UE-15. Le PIB/habitant en SPA de ces 12 pays est passé de

45 % de la moyenne européenne en 2000 à 60 % en 2009. En somme, le rattrapage a été de 1,7 % par an. Entre 2008 et 2009, il fut de 1,4 %. Ce chiffre est sensiblement inférieur à celui observé entre 2007 et 2008 (2,9 %) mais du même ordre que ce celui observé entre 2000 et 2006.

En somme, une nouvelle géographie économique européenne apparaît dont la mise en place aura été accélérée par la crise. En effet, les mauvaises performances économiques de l'Irlande et des pays du sud de l'Europe invitent à réexaminer la notion de périphérie. Certains pays comme la République tchèque ou la Slovénie ont atteint en 2012 un niveau de développement équivalent à celui du Portugal ou de la Grèce.

Ces différences constatations invitent à conclure que la crise n'a globalement pas remis en cause le processus de convergence de l'Europe centrale même si, pour rattraper le niveau de l'UE-15, plusieurs années s'avéreront nécessaires. La différenciation au sein de cette région est néanmoins patente, la Pologne se distinguant, grâce en particulier à l'importance de son marché intérieur. Autre enseignement : une forte interdépendance prévaut entre les deux parties du continent réunifiées après l'éclatement du bloc communiste. Sur le plan économique et financier, deux pays de l'UE-15 sont apparus particulièrement exposés en Europe centrale : la Suède (dont la Banque centrale a dû emprunter à la Banque centrale européenne 3 milliards d'euros en 2009) et l'Autriche (les banques autrichiennes ont des créances en Europe centrale et orientale dont le montant total s'élevait à 70 % du PNB autrichien en 2009). Plus généralement, en mai 2009, les banques de l'UE-15 avaient environ 950 milliards d'euros de créances dans les pays de l'UE-10. L'interdépendance entre les 2 parties du continent a également été illustrée par les prêts accordés par l'UE à certains États centre-européens (à la Hongrie en 2008, à la Lettonie et à la Roumanie en 2009). Le soutien apporté à ces pays illustre cette solidarité intéressée à laquelle sont désormais contraints les États membres d'une Union européenne qui fait système.

Autre enseignement : la crise n'aura pas donné lieu en Europe centrale à un repli sur soi nationaliste ou au protectionnisme qui avait été perçu comme une solution dans les années 1930. Le cadre européen a été mis à l'épreuve mais a joué son rôle en fournissant à ces pays un cadre stable et fiable aux yeux de leurs populations et des acteurs économiques étrangers. La capacité dont les opinions centre-européennes ont témoigné à accepter des réformes structurelles peut en outre être mise en perspective avec les atermoiements caractéristiques de certains pays d'Europe occidentale. Les vulnérabilités de l'Europe centrale demeurent toutefois significatives de sorte que le rattrapage ne saurait être considéré comme garanti pour les années à venir.

2. La crise a réactivé les questionnements soulevés par le modèle de développement d'Europe centrale

Schématiquement, le modèle de développement centre-européen repose sur une main-d'œuvre d'excellent niveau sur le plan technique, sur une population jeune, sur une attractivité fiscale, sur des salaires modestes, sur une législation sociale flexible et sur la proximité géographique avec les principaux marchés et donneurs d'ordres européens. Certains de ses atouts s'étiolent de sorte que l'Europe centrale ne bénéficie, pour conjurer enfin cette position périphérique qu'elle a toujours eue dans la géographie du continent, que d'une fenêtre d'opportunité.

Une fenêtre d'opportunité pour refonder le modèle de développement

Cette fenêtre d'opportunité est en premier lieu démographique. En la matière, l'Europe centrale se distingue nettement des anciens États membres par l'abondance de sa population jeune. Cette particularité lui a profité au cours de la transition comme elle profita naguère au développement d'autres pays, l'Irlande et certains pays asiatiques notamment. Il s'agit toutefois d'une parenthèse, appelée à se refermer en raison de l'effondrement des taux de natalité depuis les années 1980. Pour la période 2008-2060, les nouveaux États membres font en effet l'objet des prévisions les plus pessimistes de l'UE-27. Au cours de cette période, ces pays enregistreront une forte diminution de la population. Le constat vaut notamment pour la Bulgarie (-18 %), la Lettonie (-26 %), la Lituanie (-24 %), la Roumanie (-21 %) et la Pologne (-18 %). Cette dernière devrait compter 31 millions d'habitants en 2060 contre 38 millions en 2008. Corollaire de cette évolution, le taux de dépendance dans les nouveaux États membres devrait augmenter sensiblement et dépasser 60 % dans 8 pays d'Europe centrale (Bulgarie, République tchèque, Lettonie, Lituanie, Pologne, Roumanie, Slovénie, Slovaquie).

Autre composante du modèle centre-européen : les bas salaires devraient jouer un rôle sans cesse déclinant dans l'attractivité de l'Europe centrale. En théorie, le coût du travail devrait rester durablement inférieur à celui de l'Europe occidentale. À l'aube de la crise, il oscillait entre 30 et 35 euros en Europe occidentale, 5 et 7 euros en Pologne et en Hongrie. Ces chiffres doivent toutefois être nuancés. La productivité augmentant faiblement, le coût unitaire du travail a en réalité fortement augmenté jusqu'à la crise. Dans certains secteurs, dans certaines régions, le rattrapage est un fait et la dimension territoriale ne doit pas être négligée. Les investisseurs étrangers ayant tendance à se concentrer, certains bassins d'emploi connaissaient avant la crise des marchés du travail tendus, avec des salariés faisant jouer la concurrence entre investisseurs étrangers. De ce point de vue, la crise a atténué les tensions qui caractérisaient certaines régions mais la perspective d'une intégration progressive à la zone euro annonce un rattrapage progressif des salaires.

De nouveaux arguments devront donc être déployés pour séduire les investisseurs étrangers. Depuis les débuts de la transition, ceux-ci ont tiré profit du choix de l'ouverture fait par les pays d'Europe centrale en s'implantant massivement dans la région afin de convoiter les marchés locaux et desservir les marchés ouest-européens. L'intégration à l'UE et à l'OTAN ajoutée aux réformes entreprises ont provoqué un appel d'air peu commun. Les IDE (investissements directs étrangers) représentaient en 2009 50 % de leur PNB alors que la moyenne mondiale pour les économies développées est de 27,2 % et pour les économies émergentes de 29,8 %. En Bulgarie, le montant des IDE est passé de 4 milliards d'euros en 2002 à 32,6 milliards en 2008. En Slovaquie, l'afflux avait débuté plus tôt et a été entretenu par les réformes libérales du gouvernement Dzurinda. En 2008, le montant des IDE dans les nouveaux États membres (ayant adhéré en 2004 et en 2007) a certes chuté de 9 % mais la décrue a été plus sensible dans plusieurs pays ouest-européens. Certaines économies d'Europe centrale ont même connu une hausse des IDE (République tchèque, Slovaquie, Hongrie, Roumanie) tandis que les autres ont connu une diminution des flux parfois très sévère (Pologne). En 2009, selon un sondage d'Ernst et Young, l'Europe centrale était considérée comme la région la plus attractive après l'Europe occidentale pour un investissement dans l'industrie manufacturière (Ernst & Young European Attractiveness Survey, 2009).

Pourtant, l'attractivité de l'Europe centrale ne saurait être surestimée. Ramenés au nombre d'habitants, les IDE ne sont guère plus élevés qu'à l'ouest du continent. La Hongrie et le Portugal, qui comptent tous deux une dizaine de millions d'habitants, ont ainsi, sur la période 1990-2008, reçu un montant d'IDE similaire même si les variations ont pu être fortes d'une année sur l'autre. Entre deux autres pays comparables par leur taille démographique, la Pologne et l'Espagne, l'avantage est même à l'ancien État membre qui s'avère le plus attractif. En outre, s'il est avéré que les investissements étrangers ont permis de créer des emplois, de moderniser les économies, d'intégrer les nouveaux États membres dans les réseaux européens et mondiaux, il n'est pas établi que les entreprises locales aient bénéficié de cet afflux d'investisseurs. L'afflux massif d'investissements étrangers n'a guère permis à des entreprises indigènes de se maintenir ou d'émerger. Percevant qu'elles n'avaient que peu de chances d'affronter avec succès la concurrence internationale, beaucoup ont préféré passer sous la coupe d'acteurs étrangers ou ont adopté une « stratégie de survie » (Ickes et Ryterman, 1993), consistant à retarder au maximum les restructurations jusqu'au rachat ou la disparition. En outre, peu d'investisseurs étrangers ont implanté en Europe centrale des activités à forte valeur ajoutée.

En Europe occidentale, le débat sur les investissements étrangers a été entretenu à travers un autre prisme : celui des délocalisations. L'élargissement a parfois été vu dans les anciens États membres comme une dilution du projet européen, l'abandon d'un idéal fédéraliste et comme l'amorce d'un déplacement de la base industrielle vers l'Est. À tort. Si l'on entend par délocalisation le transfert vers un autre pays d'une capacité de production donnée, il apparaît que la résonnance médiatique donnée au phénomène – au risque de jeter le discrédit sur le processus d'élargissement – a été exagérée. Dans les faits, les délocalisations vers l'Europe centrale ont affecté quelques secteurs comme l'automobile (voir plus bas) mais n'ont représenté qu'une faible part des emplois perdus à l'ouest de l'Union après 1989. Surtout, la perte d'emplois imputable aux délocalisations doit être mise en perspective avec les gains de compétitivité opérés par les entreprises concernées, l'impact des emplois créés dans le pays d'accueil sur le niveau de vie de sa population et, de manière générale, avec les exportations réalisées dans les pays d'Europe centrale (une des rares régions avec lesquelles la France a eu au cours des années écoulées un commerce extérieur excédentaire). On pourrait ainsi dire de la construction européenne ce que Ph. Martin (2007) dit de la mondialisation : « ses effets positifs sont dilués alors que ses effets négatifs sont concentrés sur quelques régions ». Une dynamique de relocalisation apparaît en outre dans certains anciens États membres, notamment en RFA.

Quels enseignements tirer de la crise du sud de l'UE et de l'Irlande ?

Les pays les plus affectés par la crise dans la zone euro (Portugal, Espagne, Italie, Grèce, Irlande) sont, parmi les anciens États membres, ceux dont la compétitivité s'est le plus dégradée depuis l'an 2000. Cette perte de compétitivité s'explique par le facteur prix. Les salaires ont augmenté, pas la productivité. Résultat : le coût unitaire du travail a explosé dans ces pays. Entre 2000 et 2010, l'augmentation de celui-ci a été de 35 % en Grèce et en Italie, de 30 % en Espagne et au Portugal, de 7 % en RFA. Dans le cadre d'une union monétaire, une telle dynamique ne peut que mal se terminer. Autre « coïncidence », les pays les plus affectés sont aussi ceux qui, parmi les anciens États membres, ont le nombre de brevets déposés par habitant le plus bas (graphique 4).

Graphique 4. Nombre de brevets déposés à l'OEB (Office européen des brevets) par habitant en 2011

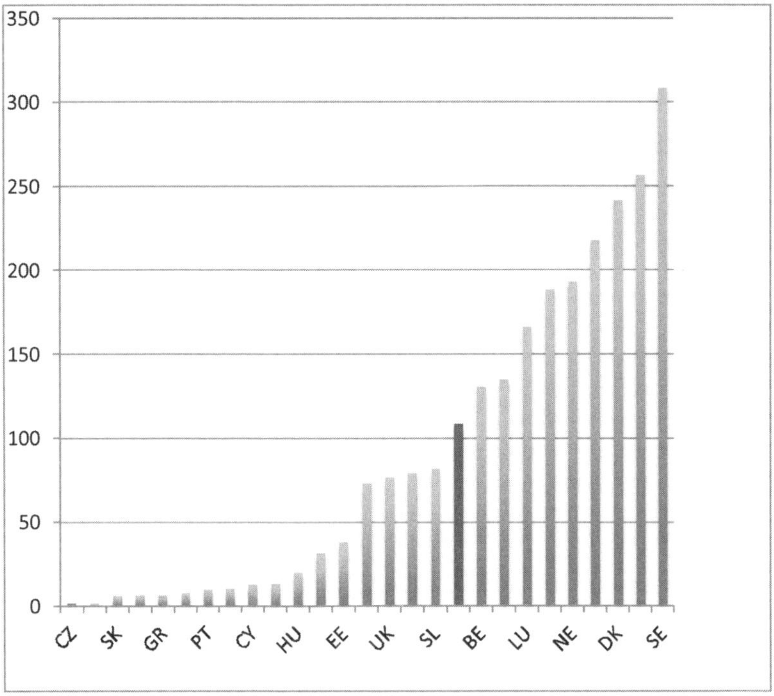

Source : eurostat

Sur ce point, le discours ambiant favorable à l'innovation (dans le cadre de la Stratégie de Lisbonne puis d'Europe 2020) mérite d'être nuancé à la lumière des enseignements qu'inspire la Grèce. Le soutien à l'innovation est parfois confondu avec le soutien à la science. Or, le manque de compétitivité d'un tissu économique ne se résorbe pas dans la valorisation à outrance de l'innovation technologique en laboratoire. L'innovation est de plus en plus protéiforme. À l'innovation linéaire allant du laboratoire au marché se sont substituées diverses formes d'innovation (innovation incrémentale, innovation ouverte, valorisation d'écosystèmes de l'innovation dans le cadre de clusters, etc.) sans compter que des mesures de formation destinées à des salariés sur leur lieu de travail peuvent contribuer sensiblement à des hausses de productivité et de compétitivité. Dans plusieurs États membres, le soutien à l'innovation et la rhétorique de la Stratégie de Lisbonne ont abouti à la multiplication d'incubateurs sans réel effet sur la compétitivité des entreprises locales. La Grèce est ici un cas d'école[4]. D'autres pays, comme le Danemark (Stratégie dans la globalisation), fournissent ici d'utiles exemples d'une réforme globale réussie du système éducation-formation-recherche.

Dans plusieurs États membres, notamment en Europe centrale, en Grèce, au Portugal, les PME sont très largement majoritaires. La question de leur montée en puissance et de leur internationalisation est cruciale. À ce jour, 25 % seulement des PME européennes exportent dans l'UE et hors de l'UE. Leur développement est moins souvent contrarié par un manque d'innovation technologique que par un accès difficile au capital, des méthodes de gestion inadaptées, une culture internationale insuffisante, etc. Face à la complexité des procédures, de nombreuses PME d'Europe du Sud et d'Europe centrale font rarement usage des fonds structurels et se sentent peu concernées par les priorités énoncées par la Commission (brevet européen, soutien aux infrastructures de recherche). Plus que l'innovation technologique, c'est la montée en gamme de ces entités qui est cruciale pour le développement des territoires concernés.

Des spécialisations sectorielles dépassées ?

La géographie des spécialisations témoigne d'une forte représentation de l'agriculture en Europe centrale, imputable principalement à une restructuration étalée dans le temps pour éviter des chocs sur les marchés du travail. Cette approche, compréhensible, reporte néanmoins à plus tard la restructuration du foncier et la modernisation du secteur qui devrait voir sa part dans l'emploi total se réduire sans cesse au cours des années à venir. De même, le secteur textile-habillement est confronté à la concurrence de l'Asie, du Maghreb, de la Turquie et son inéluctable montée en gamme annoncent des réductions d'emploi.

En plein essor, le secteur de l'automobile doit-il pour autant être considéré comme un secteur d'avenir ? L'Europe centrale est devenue la base arrière de l'industrie automobile ouest-européenne. Quatre pôles ont émergé : VW, PSA et Kia en Slovaquie, principalement autour de Bratislava, PSA-Toyota et Skoda en République tchèque, Audi et Suzuki dans le nord de la Hongrie, GM et Fiat dans le sud de la Pologne. En 2008, VW était responsable à lui seul de 10 % du PIB et de 15 % des exportations de la Slovaquie. En Hongrie, le secteur automobile représentait, en 2008, 25 % des exportations totales et 90 % des véhicules

---

4 Néanmoins, pour 2007-2013, les fonds structurels consacrés à la R&D ont été multipliés par 3 et des mesures plus pertinentes ont été retenues mais l'ensemble du système d'innovation devrait sans doute être revu, comme cela est convenu dans le *Memorandum of Understanding* de 2010).

produits étaient exportés (97 % en Pologne). Ainsi, l'Europe centrale a su attirer de nombreuses usines d'assemblage, sur la base d'atouts tels que les compétences techniques, les bas salaires et surtout la proximité géographique. Ce scénario n'est pas sans rappeler celui de l'Irlande qui, peu après son adhésion, devint également une plate-forme pour les investisseurs non européens dans le secteur de l'informatique ou encore celui de la péninsule ibérique qui est devenue (et qui demeure partiellement) un pôle de la production automobile lors de l'adhésion de l'Espagne et du Portugal.

L'impact sur le tissu économique centre-européen de cet afflux d'investissements reste néanmoins incertain. La plupart des constructeurs ont demandé à leurs sous-traitants de les accompagner, souvent au détriment des entreprises locales. En outre, les investissements en R&D sont rarissimes. Enfin, devrait évoluer le marché européen ? La Pologne a connu un pic de ventes de voitures neuves en 2003. De 2003 à 2011, jamais le chiffre de 2003 n'a été dépassé ni même atteint. En outre, se spécialiser sur l'industrie automobile aujourd'hui, avec un baril de pétrole à 100, 150 USD est-il pertinent ? D'autres incertitudes sont plus globales. La voiture perd de sa valeur symbolique dans le monde développé, de nouvelles formes de mobilité sont promues, le modèle urbain est repensé. Enfin, plus à l'est, les capacités de production augmentent sensiblement, notamment en Russie, pays qui est devenu en 2008 le premier marché d'Europe et qui encourage une production locale. Certes, les pays d'Europe centrale peuvent compter sur le fait que les usines implantées récemment ne devraient pas être les premières fermées en cas de crise durable du secteur automobile. Néanmoins, la montée en gamme de l'Europe ne saurait relever du seul secteur automobile. Elle exige des tissus économiques diversifiés, une augmentation de la compétitivité coûts et hors-coûts ainsi qu'une modernisation institutionnelle à laquelle la politique de cohésion peut éventuellement contribuer.

3. Vers un nouveau modèle de développement : le rôle de la politique de cohésion

Le rôle précieux des politiques territoriales

Le rôle des politiques territoriales est de plus en plus reconnu comme en témoigne depuis quelques années la floraison d'ouvrages, d'articles consacrés aux politiques territoriales, au rôle des villes, etc. Dans son rapport à la Commission européenne, Fabrizio Barca (2009) s'est fait l'écho de ces réflexions et a lancé un plaidoyer en faveur des « *place-based policies* ». En Europe centrale, le défi est double : d'une part trouver une nouvelle gouvernance reposant notamment sur un partenariat entre les différents échelons de pouvoir avec des acteurs qui se font confiance ; d'autre part, mettre en œuvre des politiques territoriales innovantes qui ne se réduisent pas à construire des routes, des business parcs, des agences de développement, plus généralement de redéfinir le rôle de la puissance publique. Qu'en est-il dans les faits ? On observe ici et là des acteurs locaux très dynamiques, des projets novateurs mais dans l'ensemble, la réflexion stratégique sur les territoires pourrait être plus élaborée, les solutions techniques moins classiques.

Le risque est que la région soit dans une logique de rattrapage fondée sur des préceptes de plus en plus souvent dépassés en Europe occidentale, s'appuyant sur des industries dont l'avenir est incertain, tout en ayant des taux d'absorption des fonds européens très rassurants. Un parallèle avec les années 1930 est ici instructif. Jusqu'au début des années 1930, certaines régions de l'Europe centrale avaient rattrapé leur retard et étaient même plus développées que beaucoup de régions ouest-européennes. Ce résultat avait été obtenu grâce à des capitaux ouest-européens, à un outil industriel importé de l'Ouest, à une spécialisation dans certains secteurs qui commençaient à être jugés dépassés à l'Ouest. En comme l'objectif du rattrapage était en passe d'être atteint mais sur des bases déjà en partie obsolètes. La politique de cohésion peut-elle créer les conditions nécessaires à une véritable modernisation technologique et institutionnelle ?

Le rôle de la politique de cohésion

La politique de cohésion s'avère être une politique d'équipement efficace, un outil indispensable pour la mise en œuvre de l'acquis (notamment dans le domaine de l'environnement), un moyen pertinent de remettre en cause les logiques verticales dans les administrations. Mais son rôle comme levier pour la transformation des systèmes socio-économiques reste à préciser.

Le cas concret de Łódź, troisième ville polonaise par sa population, dont la forte tradition industrielle (dans le secteur textile) remonte à l'avant-guerre et à la période communiste est ici un cas d'école. Dans l'ombre de Varsovie (elle n'en est distante que de 200 kilomètres), la ville comptait une importante population juive et allemande avant la guerre, population qui est à l'origine de sa gloire industrielle. La ville est depuis les débuts de la transition confrontée à la fois à une redéfinition de son identité, à une reconfiguration de son tissu économique et à une transformation de son espace urbain. La transition politique et économique ouverte à la chute du régime communiste a en effet signifié pour la ville un effondrement de son industrie textile. Celle-ci fut à la fois victime de la perte des marchés de l'Est, de la concurrence des firmes occidentales sur le haut de gamme et de celle des pays asiatiques pour les productions à faible valeur ajoutée.

La restructuration du tissu économique de la ville s'est opérée sur la base, principalement, d'une zone économique spéciale (ZES). L'outil des zones économiques spéciales (ZES) a été introduit en 1994 par le gouvernement polonais, principalement pour attirer des investissements étrangers dans des territoires en reconversion grâce à d'importants allégements fiscaux. En apparence, cet outil permet de relever le défi de la reconversion économique mais soulève plusieurs questions.

D'une part, la ZES apparaît déconnectée des stratégies territoriales dans la mesure où les autorités locales et régionales n'ont qu'une faible influence sur ses décisions. En outre, aucun critère de sélection sectoriel n'est posé, aucune exigence n'est formulée en termes d'implication dans le tissu économique. Il est donc difficile de concevoir ces zones comme des avant-gardes de clusters sur le principe des pôles de compétitivité français ou des *Kompetenznetze* allemands. La reconversion en cluster est prônée par le ministère de l'Économie qui s'emploie à développer un cadre favorable en la matière sur la base des diverses expériences européennes. Sur place, cette évolution est perçue avec scepticisme dans la mesure où elle impliquerait une spécialisation de la zone sur un ou deux secteurs. Pour l'heure, des clusters spontanés se développent, fondés sur la proximité spatiale recherchée par les donneurs d'ordres avec leurs sous-traitants mais le tissu industriel n'a cessé de se diversifier. En outre, la composante R&D est absente de la plupart des investissements. En somme, pour la région de Łódź, la transition d'un modèle de développement fondé sur la compétitivité coûts à un modèle fondé sur l'innovation n'est guère amorcée. La recomposition de l'espace économique est confiée de fait au marché.

En effet, la recomposition de l'espace métropolitain de Łódź bute sur une modernisation institutionnelle inachevée. Certes, les documents de planification indicative ne manquent pas mais ces documents n'ont guère de valeur contraignante. Requises, les stratégies d'aménagement apparaissent comme autant d'exercices formels mais elles sont souvent générales, descriptives et n'ont aucune valeur juridique.

À l'échelle de la ville, la modernisation institutionnelle tarde également. Les communes polonaises ont certes pour obligation de préparer une stratégie de développement fondée sur une étude dressant les défis et les opportunités en matière de développement économique et social et de préservation de l'environnement. Toutefois, ces documents ne sont pas imposables aux tiers. Les documents de planification urbaine ont, eux, force de loi mais ne sont pas obligatoires et ne portent généralement que sur des parties voire des quartiers de la ville. En 2009, à Łódź, moins de 5 % de la superficie de la ville en bénéficiait, pour l'essentiel en raison des demandes d'investisseurs en quête de sécurité juridique. La plupart des municipalités voient en effet dans la préparation de ces plans une tâche administrative supplémentaire, coûteuse et susceptible d'avoir des conséquences financières importantes en cas de modification de l'usage des sols. En conséquence, les responsables locaux préfèrent dans la pratique s'appuyer sur d'autres outils juridiques moins lourds mais aussi moins efficaces.

En outre, dans la mesure où le système fiscal encourage les villes à construire, le cadre juridique en vigueur participe de la « renaissance » de la maison individuelle dans plusieurs communes périphériques des grandes villes. En somme, l'exaltation de la propriété privée en réaction à la période communiste ne rend pas seulement fastidieuses les opérations d'expropriation (nécessaires dans le contexte de la remise à niveau des infrastructures). Elle aboutit également à donner libre cours à la plupart des projets de construction dès lors que le titre de propriété est détenu et que les normes de construction sont respectées. Système fiscal et cadre réglementaire contribuent ainsi à décourager toute vision globale du système ville, à faciliter des opérations urbaines déconnectées de toute vision stratégique partagée par les différents acteurs et à aggraver l'étalement urbain.

Alors que ce dernier progresse au détriment des forêts voisines, le centre-ville de Łódź compte, lui, de nombreux immeubles dégradés et vides, en attente de mesures de revitalisation. À l'absence de cadres juridiques adaptés, s'ajoute en effet la question des propriétés juives qui n'a pas été abordée de manière globale et qui est à l'origine de nombreux contentieux presque systématiquement réglés par les tribunaux au terme de longs délais.

Cette particularité aggrave les conséquences d'une sous-institutionnalisation qui est caractéristique de la volonté des gouvernements en place depuis 1989 de ne rien conserver qui puisse rappeler la planification et l'autoritarisme du régime communiste. L'absence d'une fonction publique locale structurée ajoutée aux conditions économiques et sociales dégradées, aux faibles salaires proposés ne facilite pas non plus le recrutement de compétences aux différents échelons des collectivités locales.

Dans ce contexte, quid des fonds européens ? Pour 2007-2013, la Pologne s'est vue attribuée plus de 65 milliards d'euros. Comme dans d'autres pays bénéficiaires, cette manne a permis une remise à niveau du réseau d'infrastructures, a encouragé les administrations à travailler ensemble et a soutenu des partenariats entre secteur public et secteur privé. Néanmoins, si la politique de cohésion est un outil précieux pour moderniser les modèles de développement, elle n'est pas la panacée. C'est ce que vient rappeler la crise qui secoue depuis 2008 les quatre principaux bénéficiaires de cette politique jusqu'à une période récente, à savoir l'Irlande, la Grèce, le Portugal et l'Espagne. La politique de cohésion doit venir en appui d'une stratégie de développement qui ne se réduise pas à une politique d'équipement sans quoi les bénéfices des fonds européens risquent de n'être ressentis qu'à court terme.

Conclusion

En Europe centrale, la crise ouverte à l'été 2008 met-elle un terme, pour la troisième fois en un siècle, à une période d'expansion prometteuse de l'Europe centrale ? Avant 1989, la région a en effet connu deux phases de rattrapage interrompues. La première intervint au lendemain de la Première Guerre mondiale lorsqu'un flot de capitaux et un afflux de technologies nouvelles permirent une croissance abrégée par la crise des années 1930. Les années 1970 correspondirent à une nouvelle phase expansionniste qui, même si elle reposait sur un modèle économique et social inadapté, se traduisit par une hausse du niveau de vie. Cette phase se heurta au manque d'investissements dans le tissu productif et aux restrictions imposées par l'Ouest dans le contexte de l'intervention soviétique en Afghanistan. Résultat : neuf pays qui avaient un PNB/habitant voisin de 59 % de celui de l'Europe occidentale en 1820, de 51 % en 1950, affichaient un PNB/habitant équivalent à 40 % de l'UE-15 en 1989 (Berend, 2003, p. 15). En 2008, c'est au terme d'une vingtaine d'années de modernisation réussie mais incomplète que la crise financière mondiale est survenue.

L'Histoire se répéterait-elle ? Certes, des similitudes existent. À chaque fois, l'endettement et donc la dépendance par rapport aux flux de capitaux extérieurs a constitué une des principales vulnérabilités des économies de la région. En 1931, le service de la dette en Hongrie était de 48 millions dollars US soit la moitié des flux entrants de capitaux en 1928 (88 millions dollars US). Le ratio service de la dette/exportations était de 48 % en Hongrie, de 36 % en Roumanie et en Yougoslavie, de 27 % en Pologne. Dans ce contexte, le seul bénéfice de la crise de 1929 fut de réduire l'endettement de ces pays grâce principalement à la dévaluation du dollar en janvier 1934. Dans les années 1970, l'endettement fut à nouveau un problème, notamment en Pologne où le replacement de Gomulka par Gierek à la tête du parti correspondit à une forte hausse de l'emprunt qui alimenta brièvement la consommation et les investissements. En 2008, la question de la dette fut encore un problème clef, du moins dans un certain nombre de pays. Au-delà des similitudes de façade, d'importantes distinctions apparaissent entre ces trois phases.

Dans les années 1930, la conséquence tirée de la crise fut une intervention plus importante de l'État dans l'économie. Dans les années 1970, une brèche dans le dogme en vigueur fut tolérée avec l'esquisse d'une économie de marché dans certains pays (Bulgarie, Hongrie, Yougoslavie). En 2008-2010, la crise n'a eu de conséquences sérieuses que dans certains pays et nulle part, les choix en faveur de l'UE, de la démocratie, de l'économie de marché n'ont été remis en cause. Début 2010, un hebdomadaire britannique pouvait lancer aux économies du sud de l'Europe en proie à une crise de la dette souveraine : « si vous cherchez une solution à vos problèmes : regardez à l'Est »[5].

À la vérité, peut-on parler d'un Est ? La crise a révélé une forte différenciation parmi les pays d'Europe centrale. Cette différenciation était visible dès avant la crise et même au cours de la période communiste. La terminologie employée (bloc de l'Est depuis devenu Pays de l'Est) rendait peu compte de la diversité des situations dans l'espace qui s'étirait de la Baltique à l'Adriatique. Rien de surprenant ici. Même dans le cadre des quatre empires qui composaient l'Europe centrale, les différences étaient sensibles entre les territoires avancés dans leur processus d'industrialisation et les espaces confinés aux activités agricoles. Depuis 1989, le rattrapage qui s'opère connaît une géographie qui ne se superpose que partiellement à celle qui fut le cadre des précédentes phases de rattrapage. Les pôles et les régions traditionnellement dynamiques le sont toutefois restés.

Le défi pour les nouveaux États membres ne saurait au demeurant se résumer à celui d'un rattrapage avec l'Ouest en termes de PIB/habitant ou de revenu. Que 20 ans après les débuts de la transition, les pays disposant des finances publiques les plus fragiles soient d'anciens États membres suggère que les modèles de développement adoptés à « l'Ouest » ne sont pas tous des exemples à suivre. Surtout, se focaliser sur la question du rattrapage en termes de PIB/habitant reviendrait pour les pays d'Europe centrale à suivre la voie adoptée par les plus avancés à la charnière du XIXe et du XXe siècle. Celle-ci permit certes une industrialisation selon des schémas inspirés par l'Ouest mais à l'heure de leur diffusion en Europe centrale, ces schémas étaient déjà perçus comme dépassés par les acteurs économiques ouest-européens les plus innovants. Le problème majeur, identifié comme tel par Berend (2003), est que l'Europe centrale et orientale n'a jamais initié de révolution technologique et n'a jamais disposé des ressources nécessaires pour innover et combler ses lacunes en matière de savoir et de savoir-faire.

La période ouverte en 1989 constitue en ce sens une rupture, non seulement avec la période communiste mais également avec la longue durée dans le sens où dans l'Union européenne, les États d'Europe centrale ont pu satisfaire leurs aspirations identitaires tout en disposant du grand marché européen. L'intégration européenne ne saurait pour

---

[5] « What went right », *The Economist*, 18 mars 2010.

autant être une fin en soi. Pour conjurer enfin leur statut de périphérie, fut-ce de l'Ouest plutôt que de l'Est, les États d'Europe centrale et leurs voisins orientaux ne peuvent limiter leur ambition à « rattraper l'Ouest ».

Bibliographie

Barca, Fabrizio (2009), « Agenda for a reformed cohesion policy. A place-based approach to meeting European Union challenges and expectations ». Rapport indépendant préparé pour le compte de Danuta Hübner, Commissaire européen en charge de la politique régionale, Bruxelles.

Benko, Georges (2007), « Territoires et sciences sociales », in X. Itçaina, J. Palard, S. Segas (eds.), *Régimes territoriaux et développement économique*, Presses universitaires de Rennes, pp. 105-112.

Berend, Ivan Tibor (2003), *History derailed, Central and Eastern Europe in the long ninetenth Century*, University of California Press.

Berend, Ivan Tibor, Ranki (György) (1974), *Economic development in East-Central Europe in the 19th and 20th centuries*, New York, Columbia University Press.

Dabrowski, Marcin, « Structural Funds as a Driver for Institutional Change in Poland », *Europe-Asia Studies*, vol. 60, n° 2, pp. 227-248, mars 2008.

Drevet, Jean-François (2008), *Histoire de la politique régionale de l'Union européenne*, Paris, Belin.

Ernst & Young European Attractiveness Survey (2009), *Reinventing European Growth*, Ernst & Young.

Ickes, Barry W., Ryterman, Randi (1993), « From enterprise to firm notes for a theory of the enterprise in transition », in A. Campbell, Brzeski (ed.), *The transformation of centrally planned economies*, New York, Westview Press.

Lepesant, Gilles, « Géographie de la crise en Europe centrale », *Les études du CERI*, n° 159, décembre 2009.

Martin, Philippe (2007), « Convergences des richesses, cumul des handicaps les effcts de la mondialisation sur les territoires », *Esprit*, juin, n° 335, pp. 29-44.

Szucs, Jeno (1985), *Les trois Europe*, L'Harmattan/« Domaines danubiens ».

Le respect de l'identité nationale des États membres de l'Union, révélateur de la difficulté de construire une Europe politique par l'économie

Jean-Denis MOUTON

Le devoir, pour l'Union européenne, de respecter l'identité nationale de ses États membres, est apparu, paradoxalement, dans le traité de Maastricht. En effet, alors que par ce traité, les États engageaient la construction européenne, au-delà d'une construction purement économique, vers une Union politique, ils éprouvaient le besoin d'écrire que « l'Union respecte l'identité nationale de ses États membres dont les systèmes de gouvernement sont fondés sur des principes démocratiques » (article F du traité sur l'Union européenne). Ainsi, se révélait ce qu'on a pu analyser comme étant « une anxiété des parties contractantes et (de) leur volonté de préserver l'État-nation face aux avancées du processus d'intégration européenne »[1]. Si une grande partie des commentateurs autorisés pensaient que cette disposition n'énonçait qu'un principe politique sans véritable conséquence normative, l'avenir allait montrer que le respect de l'identité nationale s'affirmerait comme un véritable principe juridique de la construction européenne ; on comprendra que cette évolution, qui révèle un certain « retour des États » peut alors être analysée comme une remise en cause de la méthode d'origine. La vision, contenue dans la déclaration Schuman d'un fédéralisme partant de l'économie pour aller vers le politique, semble être ainsi, en effet, remise en cause (I). Pourtant, je pense que l'on peut y voir, aussi, l'émergence d'un type de fédéralisme original (II).

I. L'affirmation du respect de l'identité nationale : une remise en cause de la méthode d'origine ?

C'est la Cour de justice de Luxembourg qui allait donner à la clause du respect de l'identité nationale une valeur de principe, lequel allait être « mis en balance » avec la réalisation de l'Europe économique.

---

[1] M.-C. Ponthoreau, « Identité constitutionnelle et clause européenne d'identité nationale. L'Europe à l'épreuve des identités constitutionnelles nationales », Diritto Publico Comparato Ed Europeo 2007, pp. 1576-1588.

I.1. La juridictionnalisation de la clause du respect de l'identité nationale

Progressivement, la Haute juridiction de Luxembourg allait donner une portée à la clause du respect de l'identité nationale, que l'on peut mesurer à la fois à partir d'un critère quantitatif et aussi d'un critère qualitatif.

Si la première référence, par la Cour de justice de la Communauté européenne, au devoir pour l'Union de respecter l'identité nationale de ses États membres, apparaît dès 1996[2], il faudra cependant attendre les années 2004 et suivantes, pour que la Cour de justice se réfère d'abord de manière implicite, puis de manière explicite, à cette disposition du traité de Maastricht, reprise par les traités d'Amsterdam et de Nice. Il faut dire que la Cour de justice, ce faisant, répondait à une stratégie jurisprudentielle, émanant de plusieurs avocats généraux, qui, dans leurs conclusions, argumentaient leurs solutions en se référant au devoir de l'Union de respecter l'identité nationale de ses États membres. Le fait que ce devoir soit réaffirmé fortement par le traité établissant une constitution pour l'Europe, même si celui-ci n'entrera, comme on le sait, jamais en vigueur, allait conforter la Cour de justice de Luxembourg dans sa tendance à se référer à cette disposition.

Mais, au-delà de cette constatation d'ordre quantitatif, c'est surtout l'importance de la référence à ce devoir de respecter l'identité nationale, qui est significative. Si dans un premier temps, la référence à l'identité nationale est un argument supplétif, dans ses derniers arrêts la Haute juridiction de Luxembourg n'hésite plus à en faire un argument principal conduisant à une solution favorable à la reconnaissance de ce qui devient un véritable principe. C'est le cas notamment dans l'arrêt Sayn-Wittgenstein, dans lequel elle déclare « qu'il y a lieu d'admettre que, dans le contexte de l'histoire constitutionnelle autrichienne, la loi d'abolition de la noblesse, en tant qu'élément de l'identité nationale, peut être prise en compte lors de la mise en balance d'intérêts légitimes avec le droit de libre circulation des personnes reconnu par l'Union »[3]. C'est le cas aussi, dans l'arrêt Runevic-Vardyn, dans lequel la Cour déclare « qu'aux termes de l'article 3, paragraphe 3, quatrième alinéa TUE ainsi que l'article 22 de la Charte des droits fondamentaux de l'Union européenne, l'Union respecte la richesse de sa diversité culturelle et linguistique. Conformément à l'article 4, paragraphe 2 TUE, l'Union respecte également l'identité nationale de ses États membres, dont fait aussi partie la protection de la langue officielle de l'État »[4]. Ces arrêts illustrent de

---

[2] CJCE, 2 juillet 1996, Commission/Luxembourg, aff. C 473/93.

[3] CJUE, 22 décembre 2010, I. Sayn-Wittgenstein, aff. C 208/09.

[4] CJUE, 12 mai 2011, M. Runevic-Vardyn, aff. C 391/09.

manière éclatante, que la défense de l'identité nationale des États membres de l'Union devant la Cour de justice de Luxembourg permet de s'opposer éventuellement au développement de la construction économique européenne.

I.2. La défense de l'identité nationale opposée au noyau dur de l'Europe économique

L'Europe économique s'est construite autour de la réalisation des grandes libertés fondamentales du marché intérieur. Or, la défense de l'identité nationale va trouver à s'exercer notamment pour tenter de venir limiter, dans certains cas, ces libertés fondamentales. C'est ainsi que dans l'arrêt Omega, était soulevée la question de la compatibilité d'une mesure d'interdiction, par l'autorité de police de la ville de Bonn, d'une activité considérée comme contraire au respect de la dignité humaine, édictée par la Constitution allemande, avec la libre circulation des marchandises. Dans cette affaire, la Cour va admettre que l'Allemagne puisse, sur la base d'une conception particulière de sa Constitution, et bien que cette conception ne corresponde pas « à une conception partagée par l'ensemble des États membres » prendre une telle mesure[5]. Dans l'affaire UTECA, la Cour de justice est amenée à juger si le législateur espagnol peut, en vue de promouvoir la diversité linguistique et culturelle, obliger les opérateurs de télévision à affecter une partie de leurs recettes d'exploitation au financement de la production de films dans les langues originales concernées ; elle accepte de reconnaître comme une raison impérieuse d'intérêt général, une telle restriction à plusieurs libertés fondamentales garanties par le traité, à savoir la libre prestation des services, la liberté d'établissement, la libre circulation des capitaux, et la libre circulation des travailleurs[6]. Mais, c'est surtout face à la libre circulation des citoyens que le principe du respect de l'identité nationale trouve sa concrétisation, jusqu'à aujourd'hui, la plus spectaculaire. C'est notamment le cas dans les deux affaires précitées. Dans l'arrêt Sayn-Wittgenstein, la Cour de justice admet que le refus par les autorités autrichiennes, de reconnaître le nom patronymique d'un de ses ressortissants, tel qu'il a été déterminé dans un autre État membre, dans lequel ce ressortissant a été adopté, constitue une restriction à la liberté de circulation et de séjour des citoyens de l'Union. Pour autant, elle admet que l'interdiction des titres de noblesse en Autriche, sur la base de son droit constitutionnel, est une mesure justifiée, ce qui permet de respecter l'identité nationale de cet État. Dans l'affaire Runevic-Vardyn, la Cour de justice reconnaît que l'imposition

[5] CJCE, 14 octobre 2004, Omega, aff. C 36/02.

[6] CJCE, 5 mars 2009, UTECA, aff. C 222/07.

des règles de graphie d'une langue officielle nationale aux actes d'état civil établis dans un autre État, si elle constitue une restriction à la libre circulation des citoyens de l'Union, est cependant un objectif légitime, fondé sur le respect de l'identité nationale de l'État concerné, et qui justifie une restriction aux droits de libre circulation et de séjour. Cette confrontation entre le respect de l'identité nationale et les libertés fondamentales, qui font partie de ce que l'on peut appeler le noyau dur de l'Europe économique, pousse même un État, à savoir la République tchèque, dans une affaire pendante devant la Haute juridiction de Luxembourg à soutenir qu'une prestation sociale de vieillesse pourrait être réservée aux seuls citoyens de la République tchèque, en tant qu'élément de l'identité nationale[7].

On voit bien que si la tendance favorable à donner au respect de l'identité nationale la valeur d'un principe du droit de l'Union, par la Cour de justice, se développe, ceci pourrait porter atteinte au développement de l'Union économique. Et ainsi, le principe du respect de l'identité nationale apparaîtrait comme révélateur de la difficulté de construire une Europe politique à partir de l'économie. Pourtant, on peut déceler, paradoxalement, dans cette tendance jurisprudentielle, les prémices d'une forme de fédéralisme original.

II. Le respect de l'identité nationale : l'émergence d'une Fédération d'États-nations ?

L'œuvre de la Cour de justice concernant le principe du respect de l'identité nationale pourrait nous permettre de voir émerger une forme de fédéralisme original. Si l'on admet cette hypothèse, toute réflexion sur l'avenir de la construction européenne doit tenir compte de cette donnée.

II.1. La reconnaissance de l'émergence d'une Fédération d'États-nations à travers le respect de l'identité nationale

La référence, implicite puis explicite, de la Cour de justice de Luxembourg au devoir pour l'Union de respecter l'identité nationale de ses États membres, renvoie en réalité à deux déclinaisons. La première de ces déclinaisons se rattache au thème de l'identité constitutionnelle, comme élément de l'identité nationale. La plupart des arrêts se référant à ce principe renvoient en effet au respect que l'Union doit à l'identité constitutionnelle de ses États membres. Cette tendance est conforme au fait que, comme on l'a vu, l'inscription de cette clause dans les traités de

[7] Demande de décision préjudicielle présentée par le Nejvyšši správni soud (République tchèque) le 24 mai 2012, aff. C 253/12.

Maastricht puis d'Amsterdam, renvoyait d'abord à une dimension politico-institutionnelle de l'identité nationale, à travers la référence aux systèmes de gouvernement des États membres et aux principes démocratiques. Le traité établissant une constitution pour l'Europe a confirmé cette dimension politico-institutionnelle, et le traité de Lisbonne l'a reprise dans son article 4 TUE, à peu près dans les mêmes termes. Les arrêts Sayn-Wittgenstein et Runevic-Vardyn font eux-mêmes référence à cette nécessité de tenir compte de l'identité constitutionnelle des États membres.

Cependant, si cette dimension constitutionnelle est la première et la seule clairement exposée par les traités fondateurs, il n'empêche que c'est pour la défense de l'identité culturelle que la Cour de Luxembourg a utilisé d'abord la clause de l'identité nationale. La première illustration en est fournie par l'arrêt de 1996 précité. Dans cette affaire, la Cour accueillera l'argument du respect de l'identité nationale, en considérant que le pluralisme culturel peut constituer un but légitime pouvant justifier une restriction aux libertés du marché intérieur, même si, dans cette affaire, elle considérera que la mesure envisagée par le Luxembourg était disproportionnée à l'objectif recherché. Cet aspect de l'identité nationale se trouvera de nouveau promu dans l'affaire UTECA précitée, dans laquelle la Cour considérera que la diversité culturelle pouvait constituer un objectif légitime capable de restreindre une liberté fondamentale. L'arrêt Runevic-Vardyn est également révélateur de cette dimension de l'identité nationale, puisque la Cour se réfère à l'article 4 paragraphe 2 TUE, pour protéger la langue officielle d'un État, élément de son identité nationale. Et alors, la jonction de ces deux aspects de l'identité nationale, à savoir, l'aspect politico-institutionnel et l'aspect culturel, renvoie à ce qui a été analysé comme étant caractéristique de la formation des États-nations ; ceux-ci apparaissent, en effet, comme des formes d'organisation politique réalisant une congruence entre un macro-pouvoir politique et une homogénéité culturelle[8]. La Cour de justice reconnaît ainsi que l'Union européenne est fondée sur les États-nations.

Mais en même temps, cette reconnaissance donne à voir ce que l'on peut appeler une Fédération. Ceci nous fait revenir à la particularité du statut de l'État membre de l'Union européenne. Le traité de Lisbonne, dans le prolongement du traité constitutionnel, réaffirme la souveraineté de principe de l'État membre de l'Union. En reconnaissant que l'Union ne dispose que d'une compétence d'attribution, il pose *a contrario* que ce sont les États qui gardent la compétence de la compétence. Le traité de Lisbonne réaffirme également, à l'instar du traité établissant une

---

[8] Voir E. Gellner, *Nations et nationalisme*, Payot, 1989.

constitution pour l'Europe, le droit de retrait sauvegardé par les États membres de l'Union. L'article 4 paragraphe 2, déjà évoqué, peut être interprété aussi comme confirmant que l'État membre de l'Union garde ce qui est au soubassement de la souveraineté ; en disposant, en plus du respect de leur identité nationale, que l'Union « respecte les fonctions essentielles de l'État, notamment celles qui ont pour objet d'assurer son intégrité territoriale, de maintenir l'ordre public et de sauvegarder la sécurité nationale », le traité de Lisbonne officialise en effet tout ce qui fait l'essence d'un État souverain. Les États ne sont pas liés par les matières pour lesquelles le droit international doit les laisser libres de déployer l'autonomie qui leur appartient en tant qu'organisations humaines qui se gouvernent elles-mêmes (existence et forme de l'État, régime politique, subdivisions de l'État, gouvernement sur le territoire et la population)[9]. Par ailleurs, le respect des fonctions essentielles de l'État renvoie à l'exercice effectif du monopole de la contrainte, lié à la définition de l'État westphalien. Bref, le traité de Lisbonne réaffirme que l'État membre de l'Union reste un État souverain au sens du droit international et donc que l'Union n'est pas un État fédéral et n'a probablement pas vocation à le devenir, du moins si l'on s'en tient à une conception classique du fédéralisme.

C'est ici que la jurisprudence de la Cour de Luxembourg sur le respect de l'identité nationale laisse entrevoir une autre logique. En effet, alors que le droit international a rejeté, à juste titre, la théorie selon laquelle les États disposeraient de droits fondamentaux[10], la tendance jurisprudentielle de la Cour de Luxembourg évoquée permet de soutenir que le droit au respect de l'identité nationale deviendrait un véritable droit fondamental pour l'État membre de l'Union. Si l'on pose que la notion de droit fondamental suppose la réunion de deux conditions : une fondamentalité substantielle, dans le sens que les droits fondamentaux sont ceux qu'un ordre juridique reconnaît à un sujet de droit parce que jugés comme étant essentiels à sa préservation, et une fondamentalité structurelle, à savoir une place, dans la hiérarchie des normes composant cet ordre juridique, qui permette que ces droits soient effectivement protégés, on peut soutenir que l'on voit apparaître au sein de l'ordre juridique de l'Union européenne un droit fondamental des États au respect de leur identité nationale. En reconnaissant l'identité nationale sous les deux aspects de l'identité politico-constitutionnelle et de l'identité culturelle, la Cour de Luxembourg réaffirme, en effet, l'existence en

---

[9] Selon la définition donnée par G. Arangio-Ruiz, « Le domaine réservé. L'organisation internationale et le rapport entre droit international et droit interne », RCADI, 1990, VI, vol. 225, p. 436.

[10] Voir F. Poirat, « La doctrine des droits fondamentaux de l'État », *Droits*, t. 16, 1992, pp. 83 à 91.

tant qu'entités politiques des États membres de l'Union. Pour ce qui est de la place de ce principe dans la hiérarchie des normes, la portée grandissante de l'article 4 paragraphe 2 permet d'entrevoir aussi que ce critère serait en voie de concrétisation.

Or, l'article 4 du traité de Lisbonne sur l'Union européenne énonce dans son paragraphe 3, ce qui constitue le corollaire, au niveau des obligations, des droits de l'État membre. En effet, selon cette disposition :

> En vertu du principe de coopération loyale, l'Union et les États membres se respectent et s'assistent mutuellement dans l'accomplissement des missions découlant des traités. Les États membres prennent toute mesure générale ou particulière, propre à assurer l'exécution des obligations découlant des traités ou résultant des actes des institutions de l'Union. Les États membres facilitent l'accomplissement par l'Union de sa mission et s'abstiennent de toute mesure susceptible de mettre en péril la réalisation des objectifs de l'Union.

Or, là encore, la Cour de justice a concrétisé ce principe de sorte qu'il apparaît comme étant à mi-chemin entre le principe de bonne foi du droit international, et le principe de fidélité du droit fédéral. Ainsi, l'article 4 du traité de Lisbonne sur l'Union européenne réunit les éléments de ce que l'on peut appeler le statut d'« État intégré » de l'Union : l'État membre de l'Union européenne, s'il reste un État souverain au sens du droit international, entre, en même temps, dans un statut (dont il peut sortir) composé de droits fondamentaux et d'obligations inhérentes à ce statut, qui le différencient de l'État du droit international. On entrevoit de cette manière ce qui pourrait apparaître comme une Fédération, au sens originel de cette notion[11], c'est-à-dire une forme d'organisation politique, qui ne se confond pas avec un État fédéral en ce qu'elle laisse exister les entités politiques qui la composent, et qui cependant correspond à l'institutionnalisation d'une interdépendance qui la rend différente d'une simple organisation internationale. Si l'on veut bien admettre que cette jurisprudence de la Cour de Luxembourg laisse entrevoir la formation d'une « Fédération d'États-nations »[12], il est nécessaire alors d'en tirer les conséquences pour l'avenir ; si le principe du respect de l'identité nationale est révélateur d'une telle Fédération en devenir, il convient, en effet, d'en tenir compte lorsqu'on évoque le futur de l'Union européenne.

II.2. L'avenir de la construction européenne et la prise en compte d'un fédéralisme original

Le thème du fédéralisme, qui avait disparu du discours politique européen après l'échec du traité établissant une constitution pour l'Europe,

---

11 Voir O. Beaud, *Théorie de la Fédération*, Paris, PUF, Léviathan, 2007.

12 Pour reprendre la formule célèbre de Jacques Delors qui semble bien adaptée.

est réapparu à la faveur de la crise de la zone euro. Si l'on veut bien admettre que le modèle de la Fédération d'États-nations est le mieux adapté au dessein politique de l'Europe, il faut alors en tenir compte dans les propositions de réformes à venir. Cela vaut pour l'éventuel transfert de nouvelles compétences à l'Union comme pour la réforme des institutions[13].

Au-delà de l'Union économique et monétaire, la conception d'une Union politique du type d'une Fédération d'États-nations doit reposer sur plusieurs principes. Les domaines qui constituent le bastion de l'État nation doivent rester des domaines où l'action de l'Union européenne ne peut avoir qu'une valeur ajoutée, de stimulation des compétences nationales ; en particulier tout ce qui touche à la cohésion nationale comme l'emploi, la sécurité sociale, les retraites, la santé, la culture, l'éducation, l'aménagement du territoire... Dans le cadre du traité de Lisbonne, le fait que la plupart de ces domaines relèvent des compétences d'appui (art. 6 TFUE) semble bien adapté à cette situation, ce qui ne signifie pas que l'Union ne puisse pas développer certaines actions (on pense notamment à l'éducation qui participe de la construction d'un sentiment d'appartenance). Par ailleurs dans une Fédération d'États nations, dans laquelle les États continuent de garder la souveraineté de principe, les compétences régaliennes (telle que la diplomatie, la défense, la fiscalité) doivent relever principalement des États, sans empêcher pour autant (et cela vise les trois domaines cités) de doter l'Union européenne de certains moyens. Le bon curseur aujourd'hui ne semble pas avoir été trouvé, mais cela n'implique pas de nouveaux transferts de compétences, mais plutôt un meilleur exercice des compétences. S'agissant, dans une Fédération d'États-nations, de préserver aussi la diversité culturelle, le système de la reconnaissance mutuelle, initié dans la sphère du marché intérieur, qui repose sur le fait qu'un acte établi dans un État membre est opposable dans les ordres juridiques des autres États membres, est une alternative à une harmonisation unificatrice : il devra être utilisé chaque fois que l'on touche à des domaines liés à l'identité nationale (par exemple le droit pénal mais aussi la fiscalité). En tout état de cause, le fédéralisme coopératif[14] qui caractérise l'évolution des États fédéraux, et qui relativise un système tranché de répartition des compétences au profit d'une coopération entre les différents échelons de pouvoirs, s'applique d'autant plus au modèle d'une Fédération d'États nations. Cette consta-

---

[13] Sur la démarche pour avancer vers une Fédération d'États-nations, voir G. Ricard-Nihoul, *Pour une Fédération européenne d'États-nations, la vision de Jacques Delors revisitée*, Larcier, Essais, 2012, qui formule des propositions dont nous nous inspirons.

[14] M. Croisat, J.L. Quermonne, *L'Europe et le fédéralisme*, Monstchrétien, Clefs, 2e éd., 1999.

tation converge aussi vers l'idée d'aborder d'une façon prudente et pragmatique l'éventualité de nouveaux transferts de compétences.

Si l'on projette les propositions actuelles de réformes institutionnelles dans le cadre d'une logique de construction d'une Fédération d'États nations, la question du leadership mais aussi de la démocratisation peuvent recevoir les réponses suivantes.

Force est de constater que le triangle institutionnel propre au développement de la méthode communautaire (Commission, Conseil, Parlement) s'est transformé en un carré avec la montée progressive du Conseil européen, reconnue par le traité de Lisbonne et déployée spécialement dans la dernière période. S'agissant du leadership, le traité de Lisbonne après le traité constitutionnel a fait le choix d'une sorte de bicéphalisme : par la création d'un poste de président du Conseil européen et par le renforcement du poste du président de la Commission. Le premier, désigné par le Conseil européen, représente les États, le second, par une corrélation (qui sera complètement effective à partir de 2014) avec le résultat des élections européennes, les citoyens européens. Mais ce bicéphalisme reste de portée incertaine : le président du Conseil européen est plutôt *a priori* un *chairman*, mais qui pourrait jouer un rôle plus actif (ce que prouve la période récente) ; quant au second, il est difficile de mesurer les effets de cette corrélation avec les élections européennes, compte tenu notamment des difficultés d'européaniser le débat politique européen, sur le pouvoir que cela lui apporterait. Pour l'avenir, l'Allemagne, par exemple, est favorable à une évolution renforçant la Commission, qui doit devenir un véritable gouvernement, avec à sa tête un président qui devrait être élu au suffrage universel, ce qui amènerait une fusion des deux têtes au profit du président de la Commission. L'idée de fusion n'est pas incompatible avec le modèle d'une Fédération d'États nations, cependant dans une perspective « d'hybridation », une fusion n'a pas le même sens. L'hybridation renvoie à l'idée d'une « synergie » entre les institutions de l'Union européenne, respectueuse des différentes légitimités à l'œuvre dans une Fédération d'États nations. L'hybridation se concrétise notamment par des fonctions « à double casquette »[15], qui sont les mieux adaptées à la dynamique d'une Fédération devant allier l'unité et la diversité des États nations. C'est ce qu'incarne (difficilement, il est vrai), le haut représentant pour la politique étrangère, c'est ce que pourrait incarner demain un ministre des Finances. S'agissant de la présidence, dans cette perspective, une fusion des deux présidences actuelles n'aboutirait pas à faire du président du Conseil européen le chef d'un État fédéral classique, mais la courroie de transmission entre le Conseil européen, les Conseils des ministres de

---

15 Selon les expressions de M. Ricard-Nihoul, *op. cit.*, spécialement, pp. 126-127.

l'Union, et la Commission. À terme, la désignation d'une telle personnalité devrait combiner les éléments de la désignation actuelle du président du Conseil européen avec les éléments de la désignation du président de la Commission. Avant d'arriver à cette étape, et dans l'attente des effets que produira la nouvelle désignation de la Commission, à partir de 2014, dans un premier temps, on peut imaginer une élection du président du Conseil européen par le Conseil européen approuvée par les parlements nationaux. La présidence tournante de l'Union pourrait être supprimée de façon à renforcer le rôle du président du Conseil européen. Le Conseil européen se réunissant de plus en plus fréquemment serait à l'origine des grandes décisions politiques, la Commission aidant à concrétiser ces décisions sous forme de propositions normatives et veillant à leur bonne exécution. Quant au Conseil des ministres, il relèverait lui-même de cette logique de l'hybridation, en jouant son rôle, notamment à travers le Conseil Affaires générales (que le traité de Lisbonne n'a pas suffisamment réévalué), de concrétisation des décisions adoptées par le Conseil européen, tout en se transformant éventuellement à terme en une sorte de seconde chambre, correspondant ainsi à une forme de démocratisation possible.

La démocratisation, dans une Fédération d'États nations, ne peut pas être la transposition pure et simple de la démocratie nationale. Mais une réforme institutionnelle doit tendre à permettre à la fois aux peuples des États de l'Union et à la communauté des citoyens européens d'être représentés dans la structure fédérale. Il est évident que le Parlement européen doit, à terme, se voir reconnaître un véritable droit d'initiative législative, qui en fasse enfin, un véritable co-législateur. Le mode de représentation doit aussi progressivement l'affirmer comme étant le représentant de la communauté des citoyens européens : une certaine harmonisation des modalités du mode de scrutin, la possibilité de former des listes transnationales pour élire un certain nombre de députés, au fur et à mesure du renforcement des partis politiques européens, est également à envisager. S'agissant de la deuxième chambre, deux possibilités se présentent ; la plus logique, dans une perspective de Fédération d'États nations, serait que le Conseil de l'Union devienne cette structure hybride en poussant la nouveauté du traité de Lisbonne consistant à pondérer le nombre de voix représenté par chaque ministre à la démographie de l'État ; cela ne l'empêcherait pas d'être aussi la courroie de transmission des décisions du Conseil européen. L'autre possibilité, conformément à la vision allemande, serait d'instaurer une deuxième chambre au sein du Parlement européen, qui représenterait les citoyens des États. En tout état de cause, les parlements nationaux doivent voir leur rôle renforcé dans la structure fédérative ; ils ne doivent pas se limiter à être des organes d'information, en amont et en aval, des choix effectués à Bruxelles par chaque gouvernement ; ils ne doivent pas être des gardiens simplement négatifs du principe de subsidiarité mais ils doivent devenir des acteurs poussant à des actions de l'Union européenne, lorsqu'elles sont nécessaires.

Mais, l'émergence d'une communauté de citoyens, qui permette à l'Union, contrairement à ce que pensent de grands intellectuels eurosceptiques, de devenir une communauté politique fondée sur un sentiment d'appartenance, nécessite aussi le développement d'une forme de citoyenneté européenne. Là encore, la conception d'une citoyenneté classique n'est pas transposable à une Fédération d'États-nations : les citoyens restent des citoyens de leur État nation, tout en devenant des citoyens d'une communauté politique nouvelle. La citoyenneté de l'Union, créée par le traité de Maastricht, développée par la jurisprudence de la Cour de justice de l'Union européenne, et par un ensemble de directives, codifiées par le traité de Lisbonne, est une institution insuffisamment exploitée. Elle pourrait à l'avenir l'être plus, en reconnaissant de nouveaux droits politiques rattachés à cette citoyenneté : par exemple les élections au niveau régional pourraient être ouvertes aux citoyens de l'Union résidant sur le territoire de l'État, et l'uniformisation du mode de scrutin aux élections européennes pourrait aller dans le sens d'une corrélation avec ces circonscriptions régionales. La tendance actuelle à développer les droits des ressortissants des États tiers, résidant légalement dans l'Union, est louable mais elle ne doit pas aboutir à éliminer une différenciation avec le statut des ressortissants des États membres. Au contraire, la libre circulation des citoyens de l'Union, qui conditionne les principaux droits attachés à la citoyenneté de l'Union, doit être consolidée pour favoriser ce sentiment d'appartenance. Naturellement la possibilité ouverte par le traité de Lisbonne d'une initiative citoyenne (dans les conditions du règlement 211/2011) devrait être améliorée pour devenir un véritable droit d'initiative populaire. Tous ces éléments ne modifieront pas le fait que la citoyenneté de l'Union reste une citoyenneté de superposition et que la nationalité reste une compétence qui relève essentiellement des États nations. Pourtant là encore, l'expérience prouve, sur la base de la jurisprudence de la Cour de justice, que le développement d'une citoyenneté de l'Union aboutit à rapprocher l'exercice de la compétence des États dans ce domaine.

Ainsi, la période ouverte par la volonté de transformer la Communauté économique européenne en une Union politique interroge la méthode d'origine, définie par Robert Schuman. D'un côté, les États membres de l'Union européenne voulant sauvegarder ce qui fait leur essence ont amené à une remise en cause du noyau dur de l'Union européenne. D'un autre côté, cette volonté a permis, notamment à travers la Cour de justice de l'Union européenne, que se profile une forme de fédéralisme original. Or, la crise des dernières années, qui montre que l'économie est toujours le moteur de l'intégration européenne, et qui amène à un renforcement de l'Union économique et monétaire, pourrait accentuer cette forme de fédéralisme original. Tout dépendra de la capacité des gouvernements à réformer l'Union de manière conforme à ce qui semble être son dessein politique ; évidemment cela ne pourra se faire qu'avec l'accord des peuples concernés.

Conclusion

Christian LEQUESNE

Produire du politique en partant de l'économie : le thème de ce livre renoue avec les interrogations de départ de l'intégration européenne. Tout de suite après l'échec de la Communauté européenne de défense, en 1954, les six États fondateurs n'avaient guère d'autre option pour progresser que de mettre en commun d'abord leurs économies. Depuis lors, le mouvement ne s'est jamais vraiment arrêté. À la politique commerciale commune ont succédé les projets du marché intérieur puis de l'Union économique et monétaire. Les théoriciens de l'intégration européenne (Haas, Lindberg, Scheingold) ont conceptualisé, dès les années 1960, la méthode fonctionnaliste de Jean Monnet qui visait à faire avancer l'intégration politique par des « solidarités de fait » dans le domaine économique[1]. Ils ont montré comment elle a permis de mobiliser des acteurs autour de la résolution de problèmes d'interdépendance (*problem solving*). Leur erreur fut certainement de penser que la conséquence automatique en serait le transfert de souveraineté vers une nouvelle autorité politique européenne qui se substituerait aux États. Cinquante ans plus tard, on mesure cependant le chemin parcouru grâce à la méthode dite fonctionnaliste tout en étant confronté au problème de la construction d'une politique démocratique : l'utilitarisme dont est nécessairement porteuse l'économie suffit-il à créer du sentiment commun ? N'a-t-on pas négligé une autre dimension qui concerne les domaines de l'identité ou de la citoyenneté ? Liesbet Hooghe et Gary Marks l'ont bien montré dans leurs travaux récents en parlant d'une Union européenne qui a atteint un moment « postfonctionnaliste »[2]. Ce qui fait encore défaut en 2013 à la polite européenne ressort davantage de la philosophie politique (l'idée de communauté, le sentiment d'identité partagée) que de la gouvernance et des politiques publiques.

Si l'économie a servi de vecteur à l'Union européenne pour lui donner les contours d'une politique, il n'y a jamais eu pour autant de con-

---

[1] Sabine Saurugger, *Théories et concepts de l'intégration européenne*, Paris, Presses de Sciences Po, 2010.

[2] Liesbet Hooghe, Gary Marks, « A Postfunctionalist Theory of European Integration : From Permissive Consensus to Constraining Dissensus », *British Journal of Political Science*, 39, 1, 2009, pp. 1-23.

sensus entre les États sur le modèle économique à promouvoir. L'Union européenne a toujours été un compromis entre le marché et la régulation héritée de la tradition interventionniste des États. Il en résulte nécessairement un compromis, ressemblant fort à l'économie sociale de marché à l'allemande, qui peut être interprété différemment et dès lors contesté aussi bien par la gauche que par la droite. En France, la gauche post-marxiste parle volontiers de l'Europe économique comme d'un espace purement néolibéral en mettant l'accent sur la seule construction du marché. À l'inverse, la droite hayekienne, en Grande-Bretagne ou en République tchèque, présente l'Union européenne comme une construction d'inspiration socialiste en insistant uniquement sur le caractère prolixe de sa production réglementaire.

Si l'Union européenne s'est imposée comme une polite dans laquelle acteurs politiques et acteurs économiques ont fondé les conditions d'une négociation pour élaborer des politiques publiques, on n'y observe pas pour autant les traits d'une macro-négociation organisée. L'Union européenne n'a en effet jamais donné naissance à un système politique corporatiste, semblable à celui qui caractérise par exemple l'Autriche. Elle est, au contraire, un système politique pluraliste dans lequel acteurs économiques et politiques ont élaboré des formes de négociation *ad hoc* et très peu stabilisées. Après Washington, Bruxelles s'est imposée dès la fin des années 1980 comme la deuxième place au monde pour l'exercice du lobbying, que ce soit celui des maîtres de forges, des agriculteurs, ou des environnementalistes. Le lobbying est une forme de contrôle du pouvoir politique, mais qui est plus ou moins influent en fonction des ressources dont chaque lobby dispose. C'est la raison pour laquelle le lobbying ne saura jamais avoir la même légitimité que la représentation démocratique qui, malgré les développements des pouvoirs du Parlement européen lors de chaque réforme institutionnelle depuis l'Acte unique, reste faible dans l'Union européenne.

L'intégration par l'économie nécessite de prendre en compte également le rôle exercé par les institutions qui, dans l'Union européenne, ne sont pas de simples « agents » au service d'un « principal » qui seraient les États. Au sein de l'Union européenne, la Cour de justice est une institution dont le rôle revêt une importance particulière dès lors que l'on s'intéresse à la relation entre le politique et l'économie. On pourrait s'étonner de ne pas mentionner le droit en tant que tel. La raison est simple : la production du droit (en particulier jurisprudentiel) n'est pas autonome de celle de l'économie et de la politique, comme l'ont bien montré les travaux de *judicial politics*. L'idée d'un ordre juridique autonome de l'ordre politique repose largement sur une fiction. La Cour de justice a joué historiquement un rôle clef dans la définition des principes de libre circulation qui, à leur tour, ont contribué à construire la polite européenne. Alors que les exécutifs butaient, dans les années 1960, sur les effets du fameux « Compromis de Luxembourg », les juges européens édictaient la plupart des grands principes du nouveau droit communautaire : effet direct, applicabilité directe, etc. L'activisme des juges de Luxembourg, mis en avant dans les années 1980 et 1990 par les travaux d'Éric Stein, Renaud Dehousse ou Hjalte Rasmussen, a cependant eu tendance à se réduire après le traité de Maastricht[3]. La Cour de justice est devenue plus *self restraint* dans ses arrêts, prenant en compte moins exclusivement la construction du marché et davantage le respect de l'identité des États, parce que le débat politique au sein des États appelle tout simplement à cela.

L'Europe des Pères Fondateurs comptait six États membres ; celle de 2013 en compte vingt-huit. Les différents élargissements ont conforté, depuis 1973, la place économique (et notamment commerciale) de l'Union européenne dans le monde. Ils ont amené en revanche plus d'hétérogénéité sur le plan interne, rendant plus difficile le compromis entre États autour du modèle économique qui doit porter le projet politique. Le renoncement forcé à l'État providence par le fait d'avoir été placé du mauvais côté du Rideau de fer a conduit les nombreux nouveaux États membres d'Europe centrale et orientale, après 1989, à exprimer des attentes économiques plus néolibérales que celles des membres fondateurs. Pour les pays postcommunistes, l'adhésion à l'Union européenne a aussi été vécue comme un moyen de favoriser le passage à l'économie de marché et d'insuffler le changement en prenant appui sur la démocratie et le marché que certaines sociétés, comme celle de la République tchèque, avaient connu jusqu'en 1948. Mais le consensus en faveur de plus d'intégration européenne ne s'est pas imposé pour autant dans les nouveaux États membres postcommunistes. Pour les élites néolibérales tchèques, la construction du marché produit précisément trop de politique européenne au détriment de l'État souverain retrouvé. Pour les conservateurs polonais, la modernisation de l'économie nationale par l'Europe est considérée comme une atteinte aux valeurs nationales.

À la suite de la crise économique de 2008, les difficultés de la zone euro ont réhabilité dans l'espace public des États européens le débat sur le fédéralisme. Vingt ans après le traité de Maastricht, une double contradiction s'impose cependant avec force à ceux qui font une lecture rationnelle de l'Union européenne. La première est qu'il n'est pas possible de construire une politique monétaire européenne tout en lais-

---

[3] Damien Chalmers, Mariana Chaves, *The references of EU judicial politics*, Discussion Paper « Europe in Question », London, LSE, September 2011. « Europe in Question » Discussion Paper Series, The Reference Points of EU Judicial Politics, Damian Chalmers & Mariana C.

sant aux États la responsabilité de leurs politiques économiques, notamment dans les domaines budgétaire ou encore fiscal. La seconde est qu'il est impossible d'évoluer vers une politique économique commune sans aller vers le fédéralisme politique. En 2013, peu de sociétés sont toutefois prêtes à accepter ce « couronnement » politique de l'Union économique et monétaire, à l'exception de l'Allemagne qui, forte de sa tradition fédérale, est la seule à défendre ouvertement la fameuse « Krönungstheorie »[4]. L'évolution fédérale ayant du mal à être acceptée par les vingt-huit États membres, il convient plus que jamais de penser à des formes de différenciation autour d'un noyau dur d'États. Ce schéma ne pourra pas avoir lieu sans l'Allemagne et la France, ce qui confère une responsabilité particulière à la France. Cette dernière, dont les élites politiques aiment évoquer l'Europe-puissance, est-elle prête à rejoindre l'Allemagne, et pourquoi pas la Pologne, pour assumer un projet politique fédéral autour de la zone euro ? La réponse à court terme semble négative si l'on en croit le refus du gouvernement Ayrault de souscrire aux projets allemands d'une nouvelle réforme des traités et l'insistance sur ce que l'on appelle pudiquement au Quai d'Orsay « l'Europe solidaire », c'est-à-dire un renforcement de l'union économique sans union politique. En 2013, l'Union européenne est confrontée à une inversion causale par rapport à ce qu'avait imaginé Jean Monnet : en effet, la question majeure n'est plus tant comment produire du politique par l'économie, mais plutôt comment avoir une économie plus efficace en créant plus de politique.

---

[4] Ulrike Guérot, « Noces d'or franco-allemandes. Le couple est-il fini ? », *Politique Étrangère*, 4-2012.

Index

A

Adenauer, Konrad, 95
Argyros, Stelios, 88

B

Baer, Günter, 102
Bangeman, Martin, 84
Barre, Raymond, 34, 73, 74
Bech, Joseph, 42
Blessing, Karl, 62, 67
Brandt, Willy, 60, 65, 71, 72
Breit, Ernst, 88
Briand, Aristide, 16

C

Cazeneuve, Bernard, 152
Ciolos, Dacian, 125, 153
Colombo, Emilio, 69
Couve de Murville, Maurice, 65, 66

D

de Gasperi, Alcide, 95
de Gaulle, Charles, 53, 70
Dekker, Wisse, 79, 89
Del Bo, Dino, 49, 53, 54, 55, 58
Delors, Jacques, 16, 25, 29, 36, 77, 79, 85, 86, 87, 88, 90, 93, 102, 103, 107, 108
Duisenberg, Wim, 107, 108
Dupriez, Léon-H., 94, 95

E

Emminger, Otmar, 62, 63, 67

F

Ferrer, Carlos, 88
Ferry, Jacques, 56
Fourastié, Jean, 95

G

George, Lloyd, 31
Gierek, Edward, 185
Giscard d'Estaing, Valéry, 35
Gomulka, Wladyslaw, 185
Gyllenhammar, Pehr, 79

H

Hamburger, Richard, 43, 50, 51
Harrod, Roy, 96
Hauser, Henri, 23
Hellwig, Fritz, 54
Herman, Fernand, 94
Homan, Johannes Linthorst, 54, 55, 58

J

Jaspar, Jean, 88
Jenkins, Roy, 69
Johnson, Harry, 96

K

Kenen, Peter, 96

Kiesinger, Kurt Georg, 60, 66, 72
Köhler, Herbert, 56
Kok, Wim, 86
Koutny, Émile, 94

L

Lamfalussy, Alexandre, 18, 93, 94, 95, 96, 97, 98, 99, 100, 101, 102, 103, 104, 105, 106, 107, 108
Lamy, Pascal, 26
Lapie, Pierre-Olivier, 54
Leclercq, Hugues, 94
Leysen, André, 88

M

Machlup, Fritz, 96
Marín, Manuel, 86
Martin, James Stewart, 41
Mayer, René, 53, 55
Miliband, Ed, 171
Monnet, Jean, 15, 28, 31, 34, 42, 50, 51, 52, 55, 58, 72, 201, 204
Mundell, Robert, 96

N

Nixon, Richard, 67

O

Ortoli, François-Xavier, 66, 69, 74

P

Padoa-Schioppa, Tommaso, 102
Papandreou, Vasso, 88
Pennock, (Lord) Raymond William, 88
Piehl, Ernst, 81
Pöhl, Karl-Otto, 103
Poidevin, Raymond, 55
Pompidou, Georges, 34, 72

Q

Quevrin, Émile, 94

R

Ratjen, Karl Gustav, 88
Rollman, Tony, 51
Roosevelt, Franklin Delano, 32, 113
Rueff, Jacques, 96

S

Schaetzen, Albert de, 94
Schiller, Karl, 61, 63, 66, 68, 69, 71, 72, 74, 75
Schmidt, Helmut, 35
Schuman, Robert, 13, 15, 16, 39, 40, 41, 42, 43, 44, 47, 50, 51, 53, 56, 58, 95, 189, 199
Scitovsky, Tibor, 96
Seydoux, François, 59
Spierenburg, Dirk, 55
Strauß, Franz Josef, 64

T

Thomas, Albert, 28, 33
Triffin, Robert, 34, 96, 97, 101, 107, 108
Truman, Harry, 41
Tyszkiewicz, Zygmunt, 87

U

Uri, Pierre, 96

V

Van der Rest, Pierre, 46
Van Rompuy, Herman, 119
Vredeling, Henk, 78, 79, 80, 81, 83, 84

W

Wehrer, Albert, 40, 42, 54
Werner, Pierre, 34, 35, 75, 97, 107, 108

Les auteurs

Charles BARTHEL, directeur du Centre d'études et de recherches européennes Robert Schuman (Luxembourg)

Nicolas-Jean BREHON, enseignant en finances publiques à Paris I Panthéon Sorbonne.

Éric BUSSIÈRE, professeur titulaire de la chaire Jean Monnet d'Histoire de la construction européenne à l'Université de Paris IV-Sorbonne.

Michel DÉVOLUY, professeur émérite à l'Université de Strasbourg (chaire Jean Monnet de l'intégration économique européenne).

Gilles LEPESANT, directeur de recherche CNRS (Géographie-Cités, Paris), chercheur associé au CERI.

Christian LEQUESNE, directeur du Centre d'études et de recherches internationales (CERI) – Sciences Po – CNRS (Paris).

Ivo MAES, Banque nationale de Belgique, Chaire Robert Triffin, Université catholique de Louvain et ICHEC Brussels Management School.

Jean-Denis MOUTON, professeur de droit public à l'Université de Lorraine (Nancy). Professeur associé à l'Université du Luxembourg.

Yves PETIT, professeur de droit public à l'Université de Lorraine (Nancy), Responsable du Pôle européen de l'IRENEE.

Laurence POTVIN-SOLIS, maître de conférences en droit public – chaire Jean Monnet – à l'Université de Lorraine (Metz).

Sylvain SCHIRMANN, président du Comité scientifique de la Maison de Robert Schuman, directeur de l'Institut d'études politiques de Strasbourg.

Pierre TILLY, chargé de cours invité à l'Université catholique de Louvain.

Andreas WILKENS, professeur d'histoire contemporaine à l'Université de Lorraine (Metz).

Remerciements

Placé sous le haut-patronage du président du Parlement européen, M. Martin Schulz, du président de la Commission européenne, M. José Manuel Barroso, et du secrétaire général du Conseil de l'Europe, M. Thorbjørn Jagland, ainsi que du ministère des Affaires étrangères, les journées d'études ont également bénéficié du haut-patronage scientifique de la Fondation Robert Schuman à Paris, du Centre d'études et de recherches européennes Robert Schuman à Luxembourg, de la Fondation nationale des sciences politiques, de l'Université Paul Verlaine de Lorraine et de l'Universités de Strasbourg. Que tous ces partenaires institutionnels et scientifiques soient ici vivement remerciés.

Que toutes celles et tous ceux qui, par leur travail, leur aide, leur conseil, ou de toute autre manière, ont contribué au succès des journées d'études et à la réalisation des Actes veuillent bien trouver ici l'expression de notre gratitude.

La Maison de Robert Schuman
Un lieu pour comprendre l'Europe

C'est dans la quiétude de sa demeure de Scy-Chazelles, sur les coteaux du pays messin, que Robert Schuman a médité la proposition audacieuse de Jean Monnet et décidé d'assumer, par la déclaration fondatrice du 9 mai 1950, le projet politique – que la postérité a retenu sous le nom de « Plan Schuman » – qui initiait la réconciliation franco-allemande et allait donner corps à la construction européenne.

Conscient de la nécessité de sauvegarder le site qui porte l'empreinte du « Père de l'Europe », le Conseil général de la Moselle a entrepris, après son acquisition, de réhabiliter, de faire connaître et de faire vivre ce haut lieu où souffle l'esprit européen.

Au terme de l'aménagement des jardins qui bordent la propriété (jardin historique, potager, jardin des Plantes de Chez Nous), de la restitution de la maison historique dans l'état où Robert Schuman l'a connue à la fin de sa vie et de l'installation d'un nouveau mobilier liturgique dans l'église fortifiée Saint-Quentin (où est inhumé Robert Schuman), a été lancé un projet d'extension muséographique, inauguré pour la Journée de l'Europe 2009.

Si la visite de la demeure de Robert Schuman dévoile l'univers privé de l'homme politique mosellan, français et européen sous l'angle de la reconstitution d'une maison lorraine des années 1950-1960, l'exposition permanente du musée présente quant à elle sa contribution essentielle à la construction européenne dans la décennie 1950.

Alliant compréhension et émotion, la muséographie a été pensée dans l'objectif d'offrir au visiteur une approche sensible et documentée du parcours de Robert Schuman dont la vie se confond avec le destin d'une région et d'un continent.

Outre son exposition permanente, le musée dispose d'un espace dédié aux expositions temporaires, de même qu'un auditorium et d'une salle consacrée au service éducatif. La vocation patrimoniale (conservation et mise en valeur des collections), scientifique (journées d'études, publications), pédagogique (ateliers éducatifs) et documentaire (bibliothèque européenne) du site est ainsi renforcée et son offre culturelle (Semaine de l'Europe, expositions temporaires) élargie.

La Maison de Robert Schuman, site « Moselle Passion » du Conseil général de la Moselle, s'inscrit également dans un maillage de réseaux (réseau des sites labellisés « Patrimoine européen » et « Maisons des Illustres » ; réseau des « Maisons-Musées des Pères de l'Europe » et réseau des « Jardins sans Limites ») qui participent au développement et au rayonnement de son activité.

Orientée par son Comité scientifique, la Maison de Robert Schuman offre ainsi aux visiteurs un moyen supplémentaire d'accéder à la connaissance et à la compréhension de la trajectoire d'un Lorrain des frontières, de la genèse et des enjeux actuels de la construction d'une Europe unie.

Repères

Ouvert tous les jours du 1er avril au 31 octobre sauf le mardi.

Horaires : 10h - 18h

Du 1er novembre au 31 mars : accueil des groupes sur réservation uniquement.

Horaires : 10h - 17h

Du 15 décembre au 15 janvier : fermeture annuelle du site.

Visite du musée (exposition permanente + exposition temporaire).

Visite commentée de la maison historique.

Accès aux jardins et à l'église Saint-Quentin où repose Robert Schuman.

Plein tarif : 5,50 € / Tarif réduit : 3 € / Tarif jardin : 1,50 €.

Gratuité pour les enfants de moins de 16 ans

Maison de Robert Schuman

Un site « Moselle Passion » du Conseil général de la Moselle

8-12 Rue Robert Schuman – 57160 SCY-CHAZELLES

Tel : (+33) 3-87-35-01-40 – Fax : (+33) 3-87-35-01-49

E-mail : maison-robert-schuman@cg57.fr

Site internet : www.maison-robert-schuman.eu / www.cg57.fr

Publications de la Maison de Robert Schuman
(Études & Travaux)

Les Publications de la Maison de Robert Schuman rassemblent les Actes des journées d'études organisées par la Maison de Robert Schuman dans le cadre de son activité scientifique. Les thèmes d'études définis par le comité scientifique qui oriente la programmation de la Maison de Robert Schuman couvrent les différents aspects (politiques, économiques, sociaux, culturels, juridiques) de l'intégration européenne. Ces publications se veulent une réflexion sur les questions et les enjeux de la construction de l'Europe communautaire. Elles entendent ainsi apporter par l'investigation de thématiques et d'approches nouvelles une contribution au débat européen actuel.

Directeur de la collection : Sylvain Schirmann

N° 1 Sylvain Schirmann (dir.), *Robert Schuman et les Pères de l'Europe. Cultures politiques et années de formation*, 2008, 361 p.

N° 2 Sylvain Schirmann (dir.), *Quelles architectures pour quelle Europe ? Des projets d'une Europe unie à l'Union européenne (1945-1992)*, 2011, 342 p.

N° 3 Sylvain Schirmann (dir.), *L'Europe par l'économie ? Des projets initiaux aux débats actuels*, 2013, 214 p.

Membres du Comité scientifique de la Maison de Robert Schuman

Sylvain SCHIRMANN, *président*
Professeur des universités
Directeur de l'Institut d'études politiques de Strasbourg

Charles BARTHEL, *vice-président*
Directeur du Centre d'études et de recherches européennes
Robert Schuman (Luxembourg)

Marie-Thérèse BITSCH
Professeur émérite des Universités
Université de Strasbourg

Jean-François BOURASSEAU
Secrétaire général du Musée des Deux Victoires Clemenceau – De Lattre
(Mouilleron-en-Pareds)

Thierry CHOPIN
Maître de Conférences à l'Institut d'études politiques de Paris
Directeur des études à la Fondation Robert Schuman (Paris)

Étienne CRIQUI
Professeur des Universités
Directeur du Centre européen universitaire (Nancy)

Olivier DARD
Professeur des universités
Directeur du Centre régional universitaire lorrain d'histoire
Université de Lorraine (Metz)

Michel DUMOULIN
Professeur des universités
Université catholique de Louvain (Belgique)

Robert FRANK
Professeur des universités
Directeur de l'UMR IRICE
Université de Paris I Panthéon-Sorbonne

Christian LEQUESNE
Directeur du Centre d'études et de recherches internationales CERI – Sciences Po – CNRS (Paris)

Monsieur Jean-Denis MOUTON
Professeur des universités
Directeur du département sciences juridiques et politiques du Centre européen universitaire (Nancy)

Éric NECKER
Conservateur en chef du patrimoine
Conservation départementale des Musées

Jean-Marie PALAYRET
Directeur des Archives historiques de l'Union européenne à Florence (Italie)

Jacques PORTEVIN
Archiviste
Fondation Robert Schuman (Paris)

Laurence POTVIN – SOLIS
Chaire Jean Monnet
Maître de conférences en droit public
Université de Lorraine (Metz)

Daniela PREDA
Professeur des Universités
Université de Gênes (Italie)

François ROTH
Professeur émérite des universités
Université de Lorraine (Nancy)

Monsieur Georges-Henri SOUTOU
Membre de l'Institut
Professeur des universités
Université Paris IV-Sorbonne

Monsieur Andreas WILKENS
Professeur des universités
Université de Lorraine (Metz)

Réseau des Maisons-Musées des Pères de l'Europe

Au lendemain de la Seconde Guerre mondiale, quatre hommes au parcours différent mais partageant les mêmes idéaux de paix et de solidarité ont uni leur force pour construire une Communauté européenne.

Le réseau des Maisons des Pères de l'Europe se donne aujourd'hui pour ambition de transmettre les valeurs communes de ces visionnaires à un large public.

Maison de Robert Schuman
8-12, rue Robert Schuman
F - 57160 Scy-Chazelles
Tel : 00 33 (0)3 87 35 01 40
E-mail : maison-robert-schuman@cg57.fr
Site internet : www.maison-robert-schuman.eu

Stiftung Bundeskanzler-Adenauer-Haus
Konrad-Adenauer-Straße 8c
D - 53604 Bad Honnef-Rhöndorf
Tel : 00 49 (0)2 224/921234
E-mail : info@adenauerhaus.de
Site internet : www.adenauerhaus.de

Museo Casa De Gasperi
Via Alcide De Gasperi 1
I - 38050 Pieve Tesino (TN)
Tel : 00 39 (0)4 61 59 43 82
E-mail : museo.fdg@degasperitn.it
Site internet : www.degasperitn.it

Maison de Jean Monnet
7 chemin du Vieux Pressoir
Houjarray
F - 78490 Bazoches-sur-Guyonne
Tel : 00 33 (0)1 56 33 71 00
E-mail : info@jean-monnet.net
Site internet : www.jean-monnet.net

Visitez le groupe éditorial Peter Lang
sur son site Internet commun
www.peterlang.com